잡 보 장 경

깨달음의 경전 1

잡보장경

몽산 관일 번역

잡보장경을 펴면서

지금 발행하는 이 잡보장경은 현우경·찬집백연경과 함께 문학의 형태를 지닌 독특한 경전이므로 불경 중에서 설화문학의 3대 백미 가운데 하나라고 합니다. 역자가 처음 접한 잡보장경·현우경·찬집백연경은 동국 역경원에서 번역 간행한 한글 대장경이었습니다. 그 때 역자는 만약 시간이 주어진다면 이 세 권의 경전을 직접 번역하여, 독자들이 끝까지 읽을 수 있는 한글 대장경을 만들어야 하겠다는 생각을 했습니다.

역자가 동국역경원에서 정년퇴임을 한 뒤 번역에 착수하여 지금까지 약 7년 동안에 초고를 끝내고, 퇴고를 거쳐 이제 우리나라에서 두 번째 번역판이 고고성을 울리게 되었습니다.

역자 나름대로 노력은 했으나 한문에 막히고, 술어에 걸리고, 행상에 어두워 몇 번을 포기할 뻔했으나, 그러나 약관 시절에 '나는 현우경・잡보장경・찬집백연경을 번역하여, 우리 국민으로서 고등학교 학력이 있는 이라면 누구나 쉽게 읽을 수 있게 하는 일로써, 스승님께 입은 은혜에 보답하리라.'는 스스로의 다짐을 새김질하며, 7전 8기 끝에 오늘 대미를 보게 되었습니다. 준비 작업으로 번역했던 법구비유경 4권을 상재하여, 시주의 재물을 버렸다는 혹평을 받지 않았기 때문에 읽으면 반드시 팔자를 고칠 수 있는 경전을 세상에 내놓습니다.

이 잡보장경은 전체 10권에 바른 견해로써 바른 생활을 권장하고 악업을 짓지 말라는 즉, 권선징악을 대명제로 하고, 여섯 가지 소주제를 비유Avadana와 본생담Jataka을 적절하게 구사하여, 첫째 효도를 기림, 둘째 선악의 인과 예시, 셋째 인욕을 기림, 넷째 하늘에 태어나는 방법의 실례, 다섯째 교화의 실제 방법, 여섯째 분쟁은 아무 이익이 없음을 보여주었기 때문에, 이 경전을 읽고 부처님의 가르침을 따르면 누구나 팔자를 고칠 수 있습니다.

번역을 할 때 어려운 말은 가급적 풀이를 했으나, 그러나 번역을 할 수 없는 말들은 본문 끝에 풀이를 붙였습니다.

이 경전을 번역하고 출판하는데 큰 힘이 되어주신 김경만

님, 이수림 님, 법관성 님, 차준은 회장님과 은성의 직원 여러 분, 그리고 때때로 도움 주셨던 선지 스님, 경주 용은사 신도님들께 감사드립니다.

제방의 선후배 제현의 질정을 기다립니다.

불기 2550년 9월 1일

몽산 관일 돈수

1권

이기게 되면 원수를 더 만들고
지게 되면 근심과 괴로움이 더하나니
이기고 지는 것 다투지 않으면
가장 제일의 즐거움입니다

왕좌를 양보한 형제

옛날 사람의 수명이 만 살이었을 때 염부제에 한 왕이 있었는데, 그의 이름은 십사十奢였습니다. 왕의 큰 부인이 낳은 태자의 이름은 라마였고, 둘째 부인이 낳은 왕자의 이름은 라만이었습니다. 라마 태자는 용맹하고 나라연과 같은 힘이 있었고, 또 사람의 말을 듣거나 얼굴을 보고, 그 사람이 생각하고 있는 것을 미리 알기 때문에 아무도 당할 이가 없었습니다. 왕의 셋째 부인이 낳은 왕자의 이름은 바라타였고, 또 넷째 부인이 낳은 왕자의 이름은 멸원악滅怨惡이었습니다. 왕은 그 셋째 부인을 유달리 사랑하여 그녀에게 말하였습니다.

"네가 원하는 것은 무엇이나 내게 말하라. 나는 지금 내가 가진 모든 재물을 너에게 다 주어도 아깝지 않겠다."

부인은 말했습니다.

"저는 지금 구하는 것이 없습니다. 이 뒷날 소원할 것이 있으면 아뢰겠습니다."

그 후에 왕이 병이 나서, 매우 위독하여 목숨이 경각에 있자, 바로 태자 라마를 세워 자기를 대신해 왕으로 삼고, 비단으로 머리털을 묶고 머리에 하늘관天冠을 씌워 위의와 법도를 왕의 법과 같이 하였습니다.

그 때에 셋째 부인이 왕의 병을 간호하다가 왕의 병이 조금 낫는 것을 보고, 자기의 공이라 믿은 그녀는 라마가 왕의 자리를 이어 받은 것을 보고 마음에 질투가 일어나 곧 왕에게 앞에서 약속한 전날의 소원을 말하였습니다.

"원컨대 라마를 폐하고 저의 아들을 왕으로 삼아 주소서."

이 말을 들은 왕은 마치 목구멍에 무엇이 걸려 삼킬 수도 뱉을 수도 없는 것 같았습니다. 큰 아들을 폐하려 하니 이미 왕으로 세운 터요, 폐하지 않으려 하니 전날에 그 소원을 들어주기로 약속한 터였습니다. 그러나 십사왕은 젊을 때부터 약속을 어긴 일이 없었으며, 또 왕의 법에는 두 말이 있을 수 없어 앞의 말을 저버릴 수가 없었습니다. 결심을 굳힌 후, 곧 라마를 폐하고, 그 의복과 하늘관을 빼앗았습니다. 그 때 그 아우 라만이 그 형에게 말하였습니다.

"형님은 그렇게 뛰어난 용맹과 힘이 있고, 또 다른 사람이 먹은 마음까지 아는 지혜를 겸하였는데, 그것을 사용하지 않고 이런 치욕을 당하십니까?"

이에 대해 라마는 말했습니다.

“아버지 소원을 어기면 효자라 할 수 없다. 그리고 지금의 저 어머니가 나를 낳지 않았지만, 나의 아버지께서 사랑하고 대접하는 것이 내 친어머니를 대하는 것과 같다. 아우 바라타는 아주 온화하고 유순하여 조금도 다른 뜻이 없는데, 내가 큰 힘과 다른 사람이 먹은 마음을 아는 지혜를 가졌다 하여 어찌 부모님과 아우에게 해를 끼쳐 못할 짓을 하겠는가?”

아우는 그 말을 듣고 이내 잠자코 있었습니다. 그 때에 십사왕은 두 아들을 멀리 깊은 산으로 보내면서 20년 후에 본국으로 돌아오라는 명령을 내렸습니다. 라마 형제는 부왕의 명령을 받들고 조금도 원한이 없이, 부모에게 절하고 하직한 뒤, 멀리 깊은 산으로 들어갔습니다.

바라타는 다른 나라에 가 있었는데, 이내 불러 본국으로 돌아오게 하여 왕으로 삼으려 하였습니다. 그러나 바라타는 본래부터 두 형과 화목하고 공손하며 매우 공경하고 겸양하는 터였는데 본국에 돌아와 보니, 부왕은 이미 세상을 떠났고, 그 어머니는 함부로 그 형인 왕을 폐하고 자기를 왕으로 세운 뒤에, 두 형을 멀리 떠나보낸 것을 비로소 알고는, 그 생모生母의 소행이 도리가 아님을 싫어하여, 절하지 않고 꿇어앉아 말하였습니다.

"어머님은 왜 도리에 어긋나는 일을 하여 우리 집안을 망치려 하십니까?"

그리고 큰어머니를 향해 절하고는, 공경하고 효도함이 보통 때보다 갑절이나 더 하였습니다. 바라타는 곧 군사를 이끌고 형들이 있는 산으로 달려가, 군사들은 산 밖에 머물게 하고, 자기 혼자 형들이 있는 곳으로 나아갔습니다. 아우가 오는 것을 보고 라만은 그 형에게 말하였습니다.

"형님은 전에 늘 '저 아우 바라타는 의리가 있고 겸손하며 공손하다.' 고 칭찬하셨는데, 지금 군사를 끌고 온 것을 보면 우리 형제를 죽이려 하는 것이 분명합니다."

라마가 바라타에게 말하였습니다.

"아우는 왜 군사를 거느리고 왔는가?"

바라타는 대답하였습니다.

"길에서 도적을 만날까 두려워 몸을 보호하기 위해 군사를 데리고 왔을 뿐, 다른 뜻은 없습니다. 형님은 본국으로 돌아가셔서 나라를 맡아 다스리기 바랍니다."

라마가 말했습니다.

"우리는 일찍이 아버지 명령을 받들어 여기 왔는데 지금 어떻게 갑자기 돌아가겠는가? 만일 우리 마음대로 한다면 그것은 사람의 자식으로서 어버이에게 효도하는 마음이 아닐 것이다."

아우는 간절하게 청하였지만, 형의 뜻은 확고하였고, 굳게 먹은 마음은 변하지 않았습니다. 아우는 마침내 그 형의 마음을 돌릴 수 없음을 알고 곧 형이 신고 있던 가죽신을 얻어 가지고, 슬퍼하고 괴로워하면서 왕궁으로 돌아가 나라를 다스렸습니다.

나라를 다스리되 언제나 그 가죽신을 어좌御座에 올려놓고, 아침과 저녁에 예배하고 문안드리는 예는 임금을 대하는 것과 다름이 없었습니다. 그리고 항상 산으로 사람을 보내어 자주 그 형에게 '돌아오라'고 청하였습니다. 그러나 그 두 형은, 이십년이 지난 뒤에 돌아오라는 아버지의 명령을 어길 수 없었기 때문에 연한이 차지 않았다 하여, 동생의 청을 거절하였습니다. 그 뒤에 연한이 다 지나고, 또 그 아우가 자주 사람을 보내어 간절히 부르며, 신발을 공경하기를 자기를 대하는 것과 같이 한다는 말을 전해 듣고, 아우의 지극한 정성에 감동하여 드디어 본국으로 돌아갔습니다. 그들이 본국으로 돌아가자, 아우는 왕위를 형에게 선위하려 하였습니다. 그러나 형은 또 사양하면서 말하였습니다.

"아버지가 먼저 아우에게 왕위를 주셨는데 나는 받을 수 없다."

"형님은 맏아들입니다. 아버지의 업을 이어받아 왕위에 오를 사람은 바로 형님입니다."

이와 같이 서로 사양하다가, 할 수 없이 형이 왕이 되었습니다. 그 형제의 돈독한 우의와 화목함에 감화되어 백성들도 서로 선한 일을 권하며, 화목하고 받들어 섬기며 효도하고 공경하였습니다. 바라타 어머니가 비록 큰 허물을 지었지만, 거기에 대해서 조금도 원망하는 마음을 가지지 않고, 그 충성과 효도를 말미암아 바람과 비가 때를 맞추니, 다섯 가지 곡식은 풍성하였고 사람은 병이 없었으며, 그 나라 안의 모든 백성들은 보통 때보다 열 갑절이나 번성하고 풍족하였습니다.

후회하지 않는다 하나

저는 이와 같이 들었습니다.

부처님께서는 슈라바스티에 계시던 어느 때 아난다는 가사를 입고 바루를 들고 성에 들어가 걸식하다가, 장님 부모를 모신 어린애가 비럭질하여 좋은 음식은 부모에게 드리고 자신은 나쁜 음식만 먹는 것을 보고, 아난다는 부처님께 사뢰었습니다.

"세존이시여, 그 어린애는 참으로 드물게 보이는 아이었습니다. 음식을 빌어 좋은 것을 얻으면 부모에게 드리고 나쁜 것은 가려서 제가 먹는 것을 보았나이다."

부처님께서 말씀하셨습니다.

"그것은 어려운 일이 아니다. 내가 지나간 세상에 부모에게 공양을 올린 일은 참으로 어려웠느니라."

아난다가 다시 사뢰었습니다.

"세존께서 지나간 세상에 부모님께 공양을 올린 일은 어떠하셨습니까."

부처님께서 말씀하셨습니다.

"과거에 어떤 큰 나라 왕이 나라를 다스리고 있었는데 왕에게는 아들 여섯이 있어 제각기 한 지방씩 관리하고 있었다. 그 나라에는 나후구라는 대신이 있었는데 그는 은밀히 군사를 일으켜 그 나라의 왕과 다섯 아들을 죽였다. 그러나 여섯째 아들은 어떤 귀신이 미리 와서 '네 부왕과 다섯 형은 모두 대신 나후구에게 죽었고, 다음은 네 차례다.'라고 일러주었다. 왕자는 그 말을 듣고 곧 집으로 들어갔다. 왕자의 근심어린 얼굴빛이 보통 때와는 다른 것을 보고 아내가 물었다."

"당신 얼굴이 왜 그렇습니까?"

"남자의 일을 그대에게 말할 수 없소."

"나는 당신과 생사를 같이 하는데, 말 못할 일이 무엇이 있겠습니까."

왕자가 말했다.

"어떤 귀신이 내게 와서 말하기를, '네 부왕과 다섯 형들이 모두 죽임을 당했는데 다음은 네 차례다.'고 했소. 그 때문에 근심하고 두려워하는 것이오. 어떻게 해야 할는지 모르겠소."

부부는 곧 아이와 함께 다른 나라로 떠나기로 하고 이레 분의 양식을 준비해 떠났다. 그러나 황급하고 두려운 탓에 길을 잘못 들어 열흘이 지나도록 걸었으나 도착하지 못하고, 양식은 떨어져 피로와 굶주림으로 거의 죽을 지경이 되었다.

'세 사람이 함께 살아나기에는 고통이 너무 심했다. 차라리 한 사람을 죽여 두 사람이 사는 것이 낫겠다.'

이렇게 생각한 왕자는 곧 칼을 빼어 아내를 죽이려 했다. 아이가 아버지를 돌아보면서 합장하고 말했다.

"아버님, 어머니를 죽이지 마십시오. 차라리 저를 죽여 어머님 목숨을 대신하십시오."

아버지는 아이 말대로 그 아들을 죽이려 했다. 아들은 다시 아버지에게 말했다.

"아버님, 제 목숨을 끊지 마십시오. 만일 저의 목숨이 끊기면 살이 썩어 오래가지 못할 것이고, 그렇게 되면, 혹시 어머님이 목적지에 도달하시지 못할까 두렵습니다. 그러므로 제 목숨을 끊지 마시고 날마다 조금씩 제 살을 베어 드십시오."

그러나 그들이 인가에 도착하기도 전, 아이의 몸에는 겨우 세 점의 살이 남아 있을 뿐이었다. 아들은 다시 부모에게 말했다.

"이 살 두 점은 부모님이 드시고 남은 한 점은 저에게 주십시오."

그들은 아이를 뒤에 두고 갔다. 그 때 제석천왕의 궁전이 진동하니 제석천왕은 '이것이 무슨 까닭인가?' 하고 두루 관찰해 보다가, 어떤 아이가 희유한 일을 하는 것을 보았다. 그는 곧 굶주린 이리로 변화하여 아이에게 가서 살을 달라고 했다. 아이는 '내가 이 살을 주더라도 끝내 죽을 것이요, 주지 않더라도 또한 죽을 것이다' 라고 생각했다. 그는 마지막 살점을 굶주린 이리에게 주었다. 제석천왕은 다시 사람으로 변화하여 아이에게 말했다.

"너는 지금 살을 베어 주고도 후회하는 마음이 생기지 않느냐?"

"저는 후회하지 않습니다."

"너는 지금 몹시 괴로워하고 있다. 그런데도 네가 후회하지 않는다니, 그 말을 누가 믿겠는가?"

그러자 아이는 맹세하며 말했다.

"만일 내가 후회하지 않는다면 내 몸의 살이 도로 생겨 예전과 같이 되고, 후회한다면 여기서 곧 죽을 것입니다."

말이 끝나자 아이의 몸은 회복되어 본래와 다름없이 되었다. 제석천왕은 그 아이와 부모를 데려다 안전한 곳에 있게 하고, 그 아들의 효도를 어여삐 여기며, 일찍이 없었던 일이라고 찬탄한 뒤, 군사들을 주어 본국으로 돌아가게 하고 그리고 그를 잘 보호하여 그 나라의 왕이 되게 했다.

"아난다야, 그 때의 그 어린애는 바로 지금의 나요, 그 부모는 바로 지금의 내 부모이니라."

후회하지 않는다 둘

부처님께서 말씀하셨습니다.

"나는 오늘만 자비와 효도를 찬탄하는 것이 아니다. 과거 한량없는 겁 동안에도 항상 찬탄하였느니라."

비구들은 부처님께 사뢰었습니다.

"세존께서 지나간 세상에 부모님에게 공양을 올리신 그일은 어떠하셨습니까?"

부처님께서 말씀하셨습니다.

"옛날 카시국왕의 나라에 큰 산이 있었고, 그 산에는 담마가라는 선인이 있었다. 그 부모는 늙었을 뿐만 아니라 또 장님이었다. 그는 항상 맛있는 과실과 아름다운 꽃과 시원한 물을 가져다 부모를 봉양했고, 또 고요하고 두려움이 없는 곳에 부모를 모셔 두고, 무슨 일이 있어서 출입할 때에는 먼저 부모에게 말씀드렸다. 어느 때에 브라흐마닷타왕은 사냥을 하러 나갔다가, 물을 먹고 있는 사슴을 보고, 활을 당겨 쏘았는데, 독약이 묻은 화살은 사슴 가죽옷을 입은 담마가의 등에 꽂혔다. 화살에 맞은 그는 큰 소리로 외쳤다.

'한 개의 화살이 세 사람을 죽이니 이 얼마나 가혹한 일인가.'

왕은 그 소리를 듣자 활을 땅에 던지고 그에게 달려갔다.

'지금 누가 그런 말을 했는가? 내가 들으니 이 산에는 담마가라는 선인이 있어 그는 자비와 효도로써 부모를 봉양하기 때문에 온 세상이 칭찬한다고 한다. 네가 그 담마가인가?'

'바로 그렇습니다. 지금 제가 당하고 있는 이 고통은 생각하지 않습니다. 다만 늙고 앞을 못 보시는 부모님이 지금부터 굶주리시더라도 아무도 봉양할 이가 없을 것이 걱정일 뿐입니다.'

'너의 장님 부모는 지금 어디 있느냐?'

담마가는 손으로 가리키면서 말했다.

'저 초막에 계십니다.'

왕은 곧 장님 부모가 있는 곳으로 향했다. 그 때, 담마가의 아버지는 아내에게 말했다.

'내 눈이 이상하게 떨리오. 장차 우리 아들 담마가에게 어떤 불행이 있을 징조가 아닌지 모르겠소.'

그 부인도 남편에게 말했다.

'내 유방도 이상하게 떨리는데, 우리 아들에게 어떤 불상사

가 있을지 모르겠소.'

그 때에 장님 부부는 저벅저벅하는 왕의 걸음소리를 듣고, 두려운 마음이 생겼다.

'우리 아들 걸음이 아닌데, 누구인가?'

왕은 그들 앞에 이르러 큰 소리로 인사했다.

'우리는 아무 것도 보지 못합니다. 인사하는 이는 누구십니까?'

왕이 대답했다.

'나는 카시국의 왕이오.'

'자리에 앉으십시오. 우리 아들이 있었더라면 대왕께 좋은 꽃과 과실을 올렸을 텐데, 그런데 우리 아들은 아침에 물을 길러 갔는데, 어찌된 일인지 날이 저물도록 오지 않습니다.'

왕은 이내 슬피 울면서 시로써 말했다.

나는 이 나라의 왕으로서
이 산에 나와 사냥하다가
다만 짐승을 쏘려 하였는데
사람을 맞춰 해칠 줄은 몰랐습니다.
나는 이제 왕의 자리를 버리고

여기에 와서 담마가의 부모를 섬기되
당신 아들과 다름없이 하리니
부디 근심하거나 괴로워하지 마시오.

장님 부모도 시로써 왕에게 대답했다.

우리 아들은 인자하고 효순하여
천상이나 인간에 그런 아들 없네.
왕이 비록 우리를 가엾이 여기시지만
어떻게 우리 아들 효도만 하겠습니까?
원컨대 우리를 가엾이 여겨
우리 아들 있는 곳 가르쳐주시오.
아들이 우리 곁에 있기만 하면
몸과 마음 만족하겠습니다.

왕은 장님 부부를 데리고 담마가 곁으로 갔고, 그들은 아들 곁에 이르자, 가슴을 치고 괴로워하며 울부짖으면서 말했다.

'우리 아들은 인자하고 효순하기 비할 데 없었는데…….'

이내 천신 · 지신 · 산신 · 목신 · 수신 등 여러 신들에게 시로써 말했다.

제석천왕과 범천왕과 세상 왕들은
어찌하여 인자하고 효성이 있는
우리 아들을 돕지 않고서
이러한 고통을 받게 하십니까?
우리 아들의 효성에 감동하여
빨리 구제해 이 목숨을 살려주시오.

그 때, 제석천왕의 궁전이 진동하니, 그는 하늘귀로써 이 장님 부모의 슬퍼하는 소리를 듣고, 곧 하늘에서 내려와 담마가에게 가서 말했다.

'너는 왕을 미워하는 마음이 없는가?'

'조금도 미워하는 마음이 없습니다.'

'너에게 미워하는 마음이 없다는 것을 누가 믿겠는가?'

담마가가 대답했다.

'만일 내게 왕을 미워하는 마음이 있으면 이 화살의 독기가 온 몸에 퍼져 곧 목숨을 마칠 것이요, 내게 왕을 미워하는 마음이 없으면 그 독 묻은 화살이 빠지고 상처가 곧 나을 것

입니다.'

그러자 그 말과 같이 독 묻은 화살은 저절로 빠지고 상처도 저절로 회복되었다.

왕은 한량없이 기뻐하며 온 나라에 영을 내렸습니다.

'항상 자비를 닦고 효도로써 부모를 섬겨라.'

비구들아, 알고 싶으냐? 그 때의 그 장님 아버지는 바로 지금의 정반왕이요, 어머니는 바로 지금의 마야부인이며, 담마가는 바로 지금의 나요, 그 카시국의 왕은 바로 지금의 저 샤리푸트라며, 제석천왕은 바로 지금의 저 마하카샤파였느니라."

당당한 앵무새의 설법

부처님께서 라자그리하성에 계시면서 여러 비구들에게 말씀하셨습니다.

"두 가지 삿된 행실이 있다. 그것은 마치 차 올린 제기처럼 빨리 사람을 지옥에 떨어지게 한다. 두 가지 행실이란, 첫째는 부모를 봉양하지 않는 것이요, 둘째는 부모에 대해서 온갖 좋지 못한 일을 하는 것이니라. 두 가지 바른 행실이 있다. 그것은 마치 찬 제기처럼 빨리 사람을 천상에 나가게 한다. 두 가지 행실이란, 첫째는 부모를 봉양하는 일이요, 둘째는 부모에게 온갖 선행을 하는 일이다."

비구들이 사뢰었습니다.

"놀랍나이다. 세존이시여, 세존께서는 매우 부모에게 효도하는 행실을 찬탄하시나이다."

부처님께서 말씀하셨습니다.

"오늘 뿐만 아니다. 지나간 세상에, 설산에 앵무새 한 마리가 있었는데, 그 부모는 모두 장님이었다. 그는 언제나 좋은 꽃과 과일을 따다가 먼저 부모에게 드리며 봉양했다. 그 때에 어떤 농부가 처음에 곡식을 심으며, 이렇게 서원을 세웠느니라.

'내가 심은 이 곡식이 익으면 여러 중생들과 함께 먹으리라.'

앵무새는 그 농부가 보시할 마음을 가진 것을 알고, 곡식이 익자 항상 그 밭의 곡식을 가져다 부모를 봉양했다. 농부는 밭의 곡식을 돌아보다가 여러 벌레와 새들이 곡식을 가져 가는 것을 보고, 화를 내며 그물을 쳐서 앵무새를 잡았다.

앵무새는 말했다.

'농부님은 처음에 좋은 마음이 있어서, 곡식을 보시하되 아까워하지 않으려 했습니다. 그래서 저는 일부러 여기에 와서 곡식을 가져갔습니다. 그런데 어찌하여 지금 그물로 저를 잡는 것입니까? 또 밭이란 어머니와 같고 종자란 아버지와 같으며 진실한 말은 아들과 같고 농부는 왕과 같습니다. 농부님께서 첫 마음을 유지하시려면 저희들을 보호하셔야 하지 않습니까?'

이렇게 말하자 농부는 그 말을 듣고 기뻐하며 앵무새에게 물었다.

'너는 누구를 위해 이 곡식을 가져가는가?'

'장님 부모님이 계신데 이것으로써 봉양합니다.'

'지금부터 여기 와서 가져가되 조금도 어려워하지 말라.'

비구들아, 앵무새는 과일이나 열매가 많은 것을 좋아하고 밭도 또한 그러하다. 그 때의 그 앵무새는 바로 지금의 나요, 농부는 지금의 샤리푸트라며, 장님 아버지는 지금의 정반왕이요, 그 때의 장님 어머니는 바로 지금의 마야부인이었느니라."

고려장을 막은 효도

부처님께서 슈라바스티국에 있는 기타 숲 외로운 이 돕는 절에 계시던 어느 때, 이렇게 말씀하셨습니다.

"노인을 공경하면 큰 이익이 있느니라. 일찍 듣지 못한 것을 알게 되고, 좋은 이름이 멀리 퍼지며, 지혜로운 사람의 공경을 받느니라."

비구들이 사뢰었습니다.

"세존께서는 항상 부모와 어른과 노인을 공경하는 행실들을 찬탄하십니다."

"오늘만 아니다. 나는 과거 한량없는 겁 동안 항상 부모와 어른과 노인을 공경하였다."

"과거에 공경한 그 일은 어떠하셨습니까?"

부처님께서 말씀하셨습니다.

"아득한 옛날에 노인을 버리는 나라가 있었는데, 그 나라에서는 집에 노인이 있으면 멀리 쫓아버리는 법이 있었다. 그 나라의 어떤 대신이 그 아버지가 늙었으므로 국법에 따라 멀리 쫓아 보내야 했으나, 그러나 그는 효도하는 마음으로써 그렇게 하지 못하고, 땅을 깊이 파고 비밀스러운 방을 만들어, 아버지를 그 안에 모시고 효성스럽게 섬겼다.

어떤 천신이 뱀 두 마리를 가지고 와서 왕의 내전에 내려 놓고 이렇게 말했다."

"만일 이들의 암수를 분별하면 너의 나라가 편안하겠지만, 그것을 분별하지 못하면 네 몸과 너의 나라는 이레 뒤에 모두 멸망할 것이다."

왕은 이 말을 듣고 매우 걱정되어 여러 신하들과 함께 이 일을 의론했지만, 모두 말했다.

"분별할 수 없습니다."

왕은 곧 온 나라에 영을 내렸다.

"만일 누구든 이것을 분별하면 벼슬과 상을 후하게 내리겠다."

대신은 집에 돌아가 아버지께 여쭈니, 아버지가 말했다.

"그것은 어려운 일이 아니다. 부드러운 비단 위에 그것들을 놓아두면, 거기서 부스럭대는 놈은 수컷이요, 꼼짝 않고 가만히 있는 놈은 암컷이다."

그 말대로 했더니, 과연 자웅를 분별할 수 있었다.

천신이 다시 물었다.

"자는 이 중에서 깬 이는 누구이며, 깬 이 중에서 자는 이는 누구인가?"

왕은 또 신하들과 의론했으나 그 뜻을 알 수 없었다. 다시 온 나라에 두루 알렸으나 아무도 아는 이가 없었고, 대신은 다시 아버지께 물었다.

"이것은 무슨 뜻의 말입니까?"

"그것은 불법을 공부하는 사람을 말한 것이다. 불법을 공부하는 사람은 범부에 비교하면 깬 이요, 저 아라한에 비교하면 잠자는 사람이니라."

그는 곧 그 말대로 대답했다.

천신은 다시 물었다.

"이 큰 코끼리는 몇 근이나 되는가?"

왕은 신하들과 의론했으나 역시 아는 이가 없었으므로 또 온 나라에 두루 알렸지만 아무도 몰랐다. 대신은 그 아버지께 물었고, 아버지는 말했다.

"코끼리를 배에 싣고 큰 못에 띄워, 배가 물에 잠기는 곳에 표지를 하고는, 다시 그 배에 돌을 싣고 물에 띄워 물에 잠기는 것이 앞의 표지와 같을 때는 그것이 코끼리의 무게니라."

그는 그 지혜로써 대답했다.

천신이 다시 물었다.

"한 잔의 물이 큰 바다의 물보다 많다. 누가 이것을 모든 사람들이 알아들을 수 있도록 설명하겠는가?"

신하들은 의론했으나 알 수 없었고, 또 두루 알려 물었으나 아무도 몰랐다. 대신은 아버지께 물었다.

"이것은 무슨 뜻의 말입니까?"

"그것은 알기 쉽다. 만일 어떤 사람이 청정한 신심으로 한 잔의 물을 부처님이나 스님이나 부모나 고생하는 병자에게 보시하면, 그 공덕으로 말미암아 수천만 겁 동안 끝이 없는 복을 받을 것이고, 바닷물은 아무리 많아도 한 겁을 지나지 못한다. 이로 미루어 말하면 한 잔의 물이 큰 바다보다 백천만 곱이나 많을 것이다."

대신은 곧 아버지의 말로 천신에게 대답했다.

천신은 다시 굶은 사람으로 화하여 해골만 이끌고 와서 물었다.

"세상에 과연 굶주린 고통이 나보다 심한 이가 있는가?"

신하들은 생각해 보았으나 대답할 수 없었고, 대신은 다시 아버지께 물었다.

"세상에 어떤 사람은 간탐하고 질투하여 삼보를 믿지 않고, 부모와 스승을 봉양하지 않다가, 다음 세상에는 아귀에 떨어져 백천만 년 동안 물이나 곡식은 이름도 듣지 못하며 몸은 태산과 같고 배는 큰 골짜기 같지만 목구멍은 가는 바늘과 같으며, 송곳이나 칼과 같은 머리카락은 목을 감아 다리에까지 이르고, 움직일 때에는 사지와 뼈마디에 불이 붙는다. 그런 아귀의 고통은 지금 그가 굶주리는 고통보다 백천만 갑절이나 심하니라."

대신은 곧 위의 말로써 천신에게 대답했다.

천신은 다시 사람으로 변화하여 손과 다리에는 쇠고랑을 차고 목에는 사슬을 걸고, 몸에서 불이 나와 온몸을 태우니, 고통스러워 하면서 물었다.

"세상에 나보다 심한 고통을 받는 사람이 있는가?"

신하들은 갑자기 답할 바를 알지 못했고, 대신은 다시 그 아버지에게 가서 물었다.

"세상의 어떤 사람은 부모에게 효도하지 않고 사람을 해치며 남편을 배반하고 삼보를 비방하다가, 다음 세상에는 지옥에 떨어져 칼 산 · 칼 나무 · 불 수레 · 숯불 화로 · 잿 강 · 끓는 분뇨 · 칼 길 · 불 길 등의 고통을 받는다. 이런 고통은 끝

없고 헤아릴 수 없다. 이러한 고통을 그와 비교하면 그의 고통보다 백천만 배나 심하느니라."

그는 곧 그 말대로 천신에게 대답했다.

천신은 다시 한 여자로 변화하여, 세상 사람보다 뛰어나고 단정한 모습이 되어 물었다.

"세상에 나와 같은 미모를 갖춘 사람이 또 있는가?"

왕과 신하들은 모두 잠자코 있을 뿐 답하는 이가 없었고, 대신은 다시 그 아버지께 물었다.

"세상에 어떤 사람이 삼보를 믿고 공경하며, 부모에게 효순하고, 보시와 인욕과 정진을 좋아하며 계율을 지키다가 천상에 나게 되면, 단정하고 뛰어남이 그녀보다 백천만 곱이나 더 뛰어 날 것이다. 거기에 비유하면 그녀는 눈먼 원숭이와 같으니라."

그는 또 이 말로써 천신에게 대답했다.

천신은 또 방정한 향나무 토막을 가지고 와서 물었다.

"어느 쪽이 밑둥인가?"

신하들의 지혜로써는 아무도 답을 할 수 없었고, 대신은 또 아버지께 가서 물었다. 아버지가 대답했다.

"물에 던져 보면 알기 쉽다. 물에 던지면 뿌리 쪽은 잠길 것이요, 머리 쪽은 뜰 것이다."

그는 곧 그 말로써 천신에게 대답했다.

천신은 또 형색이 꼭 같은 두 마리의 흰 암말을 몰고 와서 물었다.

"어느 것이 어미요, 어느 것이 새끼인가?"

왕과 신하들 중 아무도 대답하는 이가 없었고, 대신은 또 아버지께 가서 물었다.

"풀을 주어 먹여 보아라. 어미가 반드시 풀을 밀어 새끼에게 줄 것이다."

이와 같이 묻는 것을 모두 다 대답했다.

천신은 매우 기뻐하며 그 왕에게 진기한 보물들을 많이 주면서 말했다.

"내가 너의 나라를 옹호하여 외적이 침해하지 못하게 하리라."

왕은 이 말을 듣고 못내 기뻐하면서 그 대신에게 물었다.

"그대의 지혜로써 알았는가? 아니면 누가 가르쳐 주었는가? 그대의 지혜에 힘입어 우리 나라가 편안하게 되었고 많은 보물을 얻었으며, 또 천신이 보호한다 했다. 이것은 모두 그대의 덕이다."

"신의 지혜가 아닙니다. 소신의 죄를 용서하신다면 감히 그 내력을 아뢰겠습니다."

"설령 지금 그대에게 만 번 죽을 죄가 있다 해도 묻지 않겠거늘, 하물며 조그만 허물을 탓하겠는가?"

"나라에서 제정한 법령에는 노인을 봉양하지 못하게 되어 있습니다. 신에게는 늙은 아버지가 계신데 차마 버릴 수가 없어 왕법을 어기면서 땅 속에 은신하시게 했습니다. 신이 대답한 것은 모두 아버지의 지혜요, 신의 지혜가 아닙니다. 원컨대 대왕께서는 온 나라에 명령하여 노인을 버리지 않게 하옵소서."

왕은 그렇겠다고 찬탄하고 마음으로 기뻐하며, 그 대신의 아버지를 받들어 모시면서, 그를 스승으로 삼았다.

"내 나라와 모든 백성을 구제하고 이익 되게 한 것은 내 지혜로서가 아니라 그대의 지혜 덕이다."

왕은 곧 '부모에게 효도하지 않거나 스승을 공경하지 않으면 큰 벌을 내린다.'라는 영을 내려 천하에 두루 알리고, 노인 버리는 일을 멈추게 할 뿐만 아니라 부모를 우러러 효도하게 했다.

"비구들아, 그 때의 그 아버지는 바로 나요, 그 대신은 저 샤리푸트라며, 그 왕은 저 아자타사트루왕이요, 그 때의 천신은 바로 저 아난다였느니라."

도리천의 설법

부처님께서 잠부드비파에 계시면서 비구들에게 말씀하셨습니다.

"나는 지금 도리천에 올라가 여름 안거를 지내면서 어머님을 위해 설법하고자 한다. 너희 비구들 중에 가고 싶은 사람은 나를 따르라."

이렇게 말씀하시고, 곧 도리천에 올라가 어떤 나무 밑에 앉아 여름 안거를 지내면서 어머니 마야와 한량없는 하늘 사람들을 위해 설법하셨습니다. 그들이 모두 진리를 보게 되자 다시 잠부드비파로 돌아오시니 비구들이 사뢰었습니다.

"놀랍습니다. 세존께서는 어머님을 위하여 90일 동안 도리천에 머무셨습니다."

부처님께서 말씀하셨습니다.

"오늘만 그렇게 한 것이 아니다. 나는 지나간 세상에서도 어머니를 괴로운 일에서 건져드렸다."

"과거의 일은 어떠하셨습니까?"

"먼 옛날 설산 기슭에 잔나비왕이 5백 마리 잔나비를 거느리고 있었다. 어느 날 어떤 사냥꾼이 그물을 쳐서 그들을 둘러싸자, 잔나비왕은 무리에게 말했다.

'너희들은 조금도 두려워하지 말아라. 내가 너희들을 위하여 저 그물을 찢을 테니 너희들은 모두 나를 따라 나오너라.'

그는 곧 그물을 찢었고, 그들은 모두 그곳에서 벗어날 수 있었다. 그 때 어떤 늙은 잔나비가 새끼를 업고 가다가 발이 미끄러져 깊은 구덩이에 떨어졌다. 잔나비왕은 새끼 딸린 늙은 잔나비가 보이지 않자 찾아 나섰다. 그가 깊은 구덩이에 빠져 있는 것을 보고 그 곁으로 가서 여러 잔나비들에게 말했다.

'모두들 나와 같이 힘을 내어 저들을 구해내자.'

여러 잔나비들은 서로 팔을 연결하여 구덩이 밑으로 내려가 어미를 잡아당겨 올려 고난에서 벗어나게 했다. 그리고 또 오늘 어머니의 고난을 없애드렸다. 그 때에는 깊은 구덩이의 어려움에서 건져내었고, 지금은 세 갈래 나쁜 길의 어려움에서 어머니를 건져낸 것이다."

부처님께서는 이어 말씀하셨다.

"부모를 구제하면 큰 공덕이 있느니라. 나는 어머니를 구제했기 때문에 세상마다 어려움이 없었고, 스스로 부처가 되는 데 이르렀느니라. 이런 이치가 있기 때문에 너희 비구들은 각각 부모에게 효순하고 봉양해야 하느니라."

부처님을 안은 여인

부처님께서는 거하라국으로 가시면서, 도중에 어느 나무 밑에 앉아 계셨습니다. 그 때 가단차라라는 한 노파가 남에게 매여 살면서 우물에서 물을 긷고 있었는데, 부처님께서 아난다에게 말씀하셨습니다.

"저기 가서 물을 얻어 오너라."

아난다는 부처님의 분부를 받고 곧 가서 물을 청하니 노파는 부처님께서 물을 청하신다는 말을 듣고 스스로 물을 들고 와서, 부처님 앞에 이르러 물그릇을 땅에 놓고 부처님을 안으려 했습니다. 아난다가 그것을 막으려 하자 부처님께서 말씀하셨습니다.

"막지 말아라. 그 노파는 5백 생 동안 내 어머니였다. 그래서 애정이 다하지 않았기 때문에 나를 안으려 하는 것이니, 만일 그것을 막으면 코와 입으로 피를 토하며 이내 목숨을 마치고 말 것이다."

노파는 부처님을 안아보고 손발을 호호 불어드리고는 한쪽에 서 있었습니다.부처님께서는 아난다에게 말씀하셨습니다.

"너는 가서 이 노파의 주인을 불러오너라."

그 주인이 와서 땅에 엎드려 부처님께 예배드리고 한쪽에 물러서 있었습니다.

"이 노파를 놓아주어 집을 떠나게 하라. 집을 떠난다면 반드시 아라한이 될 것이다."

주인이 곧 놓아주었습니다. 부처님께서 아난다에게 말씀하셨습니다.

"이 노파를 파사파제 비구니에게 보내어 스님이 되게 하라. 오래지 않아 아라한이 되어, 경전을 잘 알기로 가장 으뜸인 비구니가 될 것이다."

비구들은 이상히 여겨 부처님께 여쭸습니다.

"세존이시여, 저이는 어떤 인연으로써 남에게 매여 살았으며, 또 어떤 인연으로써 아라한이 된다 하십니까?"

부처님께서 말씀하셨습니다.

"저 비구니는 카샤파 부처님 때에 집을 나와 도를 배웠다. 그 인연으로써 아라한이 될 것이다. 또 그 때에 여러 주인들을 위하여 성현들을 비방하고 '비구니보다 종이 낫다' 고 했다. 그 인연으로써 지금 남에게 매여 산다. 또 5백 생 동안 늘

내 어머니가 되어 간탐하고 질투하여 내 보시를 방해했다. 그 인연으로써 항시 빈천한 집에 태어났다. 그런데 나는 오늘만 그를 빈천에서 구제한 것이 아니니라."

"알 수 없습니다. 과거 세상에 저 비구니를 빈천에서 구제한 일은 어떠하셨습니까?"

부처님께서 말씀하셨습니다.

"지나간 세상에 바라나시에 어떤 가난한 집에 모자가 살고 있었다. 아들은 늘 품을 팔아 어머니를 봉양하는데, 재물을 조금 얻어 겨우 조석을 지탱해 나갔다. 그 때에 아들은 어머니에게 말했다.

'저도 여러 상인들과 함께 멀리 가서 장사를 하려 합니다.'

어머니는 허락했고, 아들은 길을 떠났다. 아들이 떠난 뒤에 도적이 와서 그 집을 부수어 재물을 빼앗고, 그 노모를 끌고 가서 다른 곳에 팔았다. 아들이 돌아와 어머니를 찾다가, 그가 있는 곳을 알고는 많은 재물을 가지고 가서 어머니를 종의 신분에서 풀어내어 모시는데, 본국에서 생활할 때보다 훨씬 잘 모셨다.

비구들아, 그 때의 어머니는 바로 지금의 저 가단차라요, 그 아들은 바로 지금의 나다. 나는 그 때에도 어머니를 고통에서 구제해드렸느니라."

발원의 힘

옛날 부처님께서는 라자그리하성에 계시면서 비구들에게 말씀하셨습니다.

"부모님을 조금만 잘 봉양하여도 한량없는 복을 얻고, 조금만 불효하여도 한량없는 죄를 받느니라."

비구들은 부처님께 여쭈었습니다.

"세존이시여, 그 때의 죄와 복의 갚음은 어떠했습니까?"

부처님께서 말씀하셨습니다.

"먼 옛날 바라나시국에 장자의 아들이 있었는데 이름이 자동녀였다. 그 아버지는 일찍 세상을 떠났고 재물을 모두 써버려, 나무를 해 그것을 팔아 생활했는데, 하루 2전을 벌어 늙은 어머니를 봉양했다. 점차 생계가 조금씩 나아져 하루 4전을 벌어 어머니를 봉양하고, 다시 하루 8전을 벌어 어머니를 봉양했다. 그리하여 차츰 여러 사람들의 신용을 얻어 어디에나 가서 일하며 얻는 이익은 갈수록 많아져, 하루 16전으로써 어머니를 잘 받들었다. 여러 사람들은 그의 총명과 복덕을 보고 권했다."

"너의 아버지가 세상에 계실 때에는 항상 바다에 들어가 보물을 캐었다. 그런데 너는 왜 바다에 들어가지 않는가?"

그는 이 말을 듣고 어머니에게 말했다.

"아버님이 살아 계실 때 어떤 일을 하셨습니까?"

어머니는 말했다.

"너의 아버지는 바다에 들어가 보물을 캐셨다."

"저의 아버님이 바다에 들어가 보물을 캐셨다면 저도 지금 바다에 들어 갈 수 있겠습니다."

어머니는 그 아들의 인자하고 효순한 것을 보고 떠나보낼 수 없다고 생각했으나, 장난삼아 말했다.

"너도 갈 수 있다."

그는 어머니의 이 말을 듣고 독백했다.

"아아, 이제 되었다."

그는 곧 동지들과 의론한 뒤 바다에 들어가려고 여장을 준비하고 어머니에게 말하니, 어머니가 그에게 말했다.

"너는 내 외아들이다. 내가 죽기를 기다려 가야 한다. 내가 어떻게 너를 놓아 보내겠느냐!"

아들은 대답했다.

"만일 전날에 허락하시지 않으셨다면 저는 감히 마음을 먹지 않았을 것입니다. 어머님은 이미 허락하셨는데 어찌 다시 막으려 하십니까! 저는 이 몸으로써 믿음을 세우고 죽으려 합니다. 남과 약속하여 이미 결정했으니 도로 여기서 그만 둘 수는 없습니다."

어머니는 그 아들의 뜻이 결정된 것을 보고, 앞으로 나가 다리를 안고 울면서 말했다.

"내가 죽기를 기다리지 않고 어떻게 떠날 수 있느냐!"

아들은 어머니의 손을 풀고 다리를 빼면서, 어머니 머리털을 몇 개 끊었다. 어머니는 아들이 다른 사람에게 욕을 얻어먹을까봐 두려워 곧 놓아주어 떠나게 했다.

그는 드디어 여러 상인들과 함께 바다로 들어가, 보물섬에 이르러 보물을 많이 캐어 여러 동행들과 함께 돌아오려고 길을 떠났다. 그런데 거기에는 두 가지 길이 있었는데 하나는 물로 돌아오는 길이요, 하나는 육지로 돌아오는 길이었다. 여러 사람들이 모두 육지로 돌아가자고 하여 육지의 길을 따라 귀향길에 올랐다. 그 나라 법에는 도적이 와서 재물을 탈취할 때, 만일 그들이 우두머리를 잡으면, 여러 상인들의 재물은 모두 도적에게 돌아가지만 우두머리를 잡지 못하면 비록 재물을 얻었더라도 우두머리가 돌아오면 재물을 그에게 돌려주게 되어 있었다. 그러므로 자동녀가 항상 따로 나와 자면 상인들은 일찍 일어나 그를 찾아가 맞이했다.

하루는 큰 바람이 불어 상인들이 갑자기 일어나 우두머리를 맞이하지 못한 채 길을 떠났기 때문에 우두머리인 자동녀는 뒤에 떨어져 같이 가지 못했다. 그는 길을 잘 몰랐다. 어떤 산이 있는 것을 바라보고 곧 그리로 올라가 멀리 감유리 빛의 성이 있는 것을 보고는, 굶주리고 목마르고 피곤하여 성을 향해 빨리 달려갔다. 그 때에 성 안에서 네 명의 미녀가 여의주 한 개씩을 받쳐 들고 노래를 부르면서 그를 맞이했다. 거기서 4주 동안 큰 쾌락을 누리다가 염증이 생겨 그들을 버리고 떠나려 하니 여러 미녀들은 말했다.

"이 세상 사람들은 너무 무정합니다. 우리들과 4주나 함께 살아왔는데 어떻게 하루 아침에 우리들을 버리고 떠나려 하십니까."

그러나 자동녀는 그 말을 귀에 담지 않고, 다시 앞으로 가다가 파리성을 보았다. 거기에서는 여덟 명의 미녀가 여의주를 한 개씩 받쳐 들고 노래를 부르면서 나와 맞이했다. 거기에서 8주 동안 크게 환락을 누리다가 싫증이 생겨 또 그들을 버리고 떠나 백은성에 이르렀다. 거기에서는 열여섯 명의 미녀가 여의주를 받쳐 들고 앞에서와 같이 나와 맞이했다. 거기서 16주 동안 큰 쾌락을 누리다가, 다시 그들을 버리고 떠나 황금성에 이르렀다. 거기에서는 서른 두 명의 미녀들이 여의주 한 개씩 받쳐 들고 나와 맞이했다. 거기서 32주 동안 큰 쾌락을 누리다가 또 그들을 버리고 떠나려 하니 미녀들은 말했다.

"당신은 지금까지 늘 좋은 곳만 지나 왔습니다. 그러나 지금부터는 좋은 곳이 없으므로 여기서 사시는 것만 못합니다."

그는 이 말을 듣고 생각했다.

'이 미녀들은 나를 연모하기 때문에 이런 말을 한다. 앞으로 더 나아가면 반드시 더 좋은 곳이 있을 것이다.'

이렇게 생각한 그는 그들을 버리고 떠났다. 멀리있는 쇠성을 바라보고 그는 괴상하게 생각하다가 다시 이렇게 생각했다.

'바깥은 쇠지만 안은 매우 좋으리라.'

점점 앞으로 나아가 성에 가까이 갔으나 나와서 맞이하는 미녀들이 없자 그는 다시 생각했다.

'저 성 안은 매우 즐거운 것 같다. 그래서 나를 맞이하지 않는 것이다.'

차츰 앞으로 나아가 드디어 성 안으로 들어가자 성문에 빗장이 내려졌다. 그 안에는 어떤 사람이 머리에 불이 훨훨 타는 모자를 쓰고 있다가, 그것을 벗어 자동녀 머리 위에 씌우고는 곧 나가버렸다. 그가 벗으려 했으나 벗겨지지 않자 자동녀는 옥졸에게 물었다.

"내가 쓴 이 불모자를 언제 벗을 수 있는가?"

그가 대답했다.

"세상에 어떤 사람이 죄와 복을 짓되, 네가 지은 것처럼 바다에 들어가 보물을 캐고, 너처럼 오랫동안 여러 성을 거쳐 즐긴 뒤에 여기 와서 너를 대신해 죄를 받기 전에는 그 불모자는 결코 땅에 떨어지지 않을 것이다."

자동녀는 물었다.

"나는 어떤 복을 지었으며, 또 어떤 죄를 지었는가?"

"너는 옛날 네가 살던 세계에서 날마다 2전으로써 어머니를 봉양했기 때문에 유리성과 네 개의 여의주와 네 명의 미녀를 만나, 4주 동안 그런 쾌락을 누렸다. 또 4전으로써 어머니를 봉양했기 때문에 파리성과 여덟 개의 여의주와 여덟 명의 미녀를 만나, 8주 동안 온갖 쾌락을 누렸다. 또 8전으로써 어머니를 봉양했기 때문에 백은 성과 열여섯 개의 여의주와 열여섯 명의 미녀를 만나, 16주 동안 쾌락을 누렸다. 또 16전으로써 어머니를 봉양했기 때문에 황금성과 서른 두 개의 여의주와 서른 두 명의 미녀를 만나, 32주 동안 큰 쾌락을 누렸다. 그리고 어머니 머리털을 끊었기 때문에 지금 땅에 떨어지지 않는 불모자를 쓰게 된 것이다. 너를 대신할 사람이 있은 뒤에라야 그것을 벗게 될 것이다."

"이 옥 중에 나처럼 죄를 지은 이가 있는가?"

"한량없는 자들이 있어 이루 다 헤아릴 수 없다."

자동녀는 이 말을 듣고 가만히 생각했다.

"나는 끝내 면하지 못하겠구나. 원컨대 여기에 있는 일체 중생들이 받는 고통이 모두 내 몸에 모여지이다."

이렇게 생각하자 불모자가 땅에 떨어졌다.

자동녀는 옥졸에게 말했다.

"너는 말하기를 이 불모자는 땅에 떨어지지 않는다더니, 어찌하여 지금 떨어졌는가?"

옥졸은 화를 내며 곧 쇠꼬챙이로 자동녀의 머리를 치니, 그는 목숨을 마치고 도솔천에 났다.

"비구들아, 알고 싶은가? 그 때의 자동녀는 바로 지금의 나다. 비구들아 명심하여라. 조금이라도 부모에게 좋지 않은 일을 행하면 큰 고통의 갚음을 받고, 조금이라도 잘 봉양하면 한량없는 복을 얻느니라. 그러므로 힘써 정성을 다해 부모를 봉양해야 하느니라."

참회하고 프라데카 부처가 되다

부처님께서 슈라바스티국에 계시면서 비구들에게 말씀하셨습니다.

"부모에게나 부처님이나 또 그 제자들에게 성을 내고 미워하면, 그 사람은 흑승지옥에 떨어져 한량없는 고통을 받되 끝이 없을 것이다."

비구들이 부처님께 여쭸습니다.

"세존이시여, 부모를 공경하고 존중하는 일과, 부모에게 불경하고 존중하지 않고, 조금이라도 좋지 않은 일을 하면 그 결과는 어떠합니까?"

부처님께서 말씀하셨습니다.

"한량없이 먼 과거 세상에 설산 기슭에 제바연이라는 선인이 있었는데, 그는 바라문 종족이었다. 그런데 바라문 법에는 '사내나 계집애를 낳지 않으면 천상에 나지 못한다.' 고 되어 있었다."

그 바라문은 항상 돌 위에다 소변을 보았는데, 그의 정액이 흘러 나와 돌 틈으로 떨어졌고, 어떤 암사슴이 와서 그 소변이 떨어진 곳을 핥아먹고 새끼를 배었다. 달이 차서 사슴은 그 선인이 사는 굴 밑에 와서 딸아이를 낳았다. 어미 태에서 나오면서부터 꽃이 그 몸을 쌌고, 얼굴은 단정하고 뛰어나게 아름다웠다. 선인은 그 애가 자기 딸임을 알고 그를 데려다 길렀다. 아이가 점점 자라 제 발로 걷자 발로 밟은 곳에는 모두 연꽃이 솟아났다. 바라문 법에는 밤에도 늘 불을 꺼지지 않게 단속해 두는데, 우연히 어느 날 밤에 불이 아주 꺼져버렸다. 딸은 남의 집에 달려가 불씨를 빌리려 했다. 그 집 주인은 그녀의 발자국마다 연꽃이 생기는 것을 보고 말했다.

'우리 집을 일곱 번 돌면 네게 불을 주겠다.'

그녀는 일곱 번을 돌고는 불을 얻어 돌아갔다. 마침 오제연왕이 사냥을 나왔다가, 어떤 집에 일곱 겹으로 연꽃이 피어 있는 것을 보고 이상히 여겨 물었다.

'어떻게 너의 집 주위에 왜 이런 연꽃이 있는가?'

'산 중에 사는 바라문의 딸이 불을 빌리러 저에게 왔었는데, 그녀의 발밑에서 이런 연꽃이 피었습니다.'

왕은 발자국을 따라 선인이 사는 곳으로 가 선인과 처녀를 보고 왕은 그 처녀의 얼굴이 단정하고 뛰어나게 잘난 것을 보고 선인에게 말했다.

'이 딸을 내게 주시오.'

선인이 딸을 왕에게 딸려 보내면서 말했다.

'장차 5백 명의 왕자를 낳을 것입니다.'

왕은 드디어 그녀를 후궁을 삼았고, 5백 명의 미녀 중에서 가장 우두머리로 삼았다. 왕의 큰 부인이 이 사슴의 딸을 매우 질투하며 독백했다.

'대왕이 지금 그를 저처럼 사랑하고 소중히 여기는데, 만일 5백 명의 왕자를 낳으면 갑절이나 사랑할 것이다.'

그 뒤, 오래지 않아 사슴의 딸은 5백 개의 알을 낳았다. 그녀는 그것을 상자 안에 담아두었다. 큰 부인은 밀가루로써 5백 개의 떡을 만들어 알이 있던 곳에 대신 넣어두고, 알이 든 상자는 뚜껑을 판자로 덮어 못을 박아 갠지스강에 던져버렸다. 왕이 큰 부인에게 물었다.

'무엇을 낳았는가?'

부인이 대답했다.

'순전한 밀가루 떡을 낳았습니다.'

'그 선인이 거짓말을 했구나.'

왕은 사슴의 딸을 그의 지위에서 내려 다시는 왕을 볼 수 없게 했다. 그 때에 살탑보왕은 갠지스강 하류의 물가에서 여러 미녀들과 물놀이를 하다가 그 상자를 보고 말했다.

'이 상자는 내 것이다.'

여러 미녀들이 말했다.

'대왕께서는 지금 상자를 가지셨다. 우리는 저 상자 안의 물건을 가지자.'

왕은 사람을 보내어 상자를 가져와서 5백 명의 부인들에게 각각 알 하나씩을 주었다. 며칠 뒤 그 알들은 저절로 깨어졌고, 그 속에서 얼굴이 단정한 아기가 나왔다. 그들이 자라나매 모두 큰 역사의 힘이 있었으므로 5백 개 역사의 깃대를 세웠다. 그 때에 오제연왕은 살탑보왕에게 공물을 요구했다. 살탑보왕은 공물을 바치라는 말을 듣고 근심에 잠겨 있었다. 여러 아들들은 왕에게 아뢰었다.

'무엇 때문에 근심하고 괴로워하십니까?'

왕이 말했다.

'지금 세상에 살면서 남으로부터 모욕을 받고 있기 때문이다.'

'누구로부터 모욕을 받으십니까?'

'오제연왕이 항상 내게 공물을 바치라고 독촉하고 있다.'

아들들은 아뢰었다.

'저희들은 능히 잠부드비파의 모든 왕에게 공물을 바치도록 요구하여 대왕께 바치게 할 수 있는데, 대왕께서 무엇 때문에 다른 이에게 공물을 바치려하나이까?'

5백 역사들은 드디어 군사를 이끌고, 오제연왕의 나라를 공격했다. 오제연왕은 두려워하며 말했다.

'한 역사도 당하지 못하겠거늘 하물며 5백 명 역사를 어떻게 당하겠는가. 온 나라에 영을 내려 이 적을 물리칠 수 있는 역사를 모으도록하자.'

그러다가 다시 생각했다.

'그 선인이라면 능히 그 방법을 알 것이다.'

그는 온갖 방편을 써서 선인에게 가서 말했다.

'나라에 큰 어려움이 있는데 어떻게 하면 그것을 물리칠 수 있겠소.'

그 선인이 물었다.

'적군이 침공했는가? 도적이 일어났는가?'

왕이 말했다.

'살탐보왕에게는 5백 명의 역사가 있는데, 그들이 모두 군사를 거느리고 와서 나를 치려하오. 내게는 지금 그들과 대적

할 만한 그런 역사가 없소. 어떤 방법을 써야 그 적을 물리칠 수 있겠소?'

선인이 대답했다.

'왕은 돌아가서 연화부인에게 청하시오. 그는 능히 그 적을 물리칠 수 있을 것이오.'

'그녀가 어떻게 물리칠 수 있겠소?'

선인이 대답했다.

'그 5백 명의 역사는 모두 당신 아들이오. 그들은 연화부인의 소생이오. 당신의 큰 부인이 질투하여 연화부인이 낳은 아들들 모두 강물에 던져버렸는데, 살탑보왕이 그 강 하류에서 놀다가 그들을 얻어 길러낸 것이오. 왕은 지금 연화부인을 큰 코끼리에 태워 군사들 선두에 세우면 저들은 스스로 항복할 것이오.'

왕은 그 선인의 말대로 곧 돌아와 연화부인에게 사과하고 부인을 분장시켜 좋은 옷을 입히고 크고 흰 코끼리에 태워 군사들의 선두에 세웠다. 5백 명 역사들은 활을 들어 쏘려 했으나 손이 저절로 꿋꿋해져 움직일 수가 없었다. 그들은 모두 깜짝 놀랐다. 그 때에 선인이 날아와 허공에서 역사들에게 말하였다.

'삼가 손을 들지 말고 나쁜 마음을 내지 말라. 만일 나쁜 마음을 내면 모두 지옥에 떨어질 것이다. 이 왕과 저 부인은 바로 너희들의 친부모이니라.'

어머니는 곧 손으로 젖가슴을 눌렀다. 양 젖가슴에서 각각 250줄기의 젖이 나와 여러 아들들의 입으로 들어갔다. 그들은 곧 부모를 향해 참회하고 스스로 부끄러워했기 때문에 모두 프라데카 부처가 되었다. 왕도 또한 스스로 깨닫고 프라데카 부처가 되었다.

비구들아, 그 때의 선인은 바로 나요, 나는 그 때에도 여러 아들들을 만류하여, 부모에게 나쁜 마음을 내지 않음으로써 프라데카 부처가 되게 했고, 지금도 또한 늙은 부모를 봉양하는 덕을 찬탄하는 것이다."

구업의 힘

부처님께서는 라자그리하성의 그리드라쿠우타산에 계시면서 여러 비구들에게 말씀하셨습니다.

"두 가지 법이 있어서, 사람으로 하여금 인간과 천상에 빨리 나서 열반의 즐거움에 이르게 한다. 또 두 가지 법이 있어 사람으로 하여금 세 가지 나쁜 곳에 빨리 떨어져 큰 고통을 받게 하느니라. 어떤 두 가지 법이 사람으로 하여금 인간과 천상에 나서 빨리 열반의 즐거움에 이르게 하는가!"

부처님께서 이어 말씀하셨습니다.

"첫째는 부모를 봉양하는 것이요, 둘째는 성현에게 공양을 올리는 것이다. 그렇다면 어떤 두 가지 법이 사람을 지옥 · 아귀 · 축생에 빨리 떨어져 큰 고통을 받게 하는가.

첫째는 부모에게 온갖 좋지 못한 행동을 하는 것이요, 둘째는 성현들에게 좋지 못한 행동을 하는 것이다."

비구들은 부처님께 사뢰었습니다.

"세존이시여, 선악을 빨리 이루는 그 일은 어떠한 것입니까?"

부처님께서 말씀하셨습니다.

"한량없이 먼 과거 세상에 바라나시라는 나라가 있었고, 그 나라에 신선산이 있었다. 어떤 수행자는 그 산에 살면서 언제나 돌 위에 대소변을 보았다. 어느 날, 그의 정액이 소변 본 곳에 떨어져, 암사슴이 와서 그것을 핥아먹고 곧 새끼를 배었다. 달이 차서 그 사슴은 수행자가 사는 곳에 와서 계집애를 낳았다. 얼굴이 단정하고 뛰어나게 아름다웠으나 다리가 사슴 다리를 닮았다. 범지는 그 애를 데려다 길렀다. 그들의 법에는 항상 불을 받들고 섬겨 그 불이 꺼지지 않게 했는데, 어느 날 밤 그 딸애는 부주의하여 불을 꺼뜨렸다. 그녀는 수행자가 성내는 것이 두려워 거기서 한 구루사약 5리쯤 떨어진 곳에 사는 수행자에게 가서 불을 빌었다. 그가 그 애의 발자국을 보니 발자국마다 연꽃이 피어 있는 것을 보고 그녀에게 말했다.

'우리 집을 일곱 번 돌면 너에게 불을 주겠나. 또 나갈 때에도 일곱 번 돌아라. 그리고 본래 발자국을 밟지 말고 가거라.'

딸애는 그 말대로 하고는 불을 얻어 가지고 돌아갔다. 때에 범예국왕이 사냥을 나왔다가, 그 수행자의 집 주위에 열네 겹으로 피어 있는 연꽃과 그리고 두 길에 두 줄 연꽃이 있는 것을 보고, 그 까닭을 이상히 여겨 그에게 물었다.

'물이 전혀 없는데 어떻게 이렇게 아름답고 좋은 연꽃이 피어 있는가?'

그가 대답했다.

'저 선인이 사는 곳에서 어떤 딸애가 불을 빌러 저에게 왔었는데, 그 애 발자국마다 연꽃이 피었습니다. 그래서 저는 그녀에게 '만약 불을 얻고자 한다면 우리 집을 일곱 번 돌고, 갈 때에도 또 일곱 번 돌라' 고 했습니다. 그래서 이 연꽃이 집을 에워 싸고 있습니다.'

왕은 곧 발자국에 난 연꽃을 따라 수행자의 처소에 이르렀다. 그녀의 단정한 모습에 반하여 그에게 그 딸을 달라고 청했고 그는 딸을 왕에게 주었다. 왕은 그녀를 둘째 왕비로 삼았다. 그러나 그녀는 어릴 때부터 선인이 길렀기 때문에 그녀의 본래 성품이 단정하고 곧아, 부녀들의 애교에 대한 일은 몰랐다. 그 뒤에 그녀가 회임을 했고, 관상가가 점을 쳤다.

'장차 아들 천 명을 낳으리라.'

큰 부인은 그 말을 듣고 시기하고 질투하여 나쁜 꾀를 부렸다. 그 부인은 사슴 딸의 좌우 시종을 불러 달래고 보물을 넉넉히 주었다. 그 때에 녹녀는 달이 차서 천 송이 연꽃을 낳았다. 그런데 아이를 낳으려 할 때 큰 부인은 천으로써 그녀의 눈을 가리어 보지 못하게 하고, 다 썩은 말의 허파를 임부의 산도 밑에 받쳐 두고, 천 송이 연꽃은 함에 담아 강물에 띄워 버린 후 눈을 풀어주면서 말했다.

'네가 낳은 아기를 보아라. 한 덩이 썩은 말 허파뿐이구나.'

왕은 사람을 보내어 물었다.

'무엇을 낳았는가?'

'다 썩은 말 허파를 낳았습니다.'

그 때에 큰 부인은 말했다.

'대왕님은 저 여자에게 홀려 좋아하셨습니다. 축생이 낳고 선인이 기른 여자는 이 상서롭지 못한 썩은 물건을 낳았습니다.'

왕과 큰 부인은 둘째 부인의 지위를 박탈하고 다시는 눈앞에 나타나는 것을 허락하지 않았다. 그 때에 오기연왕은 여러 시종과 부인과 미녀들을 거느리고 강 하류에서 물놀이를 하다가, 누른 구름 일산이 강 상류에서 물을 따라 흘러 내려오는 것을 보고, 저 구름 일산 밑에는 반드시 신비한 물건이 있으리라고 짐작했다. 그리하여 사람을 보내 누른 구름 밑으로 가서 살피게 했고, 사람들이 함 하나를 발견하고 그것을 건져 와서 왕에게 바쳤다. 왕이 열어보니 거기에는 천 송이 연꽃이 있었는데, 꽃 한 송이마다 아이 하나씩이 있었다. 그것을 데려다 길렀는데, 그들은 차츰 자라나 모두 큰 역사가 되었다. 오기연왕은 해마다 늘 범예국왕에게 공물을 바쳤다. 그래서 여러 가지 공물을 모아 싣고 사자를 보내어 떠나려 할 때, 여러 아들들은 물었다.

'무엇을 하십니까?'

왕은 대답했다.

'저 범예왕에게 공물을 바치려고 하는 것이다.'

아들들은 모두 말했다.

'저희들 가운데 한 사람의 힘만 가지고도 천하를 항복 받아, 모두 와서 공물을 바치게 할 수 있사온데, 어찌 천 명의 역사인 아들들을 두셨으면서 남에게 공물을 바치려 하십니까?'

그들은 군사를 거느리고 여러 나라를 차례로 항복 받으면서 범예왕의 나라로 갔다. 범예왕은 천 명의 역사가 군사를 거느리고 온다는 말을 듣고 온 나라에 영을 내렸다.

'누가 저 도적들을 물리칠 수 있는가?'

그러나 아무도 그들을 물리칠 사람은 없었다.

직위를 박탈했던 둘째 부인이 와서 말했다.

'제가 물리칠 수 있습니다.'

왕은 물었다.

'어떻게 물리칠 수 있는가?'

부인이 대답했다.

'다만 저를 위해 열 발丈 되는 대臺를 만들어 주소서. 제가 그 위에 앉으면 틀림없이 물리칠 수 있습니다.'

대를 다 만들자 둘째 부인은 그 위에 앉았다. 그 때에 천 명 아들들은 활을 들어 쏘려 했으나 손이 저절로 들려지지 않았고 부인은 그들에게 말했다.

'너희들은 삼가 부모를 향해 손을 들지 말라. 나는 너희들의 친어미니라.'

그들은 물었다.

'무엇으로써 저희들의 어머니임을 증명할 수 있는가?'

'내가 만일 젖가슴을 눌러 한 젖가슴에서 5백 줄기 젖이 나와 너희들 입에 들어가면 그것이 어머니인 표시요, 만일 그렇지 않으면 너희 어머니가 아니다.'

그녀는 곧 두 손으로 젖가슴을 눌렀다. 한쪽 젖가슴에서 5백 줄기씩의 젖이 나와 천 명의 아들들에 입에 들어가고, 다른 군사들에게는 한 방울도 떨어지지 않았다. 천 명 아들들은 항복하고 부모를 향하여 참회했다. 이에 여러 아들들은 서로 화합하고 두 나라는 원한이 없었다. 그래서 그들은 서로 권하고 이끌어 5백 명의 아들은 친부모에게 가고, 5백 명의 아들은 양부모에게 갔다. 그 때, 두 나라 왕은 이 세상을 나누어 다스렸고, 각기 5백 아들들과 나라를 잘 다스렸느니라."

부처님께서 계속해서 말씀하셨습니다.

"비구들아, 알고 싶은가? 그 때의 천 명 아들들은 바로 저 현겁의 천 부처요, 질투한 부인으로서 눈을 흐리게 한 이는 바로 저 교린이라는 눈 먼 용이며, 그 아버지는 바로 정반왕이요, 어머니는 바로 저 마야부인이었느니라."

비구들은 사뢰었습니다.

"그 여자는 어떤 인연으로써 사슴의 딸로 태어났으며, 발밑에 연꽃이 났으며, 또 어떤 인연으로써 왕의 부인이 되었나이까?"

"그 여자는 지나간 세상에 빈천한 집에 태어났다. 어머니와 함께 밭에서 김을 매다가, 어떤 프라데카 부처가 바루를 들고 걸식하는 것을 보고, 어머니는 그 딸에게 말했다.

'나는 집에 있는 내 밥을 가져다 저 분에게 나누어 드리고 싶구나.'

'저도 제 몫을 드리고 싶습니다.'

그 어머니는 곧 집으로 돌아가, 두 사람 몫을 가지고 와서 그 프라데카 부처에게 주기로 하고 떠났다. 그 동안에 딸은 프라데카 부처를 위해 풀을 베어 풀자리를 만들고 꽃을 따서 위에 흩고는, 프라데카 부처가 앉기를 청했다. 딸은 그 어머니가 더디 오는 것을 이상히 여겨, 높은 곳에 올라가 멀리서 오는 어머니를 바라보고 말했다.

'사슴이 달리듯 왜 빨리 오지 않으십니까?'

어머니가 이르자 그 더딘 것을 미워해 원망하면서 말하였다.

'제가 어머니 곁에서 난 것은 사슴 새끼로 난 것보다 못합니다.'

그 어머니는 두 몫으로 나눈 음식을 프라데카 부처에게 올리고 나머지는 모녀가 같이 먹었다. 프라데카 부처는 다 먹고 나서 바루를 허공에 던지고 그것을 따라 허공에 올라 열여덟 가지 신통변화를 나타내었다. 그 때의 그 어머니는 매우 기뻐하면서 서원을 세웠다.

'나로 하여금 장래에 거룩한 아들을 낳되 지금 저 성인과 같게 되어지이다.'

이런 인연으로써 그 뒤에 천 명 아들을 낳았고 모두 프라데카 부처가 되었는데, 한쪽은 양모가 되고 한쪽은 생모가 된 것이다. 또 그 어머니의 걸음을 사슴의 걸음에 비유하여 말한 인연으로써 사슴 뱃속에서 나서 다리는 사슴 다리 같았으며, 꽃을 따서 프라데카 부처에게 바쳤기 때문에 그 발자국에서 꽃이 피어났고, 또 풀을 깔았기 때문에 항상 왕의 부인이 된 것이다.

그 어머니의 후신은 범예왕이 되었고 딸의 후신은 사슴부인이 되었다. 그 인연으로써 그 뒤 현겁의 1천 성인을 낳았고, 그 서원의 힘으로 항상 성현을 낳았느니라."

비구들은 이 말씀을 듣고 기뻐하며 실행했습니다.

2권

어떤 때는 벙어리처럼 침묵하고
어떤 때는 왕처럼 당당하게 말하라
어떤 때는 눈처럼 냉철하고
어떤 때는 불처럼 뜨거워져라

상아 침대에 숨은 비밀

옛날 슈라바스티국의 어떤 큰 장자에게 딸이 있었는데, 그 딸은 스스로 제 전생 일을 알고 있었고, 나면서부터 능숙하게 말을 했습니다.

"좋지 못한 행동은 효도하지 않는 행동이요, 부끄러움이 없는 행동은 해코지 하는 행동과 은혜를 배반하는 행동이다."

이렇게 말하고 그녀는 잠자코 있었습니다.

그 아이가 날 때부터 큰 복과 덕이 있었기 때문에 이름을 현이라고 지었습니다. 그 아이는 차츰 자라면서 가사를 매우 공경했고, 가사를 공경하던 인연으로써 집을 떠나 비구니가 되었지만 부처님 곁에는 가지 않고, 혼자서 부지런히 닦고 익혀 곧 아라한이 되었습니다. 그러나 그녀는 부처님 곁에 가지 않은 것을 뉘우치고 곧 부처님께 가서 부처님께 참회하니 부처님께서 말씀하셨습니다.

"나는 네가 아라한이 된 그 때에 이미 너의 참회를 받았느니라."

비구들은 이상히 여겨 부처님께 사뢰었습니다.

"저 현 비구니는 무슨 인연 때문에 집을 떠난 뒤에도 부처님을 뵈옵지 않다가, 이제 부처님을 뵈옵고 참회하는 것입니까?"

부처님께서 곧 그 인연을 말씀하셨습니다.

"옛날 여섯 개 어금니를 가진 흰 코끼리가 있었는데, 그 무리가 많았다. 그에게는 두 아내가 있었는데, 첫째는 이름이 현이요, 둘째는 이름이 선현이었다.

그는 숲 속에서 마침 연꽃을 얻어 현에게 주려고 했는데, 선현이 먼저 빼앗았다. 현은 연꽃을 빼앗기고 질투하는 마음으로 생각했다.

'저 코끼리는 선현을 사랑하고 나는 사랑하지 않는다.'

그들이 사는 그 산중에 불탑이 있었고, 현은 항상 꽃을 꺾어 그 탑에 공양하면서 발원했다.

'나는 인간에 태어나서 스스로 내 전생 일을 알고 또 저 흰 코끼리의 어금니를 빼어 가지리라.'

이렇게 발원한 뒤, 곧 산꼭대기에 올라가 몸을 던져 죽은 뒤에, 이내 비제혜왕의 공주로 태어났고, 스스로 전생 일을 알았다. 그는 자라나 범마달왕의 아내가 되자, 전생의 원한을 생각하고 그 왕에게 말했다.

'흰 코끼리 어금니로 침대를 만들어 주시면 저는 살아가겠지만 만일 그렇지 않으시면 저는 죽고 말겠습니다.'

왕은 곧 담이 큰 사냥꾼을 불러 말했다.

'만일 흰 코끼리 어금니를 얻어 오면 금 백냥을 주리라.'

그 사냥꾼은 거짓으로 가사를 입고 활과 독칠한 화살을 끼고 코끼리 있는 곳으로 갔다.그 코끼리 아내 선현은 사냥꾼을 보고 코끼리 왕에게 말했다.

'저기 사람이 옵니다.'

코끼리 왕은 물었다.

'어떤 옷을 입었는가?'

'가사를 입었습니다.'

'가사를 입은 사람은 착한 행실을 하고 악한 마음이 없느니라.'

그렇게 방심한 틈을 타고 사냥꾼은 가까이 가서 독한 화살로써 쏘니, 선현은 그 코끼리 왕에게 말했다.

'당신은 말씀하셨습니다. 가사 속에는 선이 있고 악은 없다고. 그런데 왜 이렇습니까?'

코끼리 왕은 대답했다.

'그것은 가사의 허물이 아니다. 그것은 마음속에 있는 번뇌

의 허물이다.'

선현은 곧 그 사냥꾼을 해치려 했으나, 코끼리 왕은 여러 가지로 선현을 위로하고 타이르며 설법하여 해치지 못하게 했다. 그리고 또 5백 마리 코끼리 떼들이 그 사냥꾼을 죽일까 걱정하여, 그들을 산골짜기로 몰아넣어 멀리 보내버리고, 그리고 사냥꾼에게 물었다.

'너는 무엇이 필요하여 나를 쏘았는가?'

사냥꾼은 대답했다.

'나는 필요한 것이 없소. 범마달왕이 너의 어금니를 구하기 때문에 그것을 가지러 왔다.'

'그러면 빨리 뽑아가거라.'

'감히 내 손으로는 뽑을 수 없다. 그러한 자비로 나를 보호해 주었는데, 만일 내 손으로 뽑아 간다면 내 손은 반드시 썩어 떨어질 것이다.'

그 말을 들은 코끼리는 곧 큰 나무를 들이받아 스스로 어금니를 뽑아, 코로써 그것을 집어 주면서 발원했다.

'이 어금니를 보시한 공덕으로써 나는 장래에 일체 중생들의 세 가지 독니를 뽑아 주어지이다.'

사냥꾼은 곧 그 어금니를 가져다 범마달왕에게 바쳤으나,

그 때에 부인은 그 어금니를 얻고는 곧 뉘우치는 마음이 생겨 말했다.

'지금 내가 어떻게 그렇게 어질고 훌륭하며 깨끗한 계율을 가진 이의 어금니를 가지겠는가. 큰 공덕을 짓자.'

그는 곧 서원을 세웠다.

'원컨대 저이가 장래에 성불할 때에, 나는 그이의 법 안에서 제자가 되어 도를 배워 아라한이 되어지이다.'

비구들아, 너희들은 알아야 한다. 그 때의 흰 코끼리는 바로 나요, 그 사냥꾼은 바로 저 데바닷타며, 현은 지금의 저 비구니요, 선현은 바로 저 야수타라 비구니니라."

하늘을 움직인 토끼

슈라바스이국에 살던 어떤 장자의 아들이, 부처님 법 안에 출가하여 스님이 되었으나, 항상 속가의 권속들과 함께 즐기고 스님들과 더불어 일을 같이 하기를 싫어했으며, 또 경전을 읽고 수행하기를 즐기지 않았습니다. 그래서 부처님께서는 그 비구에게 분부하여 호젓한 곳에 가서 부지런히 닦아 익혀 아라한이 되어, 여섯 가지 신통을 두루 갖추게 하셨습니다.

비구들은 이상히 여겨 부처님께 사뢰었습니다.

"세존께서 세상에 나오심은 참으로 놀랍고 장하십니다. 그렇게 수행을 등한시 했던 장자의 아들도 마음을 잡고 호젓한 곳에서, 아라한의 도를 얻고 여섯 가지 신통을 갖추게 하셨나이다."

부처님께서 말씀하셨습니다.

"나는 오늘만 그의 마음을 다잡은 것이 아니라, 옛날에도 일찍 마음을 다잡게 하였느니라."

"모르겠습니다. 세존이시여. 옛날에 그의 마음을 다잡게 하신 그 일은 어떠하셨습니까?"

부처님께서 말씀하셨습니다.

"옛날에 어떤 선인이 숲 속에 살았다. 그 때 세상에는 큰 가뭄이 들어 산중의 과실들은 뿌리와 줄기와 가지와 잎사귀가 모두 말라버렸다. 선인은 평소부터 친하게 지내던 어떤 토끼에게 말했다.

'나는 지금 마을에 내려가 걸식하고자 한다.'

토끼는 말했다.

'가지 마십시오. 제가 당신에게 먹을 것을 드리겠습니다.'

이에 토끼는 섶을 모아 놓고 그 선인에게 말했다.

'저의 밥을 받으시면 반드시 비가 내려, 사흘만 지내면 꽃과 열매가 도로 살아나 캐고 따먹을 수가 있을 것입니다. 인간 세상에는 가지 마십시오.'

이렇게 말한 뒤에 불을 질러 놓고 그 속에 뛰어 들었다.

선인은 그것을 보고 생각했다.

'이 토끼는 착하고 좋은 나의 도반이었다. 나의 먹을 것을 위해 제 목숨을 버렸으니 참으로 어려운 일을 했다.'

그 선인은 몹시 괴로워하면서 그것을 먹었다.

토끼 보살의 이러한 어려운 작심과 고행 때문에 제석천왕의 궁전이 진동하니 제석천왕은 생각했다.

'지금 무슨 인연 때문에 내 궁전이 흔들리는가!'

그는 선정에 들어 토끼가 그 어려운 일을 한 것을 알고는 감동하여 곧 비가 내리게 했다. 선인은 거기 머물러 과일을 먹으면서, 부지런히 공부하여 다섯 가지 신통을 얻었다."

비구들아, 알고 싶으냐? 그 때에 다섯 가지 신통을 얻은 선인은 지금의 저 비구요, 그 토끼는 지금의 내 몸이었느니라.

나는 그 때에도 내 몸을 버렸기 때문에 그 선인으로 하여금 숲속에 머물러 다섯 가지 신통을 얻게 하였거늘, 하물며 지금 내가 그 비구로 하여금 권속들을 멀리 떠나 절에 머물면서 아라한이 되어 여섯 가지 신통을 얻게 하지 못하겠느냐!"

좋은 벗을 공경하라

부처님께서는 라자그리하성에 계셨습니다.

그 때에 비구들은 부처님께 사뢰었습니다.

"세존이시여, 데바닷타에게 의지하면 언제나 고뇌를 받고, 세존께 의지하면 현재에도 안락을 하고, 뒤에도 좋은 곳에 태어나 해탈할 것입니다."

부처님께서 말씀하셨습니다.

"그것은 오늘만 아니다. 옛날에 두 마리 원숭이가 있었는데, 모두 5백 마리씩의 권속을 거느리고 있었다.

그 때에 카시왕의 아들이 사냥을 나와 그들을 포위하려했다.

착한 원숭이 왕은 나쁜 원숭이 왕에게 말하였다.

'우리가 지금 이 강을 건너가면 어려움을 면할 수 있을 것이다.'

나쁜 원숭이 왕은 말했다.

'우리는 건널 수 없다.'

그러자 착한 원숭이 왕은 여러 원숭이들에게 말했다.

'저 비다라 나무 가지가 매우 길구나!'

5백 권속들은 그 나무 가지를 잡고 강을 건너갔다. 그러나 나쁜 원숭이 왕의 권속들은 건너지 않았기 때문에 모두 왕자에게 잡히게 되었다.

비구들아, 그 때의 그 착한 원숭이 왕은 바로 내 몸이요, 나쁜 원숭이 왕은 바로 저 데바닷타였다. 그가 거느린 권속들은 그 때에도 괴로웠고 지금 그에게 의지한 자들도 또한 그와 같으니라.

그 때에 나를 의지한 자들은 언제나 즐거움을 받아, 현재에 명예와 공양을 얻고, 장래에는 인간 세상이나 천상에서 해탈을 얻을 것이다. 그 때에 데바닷타에게 의지한 자는 언제나 괴로움을 받아, 현재에는 나쁜 이름을 얻고, 사람들이 공양을 제대로 베풀지 않으며, 장래에는 세 갈래 나쁜 길에 떨어질 것이다.

그러므로 비구들아, 부디 나쁜 벗을 멀리 떠나고 좋은 벗을 친히 해야 한다. 좋은 벗은 언제나 사람에게 편안함과 즐거움을 준다. 그러나 나쁜 벗은 멀리 떠나야 한다. 왜냐하면 나쁜 벗은 사람의 마음에 욕심이라는 불을 질러 이 세상에서나 다음 세상에서나 모든 괴로움을 모이게 하기 때문이다."

보은의 기적

남방산이라는 나라가 있었습니다.

부처님께서 그 나라에 가시려는 도중에 어느 마을에서 하룻밤을 머무셨습니다. 마침 그 마을에는 좋은 모임이 있어서, 사람들은 모두 술에 취해 어지러이 놀면서, 불이 일어난 것도 몰랐습니다. 불이 거세어 그 마을을 태우자 사람들은 놀라고 당황하여 갈 바를 모르고 서로 말했습니다.

"우리는 오직 부처님을 의지하여야 이 화재를 면할 수 있을 것이다."

그들은 부처님께 애원했습니다.

"세존이시여, 저희들을 구제하여 주소서."

부처님께서 말씀하셨습니다.

"일체 중생들은 모두 세 가지 불을 가지고 있다. 그것은 즉, 탐욕의 불, 분노의 불, 어리석음의 불인데, 나는 지혜의 불로써 그 불을 끄고 있다. 만일 이 말이 진실이라면 저 불은 꺼질 것이다."

이렇게 말씀하시자 불은 곧 꺼졌다. 여러 사람들은 모두 기뻐하면서 부처님을 더욱 믿고 존경했고, 부처님께서 설법하시자 그들은 모두 스로타판나가 되었다.

비구들은 이상히 여겨 여쭸습니다.

"부처님께서 세상에 나오심은 굉장하고 놀라우신 일입니다. 이 마을을 위하여 큰 이익을 주셨습니다. 마을의 불도 꺼지고 사람들의 마음의 불도 없어졌습니다."

부처님께서 말씀하셨습니다.

"오늘만 저들에게 이익을 준 것이 아니다. 지나간 옛날에도 저들에게 큰 이익을 주었느니라."

비구들이 여쭸습니다.

"세존이시여, 과거에 이익을 준 일은 어떠한 일이셨습니까? 저희들이 알 수 있도록 말씀하여 주시옵소서."

부처님께서 말씀하셨습니다.

"지나간 세상에 설산 한 쪽에 큰 대숲이 있었다. 많은 새와 짐승들이 그 숲을 의지해 살고 있었는데, 그 중에는 환희수라는 앵무새가 있었다. 어느 날 그 숲에는 바람이 몹시 불어 대나무끼리 서로 마찰하여 불이 일어나 그 숲을 태웠다. 새와 짐승들은 모두 두려워 떨며 의지할 곳을 찾았다. 그 때 앵무새는 자비심으로 새와 짐승들을 가엾이 여겨, 물에 가서 날개를 적셔 불 위에 뿌렸다. 가엾이 여기는 마음이 간절하였기 때문에 제석천왕을 감동시켜 그 궁전이 진동 했다.

제석천왕은 선정에 들어 하늘 눈으로써, '무슨 이유로 내 궁전이 진동하는가?' 를 식별하다가 앵무새 한 마리가 대자비심을 일으켜 불을 끄려고 온 힘을 다했으나 불을 끄지 못하는 것을 보았다.

제석천왕은 곧 앵무새를 향하여 말했다.

'이 숲은 넓고 크기가 수천만 린데, 네 날개에 묻은 물은 몇 방울에 지나지 않는다. 어떻게 이 큰불을 끌 수 있겠는가?'

앵무새는 대답했다.

'저의 마음이 견고 하므로 부지런히 힘써 게을리 하지 않으면 반드시 불을 끌 수 있을 것입니다. 만일 이 몸이 다하도록 불을 끄지 못한다면 다시 내생의 몸을 받더라도 맹세코 불을 끄고야 말 것입니다.'

제석천왕은 그 뜻에 감동되어, 큰 비를 내려 불이 꺼졌다.

비구들아, 그 때의 그 앵무새는 바로 지금의 내 몸이요, 숲속의 새와 짐승들은 지금의 이 마을 사람들이다. 나는 그 때에도 불을 꺼서 그들을 편안하게 했고, 지금도 불을 꺼서 이들을 편안하게 한 것이다."

"또 어떤 인연으로 그들은 도를 얻게 되었습니까?"

부처님께서 말씀하셨습니다.

"이 사람들은 과거 카샤파 부처님 때에 다섯 가지 계율을 잘 지켰기 때문에 그 인연으로 지금 도를 보고 스로타판나의 도를 얻었느니라."

악법을 막다

저는 이와 같이 들었습니다.

어느 때 부처님께서 슈라바스티국에 계시면서 비구들에게 말씀하셨습니다.

"만일 누구든지 자기 집에 범천왕이 있게 하고 싶거든 부모에게 잘 효도하라. 범천왕이 곧 그 집에 있을 것이다. 제석천왕이 자기 집에 있게 하고 싶거든 부모에게 잘 효도하라. 제석천왕이 곧 그 집에 있을 것이다. 모든 천신이 자기 집에 있게 하고 싶거든 부모를 잘 봉양하라. 모든 천신이 그 집에 있을 것이다. 스님이 자기 집에 있게 하고 싶거든 부모를 잘 봉양하라. 그렇게 하면 스님이 그 집에 있을 것이다. 바르게 실행하고 잘 가르쳐 주는 스님이 자기 집에 있게 하고 싶거든 부모를 봉양하라. 그렇게 하면 위와 같은 스님이 곧 그 집에 있을 것이다. 만일 여러 성현들과 부처님을 잘 모시고 싶거든 부모를 잘 봉양하라. 여러 성현들과 부처님이 곧 그 집에 있을 것이다."

비구들이 찬탄했습니다.

"세존께서는 매우 드물게 부모를 공경하고 효도하는 일을 강조하십니다."

부처님께서 말씀하셨습니다.

"오늘만 특별나게 부모를 공경하고 효도를 강요하는 것이 아니다. 지나간 세상에서도 매우 드물게 부모를 공경하고 효도하는 일을 강조했느니라."

비구들은 여쭸습니다.

"과거에 공경한 그 일은 어떠했습니까?"

부처님께서 말씀하셨습니다.

"옛날 바라나시 국에 어떤 가난한 사람이 외아들을 두었고, 그 외아들은 많은 자식들을 두었는데 그 집은 빈궁했다. 그때에 하필 흉년이 들었고 부모를 산 채로 땅속에 묻음으로써 자식들을 먹여 살리려 했다. 그 이웃 사람이 물었다.

'너의 부모님은 지금 어디 계신가?'

'나의 부모님은 늙어 곧 죽게 되었으므로 나는 그들을 땅에 묻고, 부모님께서 먹을 몫으로 아이들을 먹여 기르려고 합니디.'

옆집 사람이 그 말을 듣고 생각했다.

'그것은 이치에 맞는 말이다.'

이렇게 서로 전하여, 온 바라나시 나라에서는 그렇게 하는 것이 나라의 법처럼 되었다. 어떤 장자에게 아들이 있었고, 그 아들은 이 말을 듣고, 그것은 도리가 아니다. 어떤 방법을 써야 이 나쁜 법을 없앨 수 있을까? 늘 생각했다. 고민 고민 끝에 드디어 그는 아버지에게 말했다.

'지금 아버님은 멀리 떠나 경론經論을 공부하십시오'

아버지는 곧 떠나 조금 공부한 뒤에 집으로 돌아왔다.

아버지 나이가 더욱 들어 늙어가자, 아들은 그를 위해 땅을 파고 좋은 집을 만들어, 아버지를 그 속에 모셔 두고 좋은 음식을 드리면서 이렇게 생각했다.

'누가 나와 함께 이 나쁜 법을 없애줄 것인가 !'

그 때에 천신이 몸을 나타내어 그에게 말했다.

'내가 이제 너를 위해 짝이 되어줄 테니 천신의 명령이라 하고 종이에 네 가지 일을 써서 왕에게 물어보되, 만일 묻는 내용에 해답을 하면 왕을 보호하겠지만 해답하지 못하면 지금부터 이레 뒤에는 왕의 머리를 부수어 일곱 조각을 내겠다고 써놓아라.'

네 가지 물음이란, 첫째 어떤 것이 으뜸가는 재물인가, 둘째 어떤 것이 가장 즐거움인가, 셋째 어떤 것이 가장 훌륭한 맛인가, 넷째 어떤 것이 가장 오래 가는가.

그는 위의 글을 써서 왕궁의 문 위에 붙이니, 왕은 그것을 보고 온 나라에 영을 내렸다.

'이것을 아는 이에게는 무엇을 요구하든지 그의 소원대로 해주겠다.'

장자의 아들은 그 글을 가져다 그 뜻을 풀었다.

'믿음이 으뜸가는 재물이 되고, 바른 법을 아는 것이 가장 즐거움이며, 진실한 말이 제일 맛이 좋고, 지혜의 목숨이 제일 오래 간다.'

그는 그 뜻을 이렇게 풀이한 뒤에 도로 왕궁의 문 위에 붙였다. 천신은 그것을 보고 매우 기뻐했고, 왕도 또한 매우 기뻐했다. 왕은 그 장자의 아들에게 물었다.

'누가 그 말을 네게 가르쳐주었는가?'

'저의 아버지가 저에게 가르쳐주었습니다.'

'네 아버지는 지금 어디에 있는가?'

'대왕께서는 어떤 경우라도 저의 신분과 생명을 보장해 주십시오. 진실로 저의 아버지는 늙었습니다. 그러나 국법을 어기고 땅속에 모셔 두었습니다. 저의 말을 들어보소서.

부모의 은혜가 무겁기는 천지와 같습니다. 태 안에서 열 달을 안고 있다가 낳아서는 마른자리 진자리를 가리면서 길렀고, 사람의 자격을 갖추게 되었으니, 이것은 다 부모 때문이었고, 해와 달을 보게 되고 음식을 먹고 살아가게 되는 것도 모두 부모의 힘이옵니다.

가령 왼쪽 어깨에 아버지를 모시고 오른쪽 어깨에 어머니를 모시고, 백 년 동안 다니면서 갖가지로 봉양하더라도 부모의 은혜는 갚지 못할 것입니다.'

그 때에 왕이 물었다.

'너는 무엇을 요구하려 하는냐?'

'아무 것도 구하는 것이 없습니다. 다만 대왕께서는 나이 많은 부모를 버리는 나쁜 법을 폐지해 주소서.'

왕은 '그 말이 옳다' 하고 온 나라에 영을 내렸다.

'만일 부모에게 불효하는 자는 그 죄를 엄중히 다스리겠다.'

비구들아, 알고 싶은가. 그 때 장자의 아들은 바로 지금의 내 몸이다. 나는 그 때에도 한 나라를 위해, 나쁜 법을 없애고 효도하는 법을 만들었고, 그 인연으로써 부처가 되었다. 그러므로 오늘도 또한 효도하는 법을 찬탄하는 것이니라."

코끼리 가운데 사람

옛날 부처님께서는 슈라바스티국에 계시면서 비구들에게 말씀하셨습니다.

"여덟 종류의 사람이 있다. 반드시 그들에게 보시하되 조금도 의심을 내지 말라. 아버지 · 어머니 · 부처님 · 스님 · 멀리서 온 사람 · 멀리 떠나는 사람 · 병자 · 간병자다."

비구들은 부처님께 사뢰었습니다.

"세존께서는 참으로 놀랍고 굉장하십니다. 항상 부모를 찬탄하고 공경하시나이다."

부처님께서 말씀하셨습니다.

"나는 오늘만 그런 것이 아니다. 과거부터 항상 효도하고 공경하였느니라."

비구들은 여쭸습니다.

"존중하고 찬탄한 그 일은 어떠하셨습니까?"

부처님께서 말씀하셨습니다.

"먼 옛날 두 국왕이 있었다. 한 왕은 카시국의 왕이요, 또 한 왕은 비제혜국의 왕이었다. 비제혜왕에게는 크고 힘센 코끼리가 있었다. 그는 그 코끼리의 힘으로써 카시왕의 군사를 무찔러 항복받았다. 카시왕은 생각했다.

'나는 지금 어떻게 하면 좋은 코끼리를 얻어 저 비제혜왕의 군사를 무찔러 항복 받을 수 있을까 !'

그 때에 어떤 사람이 왕에게 말했다.

'저는 산에서 희고 큰 코끼리를 보았습니다.'

왕은 그 말을 듣고 곧 현상금을 걸고 사람을 모집했다.

'어떤 사람이든지 그 코끼리를 잡아 오면 많은 상을 주리라.'

어떤 사람이 그 모집에 응하여 군사를 많이 데리고 가서 그 코끼리를 잡았다. 코끼리는 생각했다.

'만일 내가 멀리 떠나 버리면 눈멀고 늙은 부모를 어떻게 하겠는가. 차라리 순순히 왕에게로 가는 것이 낫겠다.'

사람들은 그 코끼리를 잡아 왕에게로 몰고 가니, 왕은 매우 기뻐하며 좋은 집을 짓고 털 담요를 깔아주고, 여러 기녀들과 함께 거문고와 비파를 타면서 모두 즐거워했다. 그러나 코끼리는 좋은 풀을 주어도 먹지 않으므로 코끼리를 관리하는 사람이 와서 왕에게 아뢰었다.

'코끼리가 아무 것도 먹으려 하지 않습니다.'

왕이 직접 가서 코끼리에게 물었다.

'너는 왜 아무 것도 먹으려 하지 않느냐?'

코끼리가 대답했다.

'저에게는 눈멀고 늙은 부모님이 계시는데, 물이나 풀을 이바지하는 이가 없습니다. 부모님이 아무 것도 자시지 못하는데, 나만 어떻게 먹을 수 있겠습니까!'

코끼리는 이어 말했다.

'제가 만일 달아나려 했다면 대왕의 저 많은 군사들도 저를 막지는 못했을 것입니다. 다만 부모님이 눈멀고 늙었기 때문에 순순히 따라 대왕에게 왔습니다. 만일 대왕께서 제가 돌아가는 것을 허락하신다면, 부모님이 목숨을 마칠 때까지 봉양하고 다시 돌아오겠습니다.'

왕은 그 말을 듣고 크게 감동했다.

'우리는 사람 중의 코끼리요, 이 코끼리는 코끼리 중의 사람이다.'

카시 나라 사람들은 일찍부터 부모가 노쇠해지면 미워하고 천대하여 공경하는 마음이 없었다. 그러다가 이 코끼리로 말미암아 왕은 곧 나라에 영을 내렸다.

'만일 이제부터 부모를 봉양하지 않거나 공경하지 않으면 큰 벌을 내리리라.'

그렇게 한 뒤 코끼리를 놓아 돌려보내어 부모를 봉양하게 했다. 그리하여 부모 코끼리가 죽자 코끼리는 약속대로 왕에게 돌아왔고, 왕은 코끼리가 오자 매우 기뻐하면서, 곧 코끼리를 장엄하여 저 비제혜 나라를 치려하니, 코끼리는 왕에게 말했다.

'싸우지 마십시오. 대개 싸움에는 서로 피해가 많습니다.'

'저들은 나를 속이고 업신여긴다.'

'저를 그 곳에 가게 해주십시오. 그 원수들로 하여금 감히 대왕을 속이거나 업신여기지 못하도록 하겠습니다.'

'네가 가면 혹시 돌아오지 못하지 않겠는가?'

'아무도 저를 돌아오지 못하도록 막지 못할 것입니다.'

코끼리는 곧 그 나라로 갔다.

비제혜왕은 희고 큰 코끼리가 왔다는 말을 듣고 매우 기뻐하며 직접 나가 맞이했다. 그는 코끼리를 보자 말했다.

‘우리 나라에 살아라.’

코끼리는 말했다.

‘여기 머무를 수 없습니다. 저는 어려서부터 언약을 어긴 적이 없습니다. 저 나라 왕에게 돌아가겠다고 이미 약속했습니다. 두 나라 대왕이 서로 원한을 풀고 제각기 자기 나라를 풍족하게 하고 살면 유쾌한 일이 아니겠습니까!’

시로써 말했다.

이기게 되면 원수를 더 만들고
지게 되면 근심과 괴로움이 더하나니
이기고 지는 것 다투지 않으면
가장 제일의 즐거움입니다.

코끼리는 이 시를 마치고 곧 카시국으로 돌아갔다. 그 뒤부터 두 나라는 서로 화목하게 지냈다.

비구들아, 그 때의 그 카시국의 왕은 바로 지금의 저 프라세나지트왕이요, 비제혜왕은 아자타사트루왕이며, 그 흰 코끼리는 바로 지금의 내 몸이었느니라. 그 때에 내가 부모에게 효도했기 때문에 많은 중생들로 하여금 부모에게 효도하게 했고, 또 그 두 나라를 화목하게 했는데, 지금도 또한 그와 같으니라.”

나라를 움직인 반 개의 깔개

부처님께서 비구들에게 말씀하셨습니다.

"비구들아, 알아라. 옛날 바라나시국에 좋지 못한 법이 있어 세상에 두루 퍼졌으니, 아버지 나이 60세만 되면 깔개를 주어 문을 지키게 하는 것이었다.

그 나라에 어떤 형제가 있었는데 형은 아우에게 말했다.

'너는 아버님께 깔개를 드리고 문을 지키시게 하여라.'

그 집에는 깔개가 단 하나뿐이어서 아우는 그 반을 잘라 아버지에게 드리면서 아뢰었다.

'이것은 형이 아버님께 드리는 것입니다. 제가 드리는 것이 아닙니다. 형은 아버지께 문을 지키시라 합니다.'

형은 아우에게 말했다.

'왜 깔개를 전부 드리지 않고 반을 잘라 드리느냐?'

아우는 대답했다.

'깔개가 하나뿐이어서 반을 잘라 드리지 않으면 뒤에 다시 얻을 수 없기 때문입니다.'

'또 누구에게 주려는가?'

'잘 두었다가 형님에게 드리려고 합니다.'

'왜 내게 주려고 하는가?'

'형님도 늙으실 것이니, 형님 아들도 형님을 문지기로 만들지 않겠습니까!'

형은 그 말을 듣고 깜짝 놀라면서 말했다.

'나도 장차 그렇게 될 것이다.'

'누가 형님을 대신하겠습니까!'

그리고 이어 형님에게 말했다.

'이런 나쁜 법은 다같이 버리도록 해야 합니다.'

그들은 서로 이끌고 정승에게 가서 이런 사실을 말하니, 그가 말했다.

'진실로 그렇다. 우리도 다 늙는다.'

정승이 왕에게 아뢰었다. 왕도 그 말을 듣고 옳다 하고, 나라에 영을 내려 부모를 효도로 봉양하게 하고, 나쁜 법을 금하여 다시는 그런 일을 하지 못하게 했다."

시기가 몰고 온 핏빛

부처님께서 라자그리하성에 계실 때에 데바닷타에게 말씀하셨습니다.

"나는 언제나 너를 매우 사랑한다. 나는 몸으로나 말로나 뜻으로써 너를 조금도 미워하지 않는다. 지금 너와 너의 무리들은 다같이 참회하여라."

그러나 데바닷타는 욕하고 떠났습니다.

비구들은 사뢰었습니다.

"부처님께서 그를 지극히 사랑하시는데, 저 데바닷타는 어찌하여 도리어 욕을 하나이까?"

부처님께서 말씀하셨습니다.

"그것은 오늘만 아니다. 옛날 바라나시에 범마달이라는 왕이 있었다. 그 부인은 이름이 불선의요, 그 아들은 이름이 법호였는데 총명하고 인자하므로 스승에게 보내어 공부하게 했다. 어느 때에 왕은 여러 궁녀들을 데리고 동산에 나가 즐거이 놀다가, 먹다 남은 술을 부인에게 보냈다. 부인은 화를 내며 이렇게 말했다.

'나는 차라리 법호의 목을 찔러 그 피를 마실지언정 이 술은 마시지 않겠다.'

왕은 이 말을 듣고 화를 내며 말했다.

'공부하는 법호를 불러오라.'

법호가 오자 왕은 그의 목을 찌르려 하니 법호는 아버지에게 아뢰었다.

'저에게는 아무 죄도 없습니다. 저는 부왕의 외아들인데, 왜 저를 죽이려 하십니까?'

'내가 너를 죽이려는 것이 아니다. 네 어미 뜻일 뿐이다. 네가 말해 어미를 기쁘게 하면 너를 죽이지 않을 것이다.'

아들은 곧 어머니에게 가서 말씀드렸다.

'아들이라고는 저 하나 뿐이요, 또 아무 죄도 없는데, 왜 저를 죽이려 하십니까?'

그러나 어머니는 뜻을 받아들이지 않고, 아들의 목을 찌르고 그 피를 받아 마셨다."

"비구들아, 그 때의 그 부왕은 바로 지금 저 구가리요, 그 어머니는 지금의 저 데바닷타며, 그 아들은 바로 나였느니라.

나는 그 때에 조금도 나쁜 마음이 없었지만 그는 내 말을 받아들이지 않았고 지금도 또한 그렇다. 나는 그 때 죽임을 당했지만 조금도 성내거나 원망하는 마음이 없었거늘, 하물며 지금 성내어 그를 미워하는 마음이 있겠는가!"

모함의 과보

어느 때 부처님께서 여러 비구들에게 말씀하셨습니다.

“옛날 타표라는 비구가 있었다. 그는 큰 장사 같은 힘이 있었고, 출가하여 부지런히 공부하여 아라한이 되어 위엄과 덕을 두루 갖추었으며, 항상 절의 일을 맡아보면서 다섯 손가락으로 광명을 내었고, 여러 스님들에게 갖가지 깔개를 마련하여 주기도 했다. 그래서 부처님은 ‘일 잘하기 제일’이라고 말씀하셨다.

미다 비구는 복덕이 엷어 모임이 있을 때마다 그에게 주어지는 음식이 나빴다. 그는 도리어 성을 내어 말했다.

‘저 타표가 절 일을 맡아보는 동안 좋은 음식을 먹기는 다 글렀으니 무슨 방법을 써야 하겠다.’

미다에게는 비구니가 된 누이가 있었다. 그는 누이에게 가서 서로 의론하고, 세 번이나 타표를 모함했다. 타표는 그것이 싫어져 허공에 올라가 열여덟 가지 신통 변화를 보이고, 불꽃 삼매에 들어 허공 위에서 불꽃처럼 사라져 시체마저 없어졌다.

비방과 탐욕과 질투는 성현들까지도 죽게 하거늘, 하물며 범부이겠느냐. 그러므로 지혜로운 사람은 비방을 삼가고 말을 함부로 하지 말아야 하느니라."

그 때에 비구들은 부처님께 사뢰었습니다.

"저 타표 비구는 무슨 인연으로 비방을 받았으며, 무슨 인연으로 큰 힘을 가졌으며, 또 무슨 인연으로 아라한이 되었습니까?"

부처님께서 말씀하셨습니다.

"사람의 수명이 2만 살이던 지나간 세상에 카샤파라는 부처님이 계셨다. 그 때 그 부처님의 법 안에 어떤 젊은 비구가 있었는데 얼굴이 단정하고 얼굴빛이 아름다웠다.

그 젊은 비구가 걸식하고 돌아갈 때에 어떤 젊은 여자가 비구의 아름다운 얼굴에 반하여 그 비구를 바라보면서 눈을 떼지 않았다. 그 때 타표 비구는 음식 감독으로 있었는데, 마침 그 여자가 그 비구를 따르면서 눈을 잠시도 떼지 않는 것을 보고 비방했다.

'저 여자는 틀림없이 저 비구와 정을 통하고 있는 사람이다.'

그 인연으로 말미암아 그는 세 갈래 나쁜 길에 떨어져 한량없는 고통을 받았고, 오늘까지도 그 남은 재앙이 다하지 않아 비방을 받았다.

그리고 과거 카샤파 부처님 때에 집을 떠나 도를 배웠기 때문에 이제 아라한이 되었으며, 또 과거에 절의 일을 맡고 있을 때에 쌀과 국수를 실은 나귀를 진창에서 끌어내었기 때문에 그 인연으로써 큰 역사와 같은 힘을 얻게 되었느니라."

죄수가 된 아라한

옛날 계빈국의 레바타 아라한이 산에서 좌선을 하고 있었습니다. 어떤 사람이 소를 잃고 그 자취를 좇아 그 곳에 이르렀습니다. 그 때에 레바타 아라한이 풀을 삶아 옷에 물을 들이는데, 옷은 저절로 변해 쇠가죽이 되고, 물감은 변해 피가 되고, 삶는 물감 재료인 풀은 변해 쇠고기가 되고, 가졌던 바루는 변해 쇠머리가 되었습니다. 소 주인은 그것을 보고 곧 그를 결박해 왕에게 끌고 갔고, 왕은 그를 옥에 가두었습니다. 그는 20년 동안 늘 죄수가 되어 말을 돌보면서 말똥을 치우고 있었습니다.

레바타 제자로서 아라한이 된 5백 명은 그 스승을 찾았으나 있는 곳을 몰랐습니다. 그의 업연業緣이 다하려 할 때에 어떤 제자가 그 스승이 계빈국의 감옥에 있는 것을 알고, 곧 왕에게 가서 말하였습니다.

"우리의 스승님, 레바타님이 왕의 감옥에 있사오니 석방해 주시옵기 바랍니다."

왕은 곧 감옥으로 사람을 보내어 조사하게 했고, 왕의 신하는 감옥에 가 보았으나, 어떤 사람이 얼굴이 초췌하고 수염과 머리가 길며, 죄수로서 말을 먹이면서 말똥을 치우고 있는 것밖에 보이지 않자 그는 돌아가 왕에게 아뢰었습니다.

"감옥 안에는 어떤 스님도 없고, 옥졸 비구가 있을 뿐입니다."

제자는 다시 왕에게 아뢰었다.

"원컨대 영을 내려 감옥에 있는 비구들을 모두 석방해 주옵소서."

왕은 즉시 영을 내려 감옥 안에 있는 사람들을 모두 석방하게 했습니다. 존자 레바타는 감옥 안에서 수염과 머리가 저절로 떨어지고 가사가 몸에 입혀졌습니다. 그는 허공에 솟아올라 열여덟 가지 신통 변화를 나타내었습니다.

왕은 그것을 보고 일찍 없었던 일이라 찬탄하면서 온몸을 땅에 던져 존자에게 아뢰었습니다.

"저의 참회를 받아주시기 바라옵니다."

그는 곧 내려와 왕의 참회를 받았고, 왕은 그에게 물었습니다.

"어떤 업보로 감옥에서 여러 해를 지내시면서 고통을 받으셨습니까?"

존자가 대답했습니다.

"나는 옛날에 소를 잃고 그 자취를 쫓아 어떤 산중을 지나가다가, 프라데카 부처가 혼자 앉아 참선하는 것을 보고 하루 밤낮을 비방했습니다. 그 인연으로 세 갈래 나쁜 길에 떨어져 한량없는 고통을 받았는데, 그 남은 재앙이 다하지 못했기 때문에 아라한이 되었어도 오리려 비방을 받은 것입니다."

허물을 벗은 공주

옛날 프라세나지트왕에게 뇌제라는 공주가 있었는데, 그녀는 열여덟 가지 추한 꼴을 하고 있어 도무지 사람같지 않았습니다. 그래서 사람들은 그녀만 보면 놀라고 두려워했습니다. 그 때에 프라세나지트왕은 나라에 명령을 내려 사위 될 사람을 구했습니다.

"양민의 아들로서 빈궁하고 혼기가 되었으나 혼자인 총각이 있으면 데리고 오라."

그 때에 시장에 어떤 장자의 아들이 홀몸으로 구걸하면서 살아가고 있었습니다. 어떤 대신이 그를 보고 왕에게 데리고 갔고, 왕은 그 사람을 데리고 후원으로 들어가 약속하면서 분부했습니다.

"내게 공주가 있는데, 얼굴이 추하여 남에게 보일 수가 없다. 지금 그대의 아내로 주고 싶은데 어떻게 생각하는가?"

장자의 아들은 왕에게 아뢰었습니다.

"왕의 분부시라면 무슨 일인들 사양할 수 있겠습니까? 하물며 공주와 혼인을 시켜 주신다는데 어떻게 싫다 하겠습니까!"

왕은 곧 그에게 공주를 주어 아내로 삼게 하고, 궁실을 지어 주고는 분부했습니다.

"이 공주는 얼굴이 추하다. 부디 남에게 보이지 말라. 나갈 때에는 문을 밖에서 잠그고 들어와서는 문을 안에서 잠그는 것을 하나의 규칙으로 하게나."

여러 장자의 아들들은 그 부마와 친한 벗이 되어 자주 잔치를 베풀고 놀았습니다. 어느 때 모이는 날에 모두 동부인 하기로 하여 다른 장자의 아들들은 부인과 함께 와서 모였으나, 공주만은 나오지 않았습니다. 그래서 모인 사람들은 약속했습니다. 뒷날의 모임에는 모두 그 부인을 데리고 오되, 만일 함께 오지 않으면 많은 벌금을 내는 벌을 주기로 했습니다.

그 뒤에 다시 모임이 있었으나 부마는 역시 그 부인을 데리고 가지 않았습니다. 여러 사람들은 그에게 중한 벌금을 내게 했으나 그는 그 벌금을 불평 없이 내었습니다. 사람들은 다시 약속했습니다.

"뒷날 다시 모인 때 부인을 데리고 오지 않으면 더욱 중한 벌금을 내게 합시다."

그렇게 그는 두 번, 세 번 벌금을 내었지만 그래도 부마는 그 모임에 부인을 데리고 가지 않았습니다. 그 뒤에 그는 집에 돌아가 공주에게 말했습니다.

"나는 공주 때문에 여러 번 벌금을 내었소."

공주가 물었습니다.

"왜 그러셨습니까?"

"여러 사람들과 약속을 했소. 모여서 노는 날에는 모두 부인을 데리고 모임에 나오도록. 그러나 나는 당신을 데리고 나가 사람들에게 보이지 말라는 왕의 분부를 받았기 때문에 여러 번 벌금을 낸 것이오."

공주는 이 말을 듣고 매우 부끄러워하고 못내 슬퍼하며 밤낮으로 부처님을 생각했습니다. 뒷날 다시 연회가 있어서 부마는 또 혼자 나갔고, 공주는 방에서 혼자 있으면서 더욱 간절히 '소원을 이루게 해달라'고 빌었습니다.

"부처님께서는 세상에 나오셔서 많은 은혜를 주신다고 들었습니다. 저는 지금 무슨 죄 때문에 홀로 그 은혜를 입지 못하나이까?"

부처님은 그 정성에 감동되어 공주가 있는 방 앞마당의 땅속에서 솟아오르셨습니다. 공주가 처음 부처님 머리털을 뵈옵고 존경하고 기뻐하자, 그녀의 머리털은 곧 변해 아름다운 머리털이 되었고, 다음에는 부처님 이마를 뵈옵고, 또 다음에는 눈썹 · 눈 · 귀 · 코 · 입 · 몸을 뵈옵자, 뵈올 때마다 기쁨은 더욱 더하여 그 몸에는 변화가 일어나, 추한 모습은 아주 없어지고 얼굴은 천녀와 같이 되었습니다.

여러 장자 아들들은 부마가 모르게 서로 의논했습니다.

"저 공주가 우리 모임에 나오지 않는 것은 반드시 보통사람보다 미인이거나, 혹은 아주 못났기 때문일 것이다. 우리는 지금 저 부마에게 술을 먹여 정신없게 만들어 놓고, 그 열쇠를 가지고 가서 문을 열어보자."

그를 술에 취하게 한 뒤에, 그가 차고 있는 열쇠를 가지고 여럿이 가서 문을 열어 보았습니다. 거기서 그들은 공주가 너무도 아름다운 것을 보고, 문을 닫고 돌아갔습니다. 그 때에 부마는 아직도 술에서 깨어나지 않았고, 그들은 그 열쇠를 도로 그 허리띠에 매어 두었습니다.

부마는 잠이 깨어 집으로 돌아가 문을 열고, 공주가 뛰어나게 아름다워진 것을 보고 괴상히 여겨 물었습니다.

"당신은 어떤 여잔데 내 집에 와 있습니까?"

공주가 말했습니다.

"당신의 아내 뇌제 공주입니다."

부마는 이상히 여겨 다시 물었습니다.

"어떻게 갑자기 그런 모습이 되었소?"

공주가 대답했습니다.

"당신이 나 때문에 여러 번 벌금을 내었다는 말을 듣고 몹시 부끄러워 부처님을 간절히 생각했습니다. 그러자 부처님께서 땅에서 솟아나셨습니다. 저는 부처님을 뵙고 기뻐했더니, 저의 몸이 이렇게 아름답게 변했습니다."

그는 매우 기뻐하며 곧 왕에게 들어가 아뢰었습니다.

"공주가 저절로 아름답게 변했습니다. 이제 왕은 오셔서 보시옵보소서."

왕은 그 말을 듣고 매우 기뻐하며 곧 공주를 불러 보고 못내 기뻐하면서도 이상히 여겨, 공주를 데리고 부처님께 나아가 아뢰었습니다.

"세존이시여, 이 공주는 무슨 인연으로 깊은 궁중에 태어났으나, 몸이 추하여 사람들이 보고는 놀라고 괴상히 여겼으며, 또 무슨 인연으로 지금 갑자기 아름답게 변했습니까?"

부처님께서 말씀하셨습니다.

"과거에 어떤 프라데카 부처가 날마다 걸식하다가 어떤 장자의 집 문 앞에 이르렀을 때, 그 장자의 딸이 밥을 가지고 나와 프라데카 부처에게 주었소. 그 때 그녀는 프라데카 부처의 몸이 추한 것을 보고 이렇게 말했소.

'이 사람은 매우 추하다. 얼굴은 고기껍질 같고 머리털은 말꼬리 같구나.'

그 때 장자의 딸이 바로 지금의 공주요, 그 프라데카 부처에게 밥을 준 인연으로써 궁중에 태어났고, 그 부처를 비방했기 때문에 몸이 추했으며, 부끄러워했고 간절한 마음을 내었기 때문에 나를 보게 되었고, 기뻐했기 때문에 몸이 아름답게 변한 것이오."

대중들은 부처님 말씀을 듣고, 공손히 예배하고 기뻐하며 마음에 새기고 실천했습니다.

저의 복입니다

옛날 프라세나지트왕에게 선광이라는 공주가 있었으며, 그는 총명하고 단정해 부모들은 사랑하고 온 궁중에서 모두 존중했습니다. 대왕이 공주에게 말했습니다.

"너는 내 덕으로 온 백성이 모두 사랑하고 존중하는 것을 아느냐?"

"저에게 복이 있기 때문이요, 아버님의 힘이 아닙니다."

이렇게 세 번을 물었으나 공주의 대답은 여전했습니다.

왕은 화를 내며 좌우에 명령했습니다.

"과연 너에게 복이 있는가 없는가를 시험해보겠다."

왕은 사람을 불러 명령했습니다.

"이 성안에서 결혼 적령기가 된 가장 빈궁한 거지 중에 흠이 없는 사람을 데리고 오너라."

신하들은 왕의 명령을 받고, 혼기가 된 가장 빈궁한 거지 한 사람을 찾아, 왕에게 데리고 갔습니다. 왕은 곧 그 공주를 거지에게 아내로 주면서 공주에게 말했습니다.

"만일 너의 복이고 내 덕이 없다면, 지금부터 앞으로의 네 삶이 그 여부를 증명할 것이다."

그러나 공주는 여전히 말했습니다.

"저에게 복이 있습니다."

그리고 나서 그 거지를 데리고 집을 떠나며, 그는 그 남편에게 물었습니다.

"당신에게 부모님이 계십니까?"

거지는 대답했습니다.

"우리 아버지는 전에 이 슈라바스티성 안에서 첫째가는 장자였는데, 부모님이 모두 돌아가시고 재산은 다 없어져 의지할 곳이 없기 때문에 나는 거지가 되었소."

선광은 다시 물었습니다.

"당신은 지금 옛날의 그 집터를 알 수 있겠습니까?"

"그 터는 알지만 지금은 집도 담도 다 허물어지고 빈 땅만 남아 있습니다."

선광이 남편을 데리고 옛 집터로 가서 돌아다니자 가는 곳마다 땅이 저절로 꺼지고, 땅 속에 묻혔던 보물 창고가 스스로 나타났습니다. 그는 그 보물로써 사람을 부려 집을 지었는데, 한 해가 차지 못해 집이 모두 이루어지고, 부리는 사람들과 기녀들은 그 안에 가득하고 종과 하인들은 이루 헤아릴 수 없을 만큼 많았습니다.

어느 날 왕은 문득 공주 생각이 났습니다.

"내 공주는 어떻게 생활할까."

어떤 대신이 대답했습니다.

"궁실과 재물이 대왕님보다 못하지 않습니다."

왕이 말했습니다.

"부처님 말씀은 진실하다. 제가 선악을 지어 제가 그 갚음을 받는 것이다."

공주는 그 날 남편을 보내어 왕을 초청했고, 왕은 청을 받고 공주의 집에 가 보니, 털자리와 담요와 집의 꾸밈이 왕궁보다 더 훌륭했습니다. 왕은 그것을 보고 처음 보는 일이라 찬탄하면서, 그 공주의 말이 옳은 줄 알고 이렇게 말했습니다.

"내가 업을 짓고 스스로 그 갚음을 받는 것이다."

왕은 부처님께 가서 여쭸습니다.

"이 딸애는 전생에 무슨 복업을 지었기에 왕가에 태어나 몸에 광명이 있고, 지금 저렇게 부자가 되었습니까?"

부처님께서 대답하셨습니다.

"과거 91 겁 전에 비파시인이라는 부처님이 계셨고, 그 때에 반두라는 왕이 있었으며, 그 왕에게는 첫째 부인이 있었소. 비파시인 부처님이 열반에 드신 뒤에 반두왕은 그 부처님 사리로써 일곱 가지 보배 탑을 세웠고, 왕의 첫째 부인은 하늘관을 잘 털어 비파시인 부처님 동상 머리에 씌우고 하늘관 안의 여의주를 문설주 위에 달아 그 광명이 세상을 비추게 했고, 그는 이어 발원했소.

'장래에 내 몸에는 자마금빛의 광명이 있고, 영화롭고 부귀해 세 가지 나쁜 곳에 떨어지지 않고, 여덟 가지 어려운 일을 만나지 않게 하여지이다.'

대왕님, 그 때 왕의 첫째 부인이 바로 지금의 저 선광이오. 그가 카샤파 부처님 때에, 카샤파 부처님과 네 큰 성문에게 맛난 음식으로 공양을 올렸을 때에 남편이 그것을 만류하자 그녀는 남편에게 간청했소.

'나를 만류하지 마시오. 내가 저분들을 초청해 충분히 공양을 베풀 수 있도록 해주시오.'

그래서 남편의 허락을 받고 공양을 베푸는 일을 마치게 되었소. 대왕님, 그 때의 그 남편은 바로 오늘의 저 남편이요, 그 아내는 오늘의 저 아내요, 남편은 그 아내가 공양을 베푸는 일을 만류했기 때문에 항상 빈궁했다가, 다시 아내의 공양을 허락했기 때문에 아내의 덕으로 지금 크게 부귀해졌지만, 아내가 곁에 없을 때에는 그는 도로 빈궁하게 될 것이오. 이와 같이 선악의 업이 따라다니는 것은 일찍 어긋난 일이 없었소."

왕은 부처님 말씀을 듣고, 인연법을 깊이 통달하여 스스로 잘난 체 하지 않고, 깊이 믿고 깨닫더니 기뻐하면서 떠났습니다.

사랑의 힘

옛날에 어떤 왕자 형제가 나라에서 쫓겨나 어느 넓은 벌판에 이르러 양식이 모두 떨어지자, 아우는 그 아내를 죽여 그 살을 베어 형과 형수에게 먹게 했습니다. 형은 그 살을 받았으나 먹지 않고 모두 감추어 두고, 제 다리살을 베어 부부끼리 먹었습니다. 아우는 그 아내의 살이 다 되자 그 형수를 죽이려 했습니다.

"죽이지 말라!"

형은 전에 감춰 두었던 살을 내어 그 아우에게 주어 먹게 했습니다. 그들은 그 광야를 지나 신선들이 사는 곳에 이르러, 과일을 따먹으면서 살았습니다. 그 뒤에 아우는 병으로 죽고 형 내외만 남았습니다. 그 때에 왕자는 형벌을 받아 수족이 없는 어떤 사람을 보고 자비심을 내어 과일을 따다 그에게 주어 그를 먹여 살렸습니다. 왕자는 사람됨이 여자에 대한 애욕이 적었고, 그가 과일을 따러 간 사이에 그 아내는 남아 있으면서 그 죄인과 정을 통했고, 그와 정이 깊어지자 그 남편을 미워하게 되었습니다. 어느 날, 남편을 따라 과일을 따러 나갔다가, 강가에 이르러 그 남편에게 말했습니다.

"저 나무 꼭대기에 있는 과일을 따오시오."

"저 나무 밑에는 깊은 강이 있소. 혹 떨어질지도 모르오."

"허리에 밧줄을 매시오. 내가 그 밧줄을 당기면 될 것입니다."

나무에 올라가 과일을 따던 남편이 나무에서 떨어져 강에 빠졌으나, 아내는 잡았던 줄을 놓아 버려 남편은 강물을 따라 떠내려 갔습니다. 그러나 그 왕자에게는 남을 사랑하는 착한 힘이 있기 때문에 물에 떠내려가면서 빠져 죽지 않았습니다. 그 강 하류에 있는 어떤 나라의 왕이 죽었습니다. 그 나라의 관상가가 온 나라 안을 두루 찾아보았습니다.

"누가 왕이 될 만 한가?"

마침 그는 멀리 물 위에 누른 구름 일산이 떠 있는 것을 보고, 점을 쳐보고, 그리고 말했습니다.

"저 누른 구름 일산 밑에는 반드시 복덕을 갖춘 사람이 있을 것이다."

사람을 그 강에 보내어 그를 맞이해 왕을 삼았습니다. 왕의 옛 아내는 그 죄인을 업고 돌아다니면서 구걸하다가, 이 왕자가 왕이 되어 다스리는 나라로 갔고, 그 나라 사람들은 모두 그녀를 칭찬했습니다.

"어떤 선량한 여자가 죄인 남편을 업고 다니면서 공경하고 효순하니 대단한 열녀다."

이 소문은 왕에게까지 알려졌으며, 왕은 그 말을 듣고 곧 사람을 보내어 불렀고, 그녀는 왕 앞에 도착했습니다. 왕은 그 여자에게 물었습니다.

"이 죄인이 진실로 네 남편인가?"

"진실로 그렇습니다."

"나를 알겠는가?"

"모르겠습니다."

"너는 아무개를 아는가?"

"압니다."

그녀는 왕을 바라보다가 비로소 알아차리고 깜짝 놀랐습니다. 그러나 왕은 자비심으로써 그들을 내보내며 생활할 수 있도록 도와주었습니다.

끝없는 복

옛날 부처님이 세상에 계실 때였습니다.

수닷타 장자는 늘그막에 빈곤하여 재물은 전혀 없고, 품팔이하며 되 쌀을 사서 그것으로 먹고 살았습니다.

어느 날 밥을 다 지었을 때에 마침 아니룻다가 와서 밥을 빌자 수닷타의 아내는 바루를 받아 밥을 가득 채워 드렸습니다. 그 뒤에 그의 아내가 새로 밥을 다 지어 놓으면 수부티 · 마하카샤파 · 마하마우드갈야야나 · 샤리푸트라들이 차례로 와서 밥을 빌었습니다. 그 아내는 그 때마다 여전히 그 분들의 바루를 받아 밥을 가득 채워 드렸습니다. 마지막에 부처님이 몸소 와서 밥을 빌으셨습니다. 그녀는 또 바루를 받아 밥을 가득 채워 바쳤습니다. 그 때에 수닷타가 밖에서 돌아와 아내에게 밥을 청하자, 아내는 거사가 성을 낼까 걱정하며 능청을 떨었습니다.

"만일 저 존자 아니룻다님이 오셨다면 당신은 당신 자신이 먹겠습니까, 저 존자님께 드리겠습니까?"

"내가 굶고서라도 저 존자님께 드리겠소."

"또 카샤파 · 마하마우드갈야야나 · 수부티 · 샤리푸트라님들과 부처님이 오신다면 당신은 어떻게 하겠습니까?"

"내가 굶고서라도 모두 그분들께 드리리다."

그제야 아내는 말했습니다.

"아침부터 제가 밥을 지어 밥이 다 되면 앞서 말씀드린 분들이 차례로 오셔서 밥을 청하기에 지은 밥을 모두 드렸습니다."

"우리들은 죄가 다했으니 이제는 복덕이 생길 것이오."

그렇게 말한 거사가 곧 창고를 열자, 곡식과 비단과 음식이 모두 그 안에 가득 찼고, 다 쓰고 나면 다시 생겼습니다.

고통의 근본

옛날 우다야나왕에게 바라나라는 아들이 있었습니다.

그는 불법을 좋아해 집을 나와 도를 배우고 두타행을 닦으면서 숲 속 나무 밑에 앉아 생각을 거두어 좌선하고 있었습니다. 그 때에 악생왕이 여러 미녀들을 데리고 두루 다니면서 놀다가, 그 숲에 이르러 이내 잠이 들었습니다. 여러 미녀들은 왕이 잠을 자기 때문에 저희끼리 놀다가 어느 나무 밑에서 어떤 비구가 생각을 모으고 좌선하는 것을 보고, 거기에 가서 예배하고 문안했습니다. 그 때에 그 비구는 그들을 위해 설법해 주었습니다.

왕은 잠이 깨어 미녀들을 찾다가 멀리 나무 밑에 얼굴이 단정하고 나이 한창 젊은 어떤 비구가 있는데, 여러 미녀들이 그 앞에서 법을 듣고 있는 것을 보고, 왕은 비구에게 가서 물었습니다.

"너는 아라한이 되었는가?"

그는 대답했습니다.

"되지 못했습니다."

"아나가민이 되었는가?"

"되지 못했습니다."

"사크리다가민이 되었는가?"

"되지 못했습니다."

"스로타판나가 되었는가?"

"되지 못했습니다."

"부정관을 얻었는가?"

"얻지 못했습니다."

왕은 잔뜩 화를 내어 이렇게 말했습니다.

"너는 아무 것도 공부하지 않았구나. 그런데 어떻게 나고 죽는 하나의 범부로서 여러 미녀들과 한 자리에 앉아 있는가?"

곧 그를 붙잡아 매고 때려, 그는 온몸이 터져 선혈이 낭자하니 여러 미녀들은 말했습니다.

"이 비구는 허물이 없습니다."

왕은 더욱 화를 내어 그를 더 때렸습니다. 미녀들은 모두 울면서 괴로워했고, 왕은 더욱 심하게 화를 내었습니다. 그 때에 비구가 가만히 생각했습니다.

'과거의 여러 부처님들은 능히 욕됨을 참았기 때문에 위없는 도를 얻었다. 또 과거의 선인들은 귀 · 코 · 손 · 발을 끊기면서도 그 욕됨을 참았다. 그런데 지금 나는 몸이 아직 단단하고 성한데 어찌 이것을 참지 못하겠는가.'

이렇게 생각하고 잠자코 참으면서 매를 맞았습니다. 다 맞고 나자 온 몸은 더욱 아파 그 고통을 견딜 수가 없었습니다. 그는 다시 생각했습니다.

'만일 내가 세속에 있었다면 한 나라의 왕자로서 왕위를 이어 받았을 것이고, 군사의 세력은 저 왕보다 못하지 않았을 것이다. 그런데 지금 나는 집을 나와 홀몸이기 때문에 이러한 고통을 당하고 있다.'

매우 괴로워한 끝에 하던 수행을 버리고 집으로 돌아가려고 그 스승 카챠나에게 가서 하직 인사를 드렸습니다.

그 스승은 말했습니다.

"너는 지금 매를 맞아 몸이 매우 아플 것이니, 여기서 쉬었다가 내일 떠나도록 해라."

그 때에 바라나는 그 스승의 분부를 받고 거기서 잤습니다. 밤중이 되어 존자 카챠나는 그를 꿈꾸게 했습니다. 즉 바라나는 자기의 상처난 몸을 돌아보고는 하던 수행을 버리고 집에 돌아갔다.

그 부왕은 이미 죽고 그가 왕위를 이어 받았다. 그리하여 네 종류 군사를 모두 모으고, 악생왕을 치려고 그 나라에 가서 진을 치고 싸우다가, 그에게 패해 군사들은 흩어져 달아나고 그 몸은 사로잡혔다. 그 때에 악생왕은 그를 사로잡아 사람을 시켜 칼을 가지고 처형하려 했다. 그러자 바라나는 매우 두려워하며 독백했다.

'우리 스승님을 한 번 뵈었으면 죽어도 한이 없겠다.'

그 때에 스승은 그 마음속의 생각을 알고, 지팡이를 짚고 바루를 가지고 걸식하러 그 앞에 나타나서 그에게 말했다.

"아들아, 나는 항상 너를 위해 여러 가지로 설법했다. 싸워서 승리를 구하지만 마침내는 아무 것도 얻는 것이 없다고. 그런데 너는 내 교훈을 듣지 않았다. 지금 너는 장차 어떻게 될 것을 아는가?"

"만일 스승님께서 지금 이 제자의 목숨을 구제해 주시면, 다시는 감히 거역하지 않겠습니다."

그 때에 카챠나는 그 왕의 신하에게 말했다.

"잠깐만 기다리시오. 내가 왕에게 아뢰어 저 생명을 구제하리다."

이렇게 말하고 스승은 곧 왕에게로 갔다. 그러나 그 왕의 신하는 기다리지 않고, 바라나를 죽이려고 막 칼을 들어 내리치려 했다. 바라나는 몹시 놀라고 두려워 소리를 치는 바람에 깨어났다. 그는 깨어나자 곧 스승에게 가서 꿈에서 본 일을 낱낱이 말했다.

"살고 죽는 싸움에는 어느 편에도 승리가 없는 것이다. 왜 그러냐하면, 대개 싸움이란 남을 죽이는 것으로써 승리를 삼는 잔인한 길이기 때문이다. 어리석은 사람의 생각으로는 현재에 이겨 마음이 시원하겠지만 장래 세상에는 세 갈래 나쁜 길에 떨어져 한량없는 고통을 받는 것이다.

만일 남에게 져서 그의 해침을 받으면, 자기 몸을 잃을 뿐만 아니라 그 재앙이 남들에게 미쳐 남에게 무거운 죄를 짓게 해, 그는 지옥에 떨어져 거기서 또 서로 죽이게 되어 원한은 끝내 쉬지 않을 것이다. 그렇게 다섯 가지 길을 돌면서 마침내 끝날 때가 없을 것이다. 이것을 자세히 생각하면 지금 매를 맞아 몸이 아픈 그 고통을 참아야 한다는 것은 말할 것이 있겠느냐?

만일 네가 지금 나고 죽는 두려움과 매 맞는 그 고통을 떠나려 하거든, 부디 선정에 들어 그 몸을 잘 식별하고 원한을 쉬어야 한다. 왜냐하면, 이 몸이란 온갖 고통의 근본이기 때문이다. 즉 주림과 목마름 · 추위와 더위 · 생로병사와 모기 ·

등에 · 독한 짐승의 침해 등, 이런 모든 원수가 한량없이 많지만 너는 그것을 갚지 아니하고, 어찌 구태여 악생왕의 원수만 갚으려 하느냐?

원수를 없애려 하면 먼저 번뇌를 없애야 한다. 번뇌의 원수는 한량없는 몸을 해치기 때문이다. 이 세상의 원수는 아무리 중하더라도 바로 한 몸을 해칠 뿐이지만 번뇌란 원수는 좋은 법몸을 해치는 것이다. 이 세상의 원수는 아무리 가혹하다 하더라도 변화하는 더러운 이 몸을 해칠 뿐이다.

이로써 본다면 원수가 생기는 근본은 바로 번뇌에 있는 것이다. 너는 지금 번뇌란 도적은 치지 않고 왜 악생왕만을 치려 하느냐?"

이와 같이 그를 위해 갖가지로 설법했습니다.

그 때에 바라나는 이 말을 듣자, 마음을 열고 뜻을 알아 스로타판나가 되었고, 그리고 큰 법을 깊이 즐겨 곱절이나 노력을 더하여, 도를 행한지 오래지 않아 아라한이 되었습니다.

성기능이 회복된 내시

옛날 건타위국의 어떤 도축업자가 5백 마리 숫 송아지를 끌고 가서 모두 불알을 까려 했습니다. 그 때에 어떤 내관이 그 소들을 사서 떼를 지어 놓아 보냈습니다. 그 인연으로써 없앴던 남근이 다시 갖추어졌습니다. 그는 왕궁의 문 앞에 이르러 사람을 보내어 아뢰었습니다.

"지금 아무개가 밖에 있습니다."

왕은 말했습니다.

"그는 우리 궁중 사람으로서 마음대로 드나들었고, 사람을 통해 말하지 않았는데, 지금은 무엇 때문에 그러는가."

왕은 곧 그를 불러 까닭을 묻자, 그는 왕에게 말했습니다.

"아까 도축업자가 5백 마리 송아지를 끌고 가서 불알을 까려 하는 것을 보고, 신은 그것을 사서 놓아 보냈습니다. 그 인연으로 몸이 완전하게 되었기 때문에 감히 들어오지 못했습니다."

왕은 그 말을 듣고 기뻐하고 놀라면서, 부처님 법을 깊이 믿고 공경했습니다. 대개 금생에 지은 복을 금생에 받음도 그 영험이 이러하거늘 하물며 그 결과 갚음이야 어찌 헤아릴 수 있겠습니까!

자작자수

옛날 프라세나지트왕이 자고 있다가 두 내관이 서로 도리를 다투는 말을 들었습니다.

"나는 왕을 의지해 살아가고 있다."

"나는 의지하는 데가 없다. 내 업의 힘으로 살아간다."

왕은 이 말을 듣고 왕을 의지해 살아간다는 자에게 정이 가므로 그에게 상을 주려고, 곧 당직을 보내어 왕후에게 부탁했습니다.

"내가 지금 내관 한 사람을 보낼 것이니 그가 가거든 그에게 돈과 의복과 영락을 두둑히 주시오."

그리고 왕을 의지해 살아간다는 자를 불러, 자기가 먹다 남은 술을 부인에게 보냈습니다. 그는 술을 가지고 문을 나서자 코에서 피가 흘러 왕후 앞에 갈 수 없어, 마침 제 업으로 살아간다는 이를 만나 술을 주고 왕후에게 가져가게 했습니다. 왕후는 내관을 보자 왕의 말을 생각하고, 돈과 의복과 영락을 그에게 주었습니다.

심부름을 마친 내관이 손에 영락과 의복을 들고 왕에게 돌아오자, 왕은 그를 보고 이상히 여겨, 왕을 의지해 살아간다는 내관을 불러 물었습니다.

"나는 너를 가라고 했는데, 왜 가지 않았는가?"

"제가 막 문을 나서는데 갑자기 코에서 피가 흘러가지 못하고, 저 내관에게 부탁해 제 대신 대왕께서 주신 술을 가져다 왕후께 드리게 했습니다."

"나는 이제야 부처님께서

'제가 지은 업은 제가 갚음을 받나니 이것은 어쩔 수 없는 이치'라고 하신 말씀이 진실임을 알았다."

이것으로써 본다면 선악의 갚음은 개인이 지은 복이 불러오는 것이고, 그것은 하늘이나 왕이 주는 것이 아님을 알 수 있습니다.

3권

슬기로운 이는 인색하지 않고
질투나 성냄이 없으며
악한 것에 엄격하지 않으나
어리석음이 없으며
위해가 얼렁거려도
두려움으로 떨지 않고
죽는 한이 있어도 이익을 위해
다른 이를 헐뜯지 않는다
위세가 없고 용맹하지 못해도
겁먹거나 나약하지 않고
비열하지도 않고 중도에 바르게 처하니
이와 같은 모든 일들
슬기로운 이들의 모습이니라

비방하지 말라

옛날 세상에 어떤 형제가 마음으로 불법을 좋아해 집을 떠나 도를 공부했습니다. 그 형은 부지런히 힘써 온갖 선한 법을 공부하며, 수행을 한지 오래지 않아 아라한이 되었고, 그리고 총명한 아우는 공부하여 경 · 율 · 논을 모두 외웠습니다. 그 나라 재상은 그를 건축사로 청해 많은 재물을 주고 절을 잘 짓게 했습니다. 그 삼장법사는 재물을 받아 사람을 데리고 명당을 찾아 탑사를 지었습니다. 그 절은 크고 전각들은 빛나고 아름다워, 그 구상과 솜씨가 절묘했으므로 재상은 그것을 보고 더욱 믿고 공경해 무엇이나 모자람이 없게 해주었습니다. 삼장비구는 재상이 좋아하는 것을 보고 이렇게 생각했습니다.

'이제 절이 다 이루어졌으니 이 절에 스님들이 편안히 사시면서 공부하게 해야 한다. 그리고 재상에게 말하여 나의 형님을 초청하게 하자.'

이렇게 생각하고 그는 재상에게 말했습니다.

"저에게 형님 한 분이 있어 다른 절에 계시는데, 집을 버리고 불도에 들어와 정성껏 노력하며 수행을 하고 있습니다. 시주님이 그를 청해 이 절에 머물게 해주십시오."

"스승님의 청이시라면 보통 다른 비구라 하더라도 감히 거스르지 못하겠거늘, 하물며 스승님의 형님으로서 수행을 하는 분이겠습니까!"

그는 곧 사람을 보내어 간절히 청했고, 그가 머물러 부지런히 수행하는 것을 보고 재상은 곱절이나 더 공양을 올렸습니다.

그 뒤에 어느 날 재상은 만 냥 가치가 있는 훌륭한 비단을 그 아라한 비구에게 드렸습니다. 그러나 그는 흔쾌히 받으려 하지 않다가, 간곡한 소원에 따라 그것을 받고 생각했습니다.

'내 아우는 일을 경영하는 사람이니 재물이 필요할 것이다.'

곧 그것을 아우에게 주었습니다. 그 뒤에 재상은 백 냥 가치가 되는 천을 삼장에게 주자, 삼장은 그것을 받고 재상을 매우 원망했습니다. 그 뒤에 재상은 다시 만 냥의 가치가 있는 훌륭한 비단 한 필을 그 형 아라한에게 주었습니다. 그것을 받은 형은 또 아우에게 주었습니다. 아우는 그것을 보고 더욱 질투하여 그 천을 가지고 재상이 사랑하는 딸에게 가서 말했습니다

"당신 아버지는 전에는 나를 아주 후하게 대했는데, 지금 저

비구가 여기 와서 있게 된 뒤로는 무엇으로 당신 아버지를 혹하게 했는지 모르나, 나를 몹시 박하게 대합니다. 이제 이 천을 줄 것이니, 당신은 이것을 가지고 재상 앞에 가서 이것을 말아 옷을 만드시오. 그러다가 만일 묻거든 대답하시오.

'아버님이 사랑하고 존경하는 아라한이 나를 붙들고 이것을 내게 주었습니다.'

그렇게하면 아버지는 반드시 화를 내어, 다시는 저이와 말하지 않을 것입니다."

"지금 우리 아버지가 저 비구를 후대하고 공경하기는 마치 눈동자를 사랑하는 것 같고, 또 진주와 같이 사랑하시는데, 스님은 어떻게 갑자기 비방하고 헐뜯게 되셨습니까?"

"만일 당신이 그렇게 하지 않는다면 나는 당신과 영원히 절교하겠소."

"왜 갑자기 그러십니까. 말씀대로 하지요."

그 여자는 인정상 할 수 없어, 그 천을 받아 가지고 아버지 앞에 가서 그것을 말아 옷을 지었습니다. 그 때에 재상은 그것을 보고는 곧 알아차리고 생각했습니다.

'저 비구는 아주 나쁜 사람이다. 내게 처음 얻어 저는 쓰지 않고 도로 이 어린 계집애를 유혹하는구나.'

그래서 그 뒤에 아라한이 왔지만 그는 나가서 맞이하지도 않고 얼굴빛도 달리했습니다. 그 때에 비구는 재상이 그렇게 하는 것을 보고 마음으로 생각했습니다.

'반드시 어떤 사람이 나를 비방해 저이를 저렇게 만든 것이다.'

그는 곧 공중에 올라가 열여덟 가지 신통 변화를 나타내니, 재상은 그것을 보고는 매우 공경하고 복종하며, 곧 그 아내와 함께 그 발에 예배하고 참회하며, 공경하는 마음이 이전보다 더욱 깊어졌습니다. 그리고 삼장과 그 딸을 모두 나라 밖으로 쫓아내었습니다.

부처님께서 말씀하셨습니다.

"그 때의 삼장은 바로 내 몸으로서, 남을 비방했기 때문에 한량없는 겁 동안 큰 고통을 받았고, 지금에 와서도 저 순다리의 비방을 받은 것이다. 그리고 그 여자는 그 때에 성현을 비방했기 때문에 현재의 몸으로 쫓겨나 곤궁한 거지로 살아갔다.

그러므로 세상 사람들은 모든 일에 있어서 밝게 살펴야 하고, 함부로 비방하여 형벌을 부르지 않아야 하느니라."

아라한을 비방한 대가

옛날 존자 샤리푸트라와 마우드갈야야나는 여러 마을을 돌아다니며 유세하다가 어떤 옹기장이 집에 이르러 큰 비를 만나 그 집의 옹기가마 안에서 잤습니다. 마침 그 집에는 소를 먹이는 여자가 옹기 가마 뒤의 으슥한 곳에 먼저 와 있었는데, 두 성인들도 선정에 들지 않았을 때에는 범부와 다르지 않기 때문에, 그것을 알거나 보지 못했습니다. 그 여자는 샤리푸트라와 마우드갈야야나의 그 아름다운 용모를 보고, 마음속으로 반하여 참다 못해 그만 소변 보듯이 그것을 싸버렸습니다.

이튿날 아침에 존자 샤리푸트라와 마우드갈야야나는 그 옹기 가마에서 나왔습니다.

구가리 비구는 사람의 관상을 잘 보기 때문에 사람의 얼굴빛을 보고는 음행을 했는가 하지 않았는가를 잘 분별했습니다. 그는 소치는 여자가 뒤에 나오는데, 그 얼굴빛에서 음행을 한 것을 보았지만, 그 여자가 스스로 반해서 그것을 싸버린 줄 모르고, 곧 여러 비구들에게 널리 퍼뜨려 비방했습니다.

"존자 샤리푸트라와 마우드갈야야나는 소를 먹이는 여자와 음행했다."

그 때 비구들은 그에게 세 번이나 충고했습니다.

"존자 샤리푸트라와 마우드갈야야나를 비방하지 말라."

그러나 구가리는 화를 내고 질투하여 더욱 더 비방했습니다. 그 때에 이름이 바아가라는 어떤 장자가 있었는데, 존자 샤리푸트라와 마우드갈야야나는 그를 위해 설법하여, 그는 아나가민이 되어 목숨을 마치고 범천에 나서 이름을 바가바트라 했습니다. 그 바가바트는 멀리 하늘 위에서, 구가리 비구가 존자 샤리푸트라와 마우드갈야야나를 비방하는 줄 알고 곧 내려와 구가리 방으로 가니, 구가리는 물었습니다.

"너는 누구냐?"

"나는 바가바트다."

"무슨 일로 왔는가?"

"나는 하늘귀로서 네가 존자 샤리푸트라와 마우드갈야야나를 비방하는 말을 들었다. 너는 존자들에게 그런 일이 있었다고 말하지 말라."

이렇게 세 번 충고했으나, 구가리는 도리어 이렇게 말했습니다.

"너 바가바트야, 너는 아나가민이 되었다고 말하는가. 아나가민이란 '돌아오지 않는다'란 뜻이다. 그런데 너는 왜 내 곁에 왔는가. 만일 그렇다면 부처님의 말도 거짓이다."

"돌아오지 않는다는 것은 욕심 세계에 돌아와 태어나지 않음을 말하는 것이다."

구가리는 그 때에 갑자기 콩알만한 부스럼이 머리에서 발끝까지 생겨 가려운 고통을 받으며, 부처님께 나아가 여쭸습니다.

"어찌하여 샤리푸트라와 마우드갈야야나는 소치는 여자와 음행을 했습니까?"

부처님께서도 나무라셨습니다.

"너는 샤리푸트라와 마우드갈야야나를 비방하지 말라."

그는 부처님의 이 말씀을 듣고 더욱 화를 내었고, 그러자 그 나쁜 부스럼은 자꾸 커져 버찌만큼 커졌습니다. 그는 또 그 일로 부처님께 두 번째로 사뢰었고, 부처님은 다시 나무라셨습니다.

"그런 말을 하지 말라."

그러자 그 부스럼은 더욱 커져 주먹만큼 되었습니다. 그는 세 번째도 그치지 않았고, 그 부스럼은 더욱 커져 박만큼 되었습니다. 그러자 온몸이 몹시 뜨거워졌고, 그는 찬 못물에 들어갔으나, 얼음같은 못물이 매우 뜨겁게 끓으면서 부스럼이 모두 터져 그는 죽어 큰 아비지옥에 떨어졌습니다.

그 때에 비구들은 부처님께 사뢰었습니다.

"세존이시여, 어떤 인연 때문에 샤리푸트라와 마우드갈야야나는 그런 비방을 받았습니까?"

부처님께서 말씀하셨습니다.

"지나간 겁에 샤리푸트라와 마우드갈야야나가 아직 범부로 있을 때, 그들은 어떤 프라데카 부처가 옹기장이 집의 가마 속에서 나오고, 그 뒤에 소치는 여자가 따라 나오는 것을 보고 비방했다.

'저 비구는 틀림없이 저 여자와 정을 통했다.'

그들은 그 인연으로써 세 갈래 나쁜 길에 떨어져 한량없는 고통을 받았고, 지금은 성현이 되었지만 예전의 인연이 다하지 않아 아직도 비방을 받은 것이다.

알아야 한다. 성문들은 중생들을 위해서는 큰 선지식이 되지 못한다. 왜냐하면 만일 저 샤리푸트라나 마우드갈야야나가 저 구가리를 위하여 조그만 신통이라도 나타내었더라면 반드시 지옥을 면했을 것이다. 그런데 신통을 나타내지 않았기 때문에 저 구가리로 하여금 지옥에 떨어지게 한 것이다."

부처님께서는 이어 말씀하셨습니다.

"보살이란 저 크라쿠찬다 부처 때의 정광이라는 선인과 같은 사람이다. 그는 5백 명 선인들과 함께 숲속의 풀굴 속에 살고 있었다. 그 때 어떤 부인이 지나다가, 거기서 우연히 비를 만나 바람이 몹시 찬데도 비를 피할 곳을 찾을 도리가 없었다. 그는 곧 정광 선인 처소에서 하룻밤을 같이 쉬고 그 이튿날 떠났다. 여러 선인들은 그것을 보고 비방했다.

'저 정광 선인은 틀림없이 저 여자와 부정한 짓을 했을 것이다.'

그 때에 정광은 비구들의 마음을 알고, 자기를 비방했기 때문에 그들이 지옥에 떨어질까 두려워하여, 곧 타알라나무 높이의 허공에 올라 열여덟 가지 신통 변화를 나타내었다. 선인들은 그것을 보고 이렇게 말했다.

'몸이 네 손가락 길이만큼 땅에서 떨어져도 음욕심이 없거늘, 하물며 정광은 허공에 올라가는 큰 신통 변화가 있는데, 어떻게 음행을 했겠는가. 우리는 왜 저 청정한 사람을 비방했던가!'

그 때에 그 5백 선인들은 온 몸을 땅에 던져 참회했고, 그 인연으로써 중한 죄를 면하게 되었다.

'알아야 한다. 보살은 큰 방편이 있다. 그러므로 그는 진실로 중생들의 선지식이 되는 것이다.'"

부처님께서 이어 말씀하셨습니다.

"그 때의 그 정광 선인은 지금의 저 미륵이요, 5백 선인은 바로 지금의 저 장로 5백 비구들이니라."

부처님께서 라자그리하성에 계실 때 데바닷타가 부처님께 욕설을 했습니다. 아난다는 그것을 듣고 매우 화를 내어 데바닷타를 쫓아내면서 그에게 말했습니다.

"만일 네가 다시 오면 나는 너에게 큰 고통을 줄 것이다."

여러 비구들은 그것을 보고 부처님께 사뢰었습니다.

"드문 일입니다. 세존이시여, 부처님께서는 항상 데바닷타에 대해 사랑하시고 가엾이 여기는 마음을 가지시는데, 저 데바닷타는 한결같이 부처님께 대해 나쁜 마음을 품고 있습니다. 그래서 아난다는 화를 내어 곧 그를 몰아내었습니다."

부처님께서 말씀하셨습니다.

"그것은 오늘만이 아니다. 지나간 세상에도 그러했느니라.

옛날 카시국에 용왕 형제가 있었다. 첫째 이름은 대달大達이요, 둘째 이름은 우바대달이었다. 그들은 항상 단비를 내려, 그 나라의 초목을 자라게 하고 오곡을 잘 자라게 하며, 축생들은 물을 마시고 모두 살찌고 힘이 세었으며 소와 염소도 잘 번

식했다. 그 때, 그 나라 왕은 소와 염소를 많이 잡아 가지고 가서 그 용에게 제사를 지냈다. 용은 사람의 몸을 나타내어 그 왕에게 말했다.

'우리는 그것을 먹지 않는데, 무엇하러 생물을 죽여 가지고 와서 우리에게 제사를 지냅니까?'

이렇게 여러 번 말했으나 왕은 고치지 않았다. 그래서 두 형제는 할 수 없이 그곳을 피해, 둔도비라는 작은 용이 사는 곳으로 갔다. 둔도비는 밤낮으로 성을 내며 욕하니, 대달은 그에게 말했다.

'너는 성내지 말라. 우리는 쉬이 돌아가리라.'

우바대달은 잔뜩 화를 내어 그에게 말했다.

'너는 작은 용으로서 항상 두꺼비나 잡아먹는 처지니 만일 내가 기운을 토하면 네 권속들은 모두 죽게 될 것이다.'

대달이 아우에게 말했다.

'성내지 말라, 우리는 지금 본 고장으로 돌아가자. 카시국의 왕은 우리를 간절히 사모한다.'

그 때에 카시국 왕은 그들에게 이렇게 말했다.

'만일 두 용왕이 내게 오면, 나는 그들의 필요에 따라 젖 타락으로 제사하고, 다시는 살생하지 않겠다.'

용왕 형제는 그 말을 전해 듣고 본 고장으로 돌아갔다. 그 때에 부처님께서 그 때의 대달이 말한 시를 말씀하셨습니다.

다 함께 화합하여
지성으로써 들어라.
지극히 좋은 법과
청정한 심소유법*은
보살 시절에는
본래 그러함을 말한 것인데
옛날의 그 시들을
지금 내가 들춰내리라.

하늘 가운데 하늘
삼먁삼불타께서
이 세상에 계실 때
그 때 많은 비구들
험담으로써
서로를 헐뜯으니
부처께서 그런 것

보고 듣고
비구들 모으고
이런 말씀 하셨느니라.

모든 비구들아,
날 의지해 출가했으니
법답지 않은 일
하지 말아라.
너희들 각각이
추악한 말하여
서로를 비방해
스스로를 헐뜯는구나.
너희들 보리구함
듣고도 모르느냐?
자비와 인욕을 익혀
고행으로써 성취하여라.
너희들이 불법을
의지하려 하거든
여섯 가지 화합

반드시 공경하고 실행하여라.

지자는 불도를 잘 배워
중생들 이롭게 하고
편안히 해주려 함이니,

모두에게 괴로움 등
손해 입히지 말고
수행중에 나쁜 소문나면
꼭 악을 멀리하여라.

출가한 사람들이
분쟁을 일으킨다면
얼음물이
불에서 나옴과 같으니라.
만약 출가법을 따르려면
성냄과 투쟁 꼭 끊고
노에 맞게 실행하라.
나는 옛날 용왕이 되어

형제가 함께 살았었다.
형은 대달
아우는 우바대달.

우리는 살생 않고
계율을 지켜
큰 위엄과 덕망을 지녔으나
용의 형상 싫어 해
항상 좋은 갈래인
사람이 되려 하였다.

만약 청정한 계율 잘 지키고
많이 들은 수행자 만나면
모습 바꿔 공양을 올리며
항상 친근하려 했고
8일 · 14일 · 15일 · 23일 · 29일 · 그믐날에는
여덟 가지 계율 지키고
마음을 단속하였지.

살던 곳 버리고
다른 곳에 갔더니
거기 살던 작은 용 둔도비는
큰 위엄과 덕망지닌
우리 형제를 보고
제 못난 줄 모르고
모질게 질투심 일으켜
언제나 험한 말로써
욕설만 퍼부었지.

부은 목 · 부르튼 입 · 거친 호흡
성냄 더 심해 몸까지 팅팅 부어
뱉는 말 험담 아니면 비방
환술 · 유혹 · 아첨 · 거짓에
해침과 핍박을 당했다 했지.

하천하고 나쁜 용 욕설 듣고
우바대달 크게 성내며
형 대달에게 졸라대었지.

언제든지 두꺼비나 먹고
물가에 사는 저런 놈
감히 저희에게 욕설 퍼붓습니다.
물에선 물고기 괴롭히고
뭍에선 사람까지 해치는 놈에게
나쁜 말 듣고 참으려 하니
참기가 매우 어렵습니다.
지금 당장 저놈과 떨거지들 쓸어버리고
모든 시설 다 부순 뒤 고향에 돌아갑시다.

큰 힘 지닌 용왕 아우 말 듣고
시로써 한 말
슬기로운 이 모두가 찬탄하느니라.

하룻밤 잠잔 곳에서
허기 채우고 편히 쉬었다면
그 곳에 대해 나쁜 생각 내지 말라.
은혜 알고 은혜 갚음 성인은 칭찬하셨지.
나무 아래 잠깐 동안 쉬었더라도

가지 · 잎 · 꽃 · 열매 손대지 말라.
친절했던 이에게 나쁜 짓하면
그는 끝끝내 즐거움 맛보지 못하지.

한 끼 은혜라도 악으로써 갚으면
은혜 모르고 악행하는 사람
좋은 과보 안생기고
생겨도 바로 소멸하지.

숲이 타도 그루터기 남으면
세월이 옛 숲을 만들지만
은혜 등진 사람에겐 좋은 일 안생기지.

악인은 정성껏 먹여 살려도
죽을 때까지 은혜는 잊고
원망하는 마음만 쌓지.

신선 곁에 살던 악 코끼리 한 마리
새끼 낳고 바로 죽자 신선들이 키웠는데

코끼리가 다 커서는 신선들 밟아 죽이고
집과 숲 짓밟아 버렸지.
악인들이 은혜 등짐 또한 그러해.

마음이 조급해 잠깐도 못 머묾
소용돌이에 휘말린 나무와 같고
좋은 벗 안 사귀거나
벗을 소홀히 여기면
흰 천을 염색한 듯 돌이킬 수 없지.

원수를 갚으려거든 선으로써 갚고
악으로써 헐뜯거나 해치지 말라.
슬기로운 이는 원수 갚되
자비로써 갚느니라.
하늘 · 땅 · 산 · 바다 다 져도 가볍거니와
은혜 등진 그 짐은 땅띔도 하지 않지.

평등과 자비로써 중생을 대함
이것이 최고로 뛰어난 즐거움이지.

배 있어야 강을 편히 건너듯
자비 평등 두 즐거움 또한 그렇지.

친한 벗 해치지 않음
이것 또한 상쾌한 즐거움이고,
교만을 없애 버림
이것 또한 상쾌한 즐거움이지.

마음속에 덕행 없으면
바깥으로 교만 방자하고
진실로 아는 것 없으면
교만만 느느니라.

억지로 다투기 좋아하면
나쁜 벗 사귀나니
명예는 줄게 되고
나쁜 소문만 나느니라.

고아와 노인과 그리고 병든 이와

갑자기 부귀 잃고 건강도 나빠진 이
나라 잃고 재산 빼앗겨 가난해진 이
혈혈단신 의지가지 없어 고생하는 이
위와 같이 갖가지 어려움에 처한 이 보고
연민심 내지 않으면 어진 이 아니라네.

만약 타국에 망명하여
먹여 살려야 할 식구 없으면
많은 사람의 욕설을 듣고
참음으로써 쾌락을 삼으면
온갖 아첨 막아서
투쟁을 쉴 수 있느니라.

차라리 타국에 머물러
사람들이 몰라주어도
제 나라 뭇 사람들에게
업신여김 당하지 말라.
만약 이국에서 공경받고
다 찾아와 친절하고 붙좇고

서로 다투거나 성냄 없다면
거기가 내 나라요,
그들이 내 식구이니라.
세간의 부귀는 즐거움 매우 적고
흥망성쇠는 고뇌가 매우 많으니
만약 중생들이 나를 보고
모두가 뿔뿔이 흩어지더라도
그것 내 탓 아니면 말없이 즐겨라.

원수는 힘세고 나는 힘없어
친구도 이미 없고 의지할 데 없다면
그 처지 스스로 살펴 말없이 즐겨라.

법답지 못한 이 처소엔
탐욕과 인색함이 판을 치나니
믿지 않고 부끄러움 없고
하는 말 듣지도 않을 터
그런 나쁜 처소에선 말없이 즐겨라.
성냄이 매우 많으면 해롭게 하려는

마음이 남아 있어
괴로움 더해주기 좋아함
미욱한 중생보다 더 독하나니
이런 사람 곁에선 말없이 즐겨라.

서로 믿지 않고 억세며
스스로 뽐내기 좋아하는 이한테
역모 · 아첨 · 거짓 · 사기 · 눈속임 · 현혹 등을 당하거든
그런 사람 곁에선 말없이 즐겨라.

계율을 깨뜨리고 고려 · 참음 다 없는 이
항상 법답지 않는 짓 하고
믿음도 수행도 없는 이
그런 사람 처소에선 말없이 즐겨라.

거짓말 하고도 부끄러움 없고
두 말하기 좋아하고
그릇된 견해에 악담과 꾸밈말하고
오만하고 뽐내며 '내' 노라하고

더 클 수 없는 인색과 탐욕에다
질투 투성이가 된 이
그런 사람 곁에선 말없이 즐겨라.

만약 타지에서 나를 몰라주거나
내가 그들 씨족과 그들의 심성과
그들의 호오를 식별하지 못하면
반드시 뽐내거나 교만심 내지 말라.

타지에 가 살면서
타인에게 의 · 식 · 주
제공받아 자유롭지 못하거든
헐뜯고 욕함을 당해도 꼭 참고 견뎌라.

타지에 가 살면서
의 · 식 · 주 제공받거나
기업을 일으키기 위하거나
쾌락에 탐닉하려면
반드시 위처럼 참고 견뎌라.

만약 타지에 가 살면서
의 · 식 · 주 제공 받거든
하천한 사람이 와서 경멸해도
슬기로운 이라면 반드시 참고 받아라.

타지에 가 있으면서
악지식인 벗과 같이 살거나
어리석은 소인배나
하천한 사람과 함께 살 때
슬기로운 이는 자기 숨기기를
불씨를 단속하듯 하느니라.

마치 거센 불길에 거센 바람 불어
불이 숲에 붙어 깡그리 태움같이
성냄도 마치 불길 같아서
저와 남을 깡그리 태우느니라.
성냄은 최악의 피해를 주나니
성냄과 욕심을
슬기로운 이는 제거하나니

자비와 평등심 길렀어도
만약 성내면 점점 없어지느니라.

처음으로 함께 살면서
서로 친해 사이가 좋거나
항상 나쁜 이 가까이 하는 이
이런 사람 어리석은 사람.

그의 허물 살피지 않고
갑자기 버리는 일 등은
위와 같은 일들
슬기로운 이는 반드시 하지 않느니라.

만약에 어리석은 소인배 없다면
슬기로운 이 드러나지 않나니
마치 날개 부러진 새는
날지 못함과 같아서
슬기로운 이에게 소인배 없음
또한 그러하다네.

어리석은 소인배가 많음으로써
슬기가 없어, 슬기가 힘이 있음
깨닫지 못하나니
이런 이유 때문에
현명하고 사리에 밝은 이들
박식하나 많이 들으며
즐겁게 머물 수 있느니라.

슬기로운 이는
이익을 봐도 교만하지 않고
손해를 당해 옛날보다 못해도
어리석은 짓하는 일 없네.

바른 도리를 알고 진실로 말하면
중생의 말이라도 악을 막나니
중생의 안락과 이익을 위해
일부러 하는 말.
꼭 도리를 알리려고
그런 말을 하느니라.

슬기로운 이는 일을 들어도
갑자기 시행하지 않고
거듭거듭 사고하고
그 사실 여부를 확인한 뒤
그 이치를 분명히 알고 시행하나니
그렇게 하면 나도 이익하고
남에게도 이롭게 하는 것이니라.

슬기로운 이는 죽는 한이 있어도
자기의 목숨을 보존하기 위해
악업을 짓거나 무리한 일을 아니하며
괴로우나 즐거우나
바른 법 어기지 않고
죽어도 자기 위해
바른 행동 버리지 않는다.

슬기로운 이는 인색하지 않고
실두나 성냄이 없으며
악한 것에 엄격하지 않으나

어리석음이 없으며
위해가 얼렁거려도
두려움으로 떨지 않고
죽는 한이 있어도 이익을 위해
다른 이를 헐뜯지 않는다.
위세가 없고 용맹하지 못해도
겁먹거나 나약하지 않고
비열하지도 않고 중도에 바르게 처하니
이와 같은 모든 일들
슬기로운 이들의 모습이니라.

위세가 있고 용맹하면 다른 이가 꺼리고
나약하면 다른 사람이 업신여기나니
두 가지 다 버리고
중간에 처하여 수행하라.

어떤 때는 벙어리처럼 침묵하고
어떤 때는 왕처럼 당당하게 말하라.
어떤 때는 눈처럼 냉철하고

어떤 때는 불처럼 뜨거워져라.

어떤 때는 우뚝한 수미산처럼 으스대고
어떤 때는 누운 풀처럼 자기를 낮춰라.
어떤 때는 폭군처럼 무섭게 드러내고
어떤 때는 해탈한 듯이 고요해져라.

어떤 때는 기갈의 고통을 잘 참고
어떤 때는 고락의 일을 참고 견뎌라.
어떤 때는 재보를 똥처럼 더럽게 보고
어떤 때는 성냄을 마음대로 조절하여라.

어떤 때는 안락하게 기악을 즐기고
어떤 때는 사슴처럼 공포에 떨기도하고
어떤 때는 호랑이나 늑대처럼 사나워져라.
때와 때 아님 힘 있음 힘 없음 관찰하고
부귀할 때 쇠망할 때를 관찰하라.

참지 못할 것을 참음이 진정한 참음이고

참을 만 한 것 참음은 평범한 참음이니
약한 이에게 반드시 참고,
부귀하고 세력이 강해도 겸손하고 참아라.
참지 못할 것 참음 소문나는 참음이니라.

싫거나 원망스러운 이를
싫어하거나 원망하지 않으면
성내는 사람들 틈에서도
언제나 마음이 청정하고
타인에게 해악을 당해도
스스로는 앙갚음하지 않느니라.

자기를 이기는 이에게 참음은
상대가 두려워서 참음이고
자기와 동등한 이에게 참음은
투쟁이 두려워서 참음이고
자기보다 하열한 이에게 참음은
이름나는 훌륭한 참음이니라.

나쁜 욕설과 비방을
어리석은 이는 참지 못하나니
양쪽 눈에 티가 들어 간 것 같고
나쁜 욕설과 거듭하는 비방을 잘 참음
슬기로운 이는 잘 참나니
이런 것을 금상첨화라 하네.

나쁜 욕설과 거듭하는 비방에 대해서도
슬기로운 이는 슬기의 눈으로써 잘 참나니
마치 비가 바위에 쏟아져도
바위는 끄떡도 하지 않음 같다네.

나쁜 말과 좋은 말과
괴로운 일 즐거운 일들
슬기로운 이 잘 참음
끄떡없는 바위와 같으니라.
만약 실제로 있었던 일로써 욕설을 들으면
그 사람의 진실한 말에는
성낼 것 아니니라.

사실 없던 말로써 욕설 들으면
그 사람이 스스로를 속인
이치에 어긋난 말이니
슬기로운 이는 잘 아는 까닭에
장단에 맞춰 성내지 않느니라.

만약 재보나 이익을 위함이거든
고락과 나쁜 욕설과 비방 참고 받아라.
만약 재보와 이익을 위함이 아니거든
설사 천만 가지 보석을 준다고 해도
반드시 악인 곁을 재빨리 떠나거라.

나무가 가지를 잘렸어도
뿌리 쉽게 안 뽑히듯
마음이 이미 떠나면
친해질 수 없나니
따르던 이교도 피해
멀리 멀리 가거라.

친할 수 있는 이 세상에 가득하지만
먼저는 공경하다가 뒤에는 교만해서
업신여기고 헐뜯나니
공경함 없고 찬탄하지 않거든
고니같이 가볍게 날아 가버려라.
슬기로운 이가 어리석은 이 멀리 하듯
재빨리 멀리멀리 떠나버려라.

투쟁이 좋아 즐기거나
아첨하고 왜곡하는 마음 가졌거나
다른 이 허물 기뻐하며 두 말하거나
거짓말 · 악담 · 꾸밈말을 하거나
모든 중생들을
경멸하고 천대하고 헐뜯고 욕하거나
다시 아픈 말 내뱉아 골수까지 찌르는 등
몸과 말과 뜻의 업 단속하지 않으면
슬기로운 이라면 위의 사람 버리고
멀리멀리 다른 곳에 가거라

질투하는 이는 나쁜 사람이라
착한 마음 없나니
다른 사람이 이익보고 즐거워함과
이름이 알려짐을 보면
가슴이 쓰려 고통스러워하는 이
말씨는 달콤하나 마음은 모지나니
슬기로운 이는 이런 사람
버리고 다른 곳으로 가거라.

사람이 나쁜 욕심 즐기고 이익만 찾거나
아첨과 곡학으로써 취하고도 부끄러움 없으면
그런 사람 안팎이 더럽나니
슬기로운 이는 이런 사람
버리고 다른 곳으로 가거라.
만약 사람이 공경하거나 조심성 없고
교만하고 머리에 익힌 교법마저 없는데도
스스로 슬기롭다 뽐낸다면
이런 사람 진실로 어리석나니
슬기로운 사람은 이런 사람

버리고 다른 곳으로 가거라.

사는 곳에서 음식과 잠자리를 제공 받고
의복과 생활 도구 얻어서 살아간다면
반드시 옹호하고 그 은혜 생각하여라.
마치 어미가 새끼를 사랑하듯이…

애욕은 일체의 고통을 낳아 키우나니
먼저 반드시 애욕을 끊고 성냄을 여의어라.
제가 잘났다 뽐내는 교만도 반드시 버려라.
애욕과 성냄과 교만은 사람을 이끌고
나쁜 길로 가기 때문이니라.

부귀할 때 친했다가 가난할 때 떠난 친구
이런 친구 재빨리 멀리하여라.

만약 한 집안을 위하거든 한 사람을 버리고
만약 한 마을을 위하거든 한 집안을 버리고
만약 한 고을을 위하거든 한 마을을 버리고

만약 한 나라를 위하거든 한 고을을 버리고
만약 제 육신을 위하거든 온 세상을 버려라.

만약 손가락 위하거든 재산을 버리고
만약 생명을 위하거든 사지를 버리고
만약 정법을 위하거든 제몸을 버리고
만약 정법을 위하거든 일체를 버려라.

정법은 우산 번뇌 비 잘 막고
정법을 공부하는 이 정법이 보호해 주나니
정법을 공부하는 힘에 악의 갈래 끊어진다.
늦봄이라도 그늘을 찾듯
정법을 공부하는 이도 또한 그러해
모든 성현과 취향을 같이 하느니라.
재산상으로 이익을 많이 봐도
남과 달라 기뻐하지 않고
좋은 보배 잃고도 근심하지 않으며
항상 부지런히 고행하고
애타게 구걸하지 않나니

이런 이를 견실한 대장부라 하느니라.

다른 이에게 재물을 보시하고 매우 기뻐하고
세상의 번뇌에서 재빨리 떠나
자기의 몸을 편안히 하기를 바다보다 깊게 하라.

이런 영웅을 빼어난 대장부라 하느니라.
만약 뜻과 이치를 알면 하는 일 마다 잘되고
사람됨이 유연하여 함께 실행하고 즐기나니
모든 사람 감탄하며 대장부라 말하리라.

우바대달이 이런 말 하였느니라.
저는 지금 형님을 믿고 공경하게 모시겠습니다.
가사 고통을 당해 괴로움이 말할 수 없어도
도를 이룰 때까지 일체 나쁜 일 하지 않겠습니다.
죽거나 살거나 재산을 모으거나 잃거나 간에
악한 일 않겠사오니, 형님은 아소서
저는 지금부터 형님 뜻을 섬기겠습니다.

계율을 지키다가 죽는다 해도
계율을 어기면서 살지 않겠습니다.
무슨 이유로 한 생애를 위해
방일하거나 악한 행동 하겠습니까?

나고 죽는 가운데서 방일하지 말라.
나는 나고 죽음에서 좋지 못한 일 했고
악한 벗 만나 법답지 못한 일 했으나
좋은 벗 만나 나쁜 짓 하지 않았느니라.

내가 숙명통에 들어 요의설 알고
모든 비구에게 본래 시를 말했느니라.

그 때 대달은 지금의 나며
우바대달은 지금의 아난다
그 때의 둔도비
지금의 데바닷타.

비구들아, 이 배움 반드시 알아라.

법의 모두를 총망라한 설법이니
꼼꼼히 신중히 실행하고,
꼭 이 법을 공경하여라.
여러 비구들이 이 정법을 공부했습니다.

비구들아, 이렇게 공부할 줄 알아야 한다. 이 학문 이론은 집법총섭설이니 부디 널리 삼가 실행하고 공경하라."

여러 비구들은 그 법을 닦았습니다.

용왕과 주사呪師

부처님께서 라아자그리하성에 계시면서 데바닷타에게 말씀하셨습니다.

"너는 여래에게 나쁜 마음을 내지 말라. 그렇게 하면 스스로 손해를 보아 불안한 일을 당하고 스스로 고통을 받을 것이다."

비구들이 사뢰었습니다.

"보기 드문 일입니다. 세존이시여, 데바닷타는 부처님께 대해 항상 나쁜 마음을 가지는데, 부처님께서는 언제나 사랑하고 가엾이 여기시며 부드러운 말씀만하십니다."

"그것은 오늘만 아니다. 지난 옛날 카아시국의 바라나시성에 참파카라는 큰 용왕이 있었다. 그는 항상 때를 맞춰 비를 내려 곡식을 잘 자라게 하고, 14일, 15일에는 사람 모양으로 변화하여 다섯 가지 계율을 받아 지키며 보시하고 설법을 들었다. 그 때에 남인도의 어떤 주문을 외우는 이교도가 와서 화살을 세우고 주문을 외우며 참파카 용왕을 잡아갔다. 어떤 천신이 카시국왕에게 말했다.

'어떤 주사가 참파카 용왕을 잡아갔소'

왕은 곧 군사를 내어 그를 쫓아갔으나 그 바라문은 다시 주문을 외워 왕의 군사들을 모두 꼼짝도 못하게 했다. 왕은 많은 재물을 내어 그에게 주고 용왕을 찾아왔다.

그 바라문은 두 번째 다시 와서, 주문을 외워 용왕을 잡아가려고 했다. 용왕의 여러 권속들은 구름을 일으키고 비를 내리며 우레와 번개로 벼락을 치면서 그 바라문을 죽이려 했다. 용왕은 인자한 마음으로 여러 용들에게 말했다.

'그 목숨을 해치지 말라.'

그래서 잘 타일러 그를 돌아가게 했다.

그가 세 번째로 다시 왔다. 때에 여러 용들은 다시 그를 죽이려 했다. 그러나 용왕은 그들을 말려 죽이지 못하게 하고 그를 놓아주어 돌아가게 했다.

비구들아, 그 때의 그 용왕은 바로 지금의 내 몸이요, 주문을 외우던 이교도는 지금의 저 데바닷타였느니라. 그 때에 나는 용으로 있으면서도 인자한 마음으로 여러 번 그를 구제했거늘, 하물며 오늘에 어찌 사랑하지 않겠는가."

질투로 자멸한 새

부처님께서 라자그리하성에 계실 때, 비구들이 부처님께 여쭸습니다.

"세존이시여, 저 데바닷타는 부처님의 사촌 아우인데 어찌하여 항상 부처님을 원망하고 해치려 합니까?"

"그것은 오늘만 아니다. 옛날 설산에 공명이라는 새가 있었는데, 한 몸에 두 머리가 있었다. 한 머리는 항상 맛난 과일을 먹어 그 몸을 건강하게 하려 했지만 다른 한 머리는 질투하는 마음으로 이렇게 말했다.

'어찌하여 너만 항상 맛난 과일을 먹고 나는 먹지 못하는가!'

그리하여 그는 독한 과일을 따먹고 두 머리를 모두 죽게 했다.

비구들아, 알고 싶으냐? 그 때에 그 맛난 과일을 먹은 머리는 바로 내 몸이요, 독한 과일을 먹은 머리는 바로 지금의 데바닷타였느니라.

그는 옛날에 나와 한 몸이 되어 있으면서도 나쁜 마음을 내더니, 지금 내 종제가 되었어도 또한 저러하니라."

황새의 거짓

부처님께서 라자그리하성에 계실 때, 데바닷타는 산위에서 바위를 밀어 부처님을 눌러 죽이려 했으며, 호재라는 코끼리를 내몰아 부처님을 밟아 죽이게 하려 했으므로 나쁜 이름이 세상에 퍼졌습니다.

데바닷타는 여러 사람 앞에서는 부처님을 향해 참회하고 부처님 발을 불어드렸으나 여러 사람이 없을 때에는 비구들 가운데서 나쁜 말로 부처님을 욕하니, 비구가 아닌 사람들은 말했습니다.

"데바닷타는 부처님을 향해 참회하고 마음이 아주 유순한데, 까닭 없이 나쁜 이름이 흘러 퍼지게 되었다."

비구들이 부처님께 사뢰었습니다.

"보기 드문 일입니다. 세존이시여, 데바닷타는 매우 아첨하고 거짓이 많나이다. 여러 사람들 앞에서는 부처님께 공손히 대하고 으슥한 곳에서는 나쁜 마음으로 부처님을 욕하나이다."

"그것은 오늘만 아니다. 옛날 어떤 연못에 많은 물새가 살았다. 어떤 황새가 그 못에 살면서 천천히 걷다가 한쪽 다리를 들고 있으니, 여러 새들은 모두 말했다.

'이 새는 행실이 착하고 하는 행동이 조용하여 물에 사는 고기를 괴롭히지 않는다.'

그 말을 들은 흰 거위는 시로써 말했다.

다리를 들고 천천히 걸으며
음성은 아주 부드럽고 연해서
세상을 속이고 미혹하지만
누가 그의 아첨과 거짓을 모르리.

황새는 말했다.

'왜 그런 말을 하는가? 이리 와서 서로 친하게 지내자.'

'나는 너의 아첨과 거짓을 안다.'

거위는 끝내 친하지 않았느니라.

너희들은 알고 싶으냐?

그 때의 거위가 바로 지금의 내 몸이요,

황새는 바로 지금의 저 데바닷타니라."

배은망덕한 사람

부처님께서 라자그리하성에 계셨습니다. 데바닷타는 항상 나쁜 마음으로써 부처님을 해치려 하여, 활을 잘 쏘는 이교도에게 돈을 주고 부처님께 활을 쏘게 했습니다. 그러나 그들이 쏜 화살은 모두 쿠뭇다꽃 · 푼다리이카꽃 · 파두마꽃 · 우트팔라꽃으로 변했습니다.

5백 명 바라문들은 이 신통변화를 보고 모두 두려워해, 곧 활을 버리고 부처님께 예배하고 참회한 뒤에 한쪽에 앉아 있었습니다. 부처님께서 그들을 위하여 설법하시니 그들은 모두 스로타판나 도를 얻고 부처님께 사뢰었습니다.

"원컨대 저희들이 집을 떠나 도 배우는 것을 허락하소서."

"잘 왔구나, 비구들아."

그들의 수염과 머리는 저절로 떨어지고 법옷이 몸에 입혀졌습니다. 부처님께서 그들을 위하여 거듭 설법하시니, 그들은 모두 아라한의 도를 얻고, 부처님께 사뢰었습니다.

"부처님의 신력은 참으로 보기 드뭅니다. 데바닷타는 언제나 부처님을 해치려 하지만 부처님은 항상 크게 인자한 마음을 내십니다."

"그것은 오늘만 아니다. 옛날 바라나시국에 한 상인의 우두머리가 있어 이름을 불식은이라 했다. 그는 5백 명 상인들과 함께 바다에 들어가 보물을 캐어 가지고 돌아오다가 물 굽이치는 곳에 이르러, 물에 사는 나찰을 만났는데, 그들이 배를 붙들어 앞으로 나아갈 수가 없었다.

여러 상인들은 매우 놀라고 두려워 모두 외쳤다.

'천신 · 지신과 일월의 여러 신들이여, 누구시든지 저희들을 사랑하고 가엾이 여겨 이 액난에서 구제하여 주소서.'

그 때에 등의 너비가 1리나 되는 어떤 큰 거북이 그들을 가엾이 여겨 배가 있는 곳으로 와서, 여러 사람들을 등에 업고 곧 바다를 건네주었다. 피곤했던 거북이 조금 잠이 들자 불식은은 큰 돌로 거북의 머리를 때려 죽이려 했다. 여러 상인들은 말했다.

'우리는 거북의 은혜를 입고 어려움에서 목숨을 건지게 되었는데, 그를 죽이는 것은 옳지 못하고 또 은혜를 모르는 일입니다.'

'우리는 지금 굶주림으로 죽게 되었다. 누가 그의 은혜를

말하느냐.'

곧 거북을 죽여 그 고기를 먹었다. 그 날 밤중에 큰 코끼리 떼가 와서 그들을 밟아 죽였다.

비구들아, 그 때의 그 큰 거북은 바로 지금의 내 몸이요, 불식은은 바로 지금의 저 데바닷타며, 그 때의 그 5백 명 상인들은 바로 집을 나와 도를 얻은 너희 아라한 5백 명이다. 나는 과거에도 그의 액난을 구해주었고, 지금도 그를 생사의 근심에서 건져주려 했느니라."

해독 약은 진실뿐이다

부처님께서 라자그리하성에 계실 때, 데바닷타는 여러 가지 인연을 만들어 부처님을 해치려 했으나 성공하지 못했습니다. 그즈음 남인도에서 어떤 이교도가 왔는데, 그는 주문과 둔갑술을 잘 알고 독약을 잘 만들었습니다. 데바닷타는 그에게서 독약을 만들어 달라고 하여 부처님 몸에 뿌렸습니다. 그러나 바람이 불어 독약은 데바닷타의 머리에 떨어졌고, 그는 이내 까무라쳐 땅에 쓰러져 죽게 되었고, 어떤 의사도 고치지 못했습니다.

아난다는 부처님께 사뢰었습니다.

"세존이시여, 데바닷타가 독약을 뒤집어쓰고 죽게 되었습니다."

부처님께서 그를 가엾이 여기시므로 진실한 말씀을 하셨습니다.

"내가 보살 때부터 부처가 된 뒤로 저 데바닷타에 대해서는 언제나 사랑하는 마음을 가졌고, 조금도 나쁜 마음이 없었다면 데바닷타의 독은 스스로 사라질 것이다."

이렇게 말씀하시자 그 독기는 곧 사라졌습니다. 여러 비구들이 부처님께 사뢰었습니다.

"희한한 일입니다. 세존이시여, 데바닷타는 한결같이 부처님께 대하여 나쁜 마음을 일으키는데 부처님은 어찌하여 여전히 그를 살려주십니까?"

"오늘만 나쁜 마음으로 나를 해코지 한 것이 아니라 과거에도 그러했느니라."

"부처님께 나쁜 마음을 가졌던 그 일은 어떠하였습니까?"

"지나간 세상에 카시국에 바라나시라는 성이 있었고 거기에 두 재상이 있었는데, 한 사람 이름은 사나요 한 사람 이름은 악의였다. 사나는 항상 법을 따라 행하였고, 악의는 언제나 나쁜 행을 행하며 모함하기를 좋아했다. 악의가 왕에게 말했다.

'사나가 반역하려 합니다.'

왕은 곧 사나를 옥에 가두었다. 하늘의 여러 선한 신들은 허공에서 소리를 내어 말했다.

'그런 어진 사람에게는 실로 아무 죄가 없는데 어찌하여 구속합니까?'

그 때에 여러 용들도 그렇게 말하고 신하들과 인민들도 그렇게 말했다. 그래서 왕은 곧 놓아 주었다. 그 다음에 악의는 왕의 창고에서 물건을 훔쳐 사나의 집에 가져다 두었다. 그러나 왕은 믿지 않고 악의에게 말했다.

'너는 저이를 미워하여 거짓으로 그런 일을 한 것이다.'

왕은 신하에게 말했다.

'이 악의를 붙잡아다 저 사나에게 넘겨 죄를 다스리게 하라.'

사나는 악의를 시켜 왕에게 참회하게 했다.

악의는 스스로 죄가 있음을 알고 곧 비제혜왕에게로 달아나, 보배 상자 하나를 만들어 맹독을 가진 독사 두 마리를 그 안에 넣고, 비제혜왕으로 하여금 사신을 시켜 저 나라에 보내어, 그 국왕과 사나 두 사람만 같이 보고 다른 사람은 보지 못하게 했다. 왕은 아주 잘 장식된 그 보배 상자를 보고 매우 기뻐하여 곧 사나를 불러 같이 열어보려 했다.

그 때에 사나는 말했다.

'멀리서 온 물건은 직접 보는 것이 아니며, 멀리서 온 과일과 음식은 당장 먹는 것이 아닙니다. 왜냐하면 저기는 악한 사람이 있으므로 혹 나쁜 물건이 와서 사람을 해칠까 두렵기 때문입니다.'

그러나 왕은 말했다.

'나는 꼭 보고 싶다.'

세 번이나 간절히 왕에게 간했으나, 왕은 그 말을 듣지 않았다. 그래서 그는 다시 왕에게 말했다.

'신의 말을 듣지 않으신다면 왕께서 스스로 보십시오. 신은 보지 않겠습니다.'

왕은 곧 상자를 열어 보았다. 그러자 두 눈이 어두워져 아무것도 보지 못했다. 왕은 근심하고 괴로워 죽게 되었다. 사나는 사람을 사방에 보내어 여러 나라를 돌아다니면서 좋은 약을 구해, 그것으로써 왕의 눈을 치료하여 전과 같이 회복시켰다.

비구들아, 그 때의 그 왕은 바로 지금의 저 샤리푸트라요, 그 사나는 바로 내 몸이며, 그 때의 그 악의는 바로 저 데바닷타니라."

산닭왕과 고양이

부처님께서 라자그리하성에 계실 때, 데바닷타는 부처님께 나아가 이렇게 말했습니다.

"부처님께서는 이제 편안히 머무르시고 이 대중들을 저에게 맡겨주소서."

"이 침이나 먹을 어리석은 사람아. 나는 이 대중을 샤리푸트라나 마우드갈야야나에게도 맡기지 않는데, 어떻게 너에게 맡기겠느냐."

데바닷타는 성내며 욕하고 떠났습니다.

비구들은 사뢰었습니다.

"세존이시여, 데바닷타는 여러 가지로 부처님을 괴롭히며, 또 많은 방편으로 부처님을 속입니다."

"그것은 오늘만 아니다. 지나간 세상에 설산 곁에 사는 어떤 산닭왕은 많은 닭들을 거느리고 자기를 따르게 했다. 그 닭의 벼슬은 매우 붉고 몸은 희었다. 그는 여러 닭들에게 말했다.

'너희들은 저 도시나 마을을 멀리 떠나 사람들에게 잡아먹히지 않도록 하라. 우리에게는 많은 원수와 미워하는 것들이 있다. 부디 스스로 잘 삼가고 보호하라.'

어떤 마을에 고양이 한 마리가 있었다. 그는 거기에 닭이 있다는 말을 듣고 곧 그리고 가서, 나무 밑에서 천천히 걸으면서 머리를 숙이고 그 닭에게 말했다.

'나는 당신의 아내가 될 테니 당신은 나의 남편이 되십시오. 당신의 몸은 단정해 사랑할 만합니다. 머리의 벼슬은 붉고 몸은 온통 하얗습니다. 우리 서로 받들어 섬기면 즐거울 것입니다.'

닭은 시로써 말했다.

'고양이는 노란 눈의 어리석고 작은 물건
무엇이나 해칠 마음으로 잡아먹으려 하는구나.
그러나 아내를 가진 자로서
그 목숨이 온전한 이 보지 못했다.'

비구들아, 그 때의 그 닭은 바로 내 몸이요, 고양이는 바로 저 데바닷타니라. 그는 과거에도 나를 꾀고 속이려 했고, 오늘도 또 나를 꾀어 속이려는 것이다."

정직한 새

부처님께서 라자그리하성에 계실 때, 그 때에 데바닷타는 이렇게 생각했습니다.

'부처님에게는 푸른 옷을 입은 5백 명의 귀신이 있어서 항상 호위하고 있다. 또 부처님에게는 '나라야나'도 따르지 못할 열 가지 힘이 있다. 그러므로 나는 그를 해칠 수가 없다. 차라리 돌아가서 그를 받들어 섬기다가 적당한 기회를 보아 해치면 죽일 수 있을 것이다.'

그는 비구 · 비구니 · 우파사카 · 우파시카 등 대중 앞에서 부처님을 향해 참회하면서 이렇게 생각했습니다.

'만일 내 참회를 받아주면 나는 방편을 쓸 것이요, 내 참회를 받아주지 않으면 이로 인해 그의 이름이 나쁘게 퍼질 것이다.'

그는 곧 부처님께 사뢰었습니다.

"세존이시여, 저의 참회를 받아주옵소서. 저는 한적한 곳에서 혼자 마음을 닦으려 합니다."

부처님께서 말씀하셨습니다.

"법에는 아첨과 속임이 없다. 아첨하고 속이는 자에게는 어떤 법도 있을 수 없는 것이다."

그 때에 저 이교도의 여섯 우두머리들은 모두 말했습니다.

"데바닷타는 진심으로 부처님께 참회하는데, 부처님께서 그 참회를 받아주시지 않는다."

비구들이 부처님께 사뢰었습니다.

"저 데바닷타는 거짓으로 부처님을 대합니다."

"그것은 오늘만 아니다.

먼 옛날 바라나시국에 부라흐마닷타라는 왕이 있었다. 그는 법을 정하여 살생을 금했다. 어느 때, 어떤 사냥꾼은 신선의 옷을 입고, 온갖 사슴과 새를 잡았지만, 아무도 그것을 아는 이가 없었다. 어떤 길리조가 여러 사람들에게 말했다.

'저 아주 나쁜 사람은 비록 신선의 옷을 입었지만 사실은 사냥꾼으로서 항상 살생합니다. 그러나 아는 사람이 없습니다.'

사람들은 모두 길리조를 신용했는데, 진실로 그 말과 같았다.

비구들아, 그 때의 그 길리조는 바로 지금의 내 몸이요, 그 사냥꾼은 지금의 저 데바닷타며, 그 왕은 바로 저 샤리푸트라니라."

바르지 않으면 신통은 없어진다

부처님께서 라자그리하성에 계실 때, 그 때에 아자타사트루왕은 데바닷타를 위하여 날마다 5백 가마의 밥을 보냈으므로, 데바닷타는 많은 이익을 얻었습니다.

비구들이 부처님께 사뢰었습니다.

"아자타사트루왕은 데바닷타를 위하여 날마다 5백 가마의 밥을 보내고 있다고 합니다."

"비구들아, 데바닷타가 많은 이익을 얻는 것을 부러워하지 말라."

곧 시로써 말씀하셨습니다.

파초는 열매를 맺으면 죽고
갈대와 대도 또한 그렇다.
거허는 새끼를 배면 죽고
노새도 또한 그러하니라.
어리석은 사람, 이양을 탐하다 망하나니

지혜로운 이의 비웃음거리니라.

이 시를 읊으시고 비구들에게 말씀하셨습니다.

"데바닷타는 오늘만 이양을 위하여 망하고 나를 비방한 것이 아니라, 과거에도 또한 그러하였느니라."

"과거의 그 일은 어떠했습니까?"

"과거 바라나시국의 신선산에 두 선인이 있었다. 늙은이는 신통을 얻었고 젊은이는 얻지 못했다. 그 때에 그 늙은이는 신통의 힘으로 우타라쿠루로 가서 익은 멥쌀을 가지고 와서 둘이서 같이 먹고, 또 이 세상에서 좋은 열매를 가지고 와서 둘이서 같이 먹고, 또 도리천으로 가서 그 하늘의 수타맛을 가지고 와서 둘이서 나누어 먹었다. 젊은 선인은 그것을 보고 부러운 마음이 생겨, 그 늙은이에게 말했다.

'원컨대 그 다섯 가지 신통 닦는 법을 저에게도 가르쳐 주십시오.'

'만일 좋은 마음을 가지면 다섯 가지 신통을 얻어 반드시 이익이 있겠지만 만일 나쁜 마음을 먹으면 도리어 해가 될 것이다.'

그러나 그는 간절히 소원했다.

'원컨대 저에게 가르쳐 주소서.'

그 때 늙은 선인은 곧 다섯 가지 신통을 가르쳤고, 그는 이내 그것을 얻었다. 그는 다섯 가지 신통을 얻고는 여러 사람들 앞에서 가지가지 신통을 나타내었다.

그 뒤로는 큰 이름과 이익을 얻었다. 그렇게 되자 그는 그 늙은이를 질투하는 마음이 생겨, 가는 곳마다 비방하다가 이내 신통을 잃어버렸다. 사람들은 그 말을 듣고 이렇게 말했다.

'저 늙은 선인은 나이도 많고 덕이 있는데, 저 젊은 선인은 제멋대로 비방한다.'

사람들은 모두 성을 내며 성문을 막고 들어오지 못하게 했으므로 그는 이내 이익을 잃고 말았다.

비구들아, 알고 싶으냐? 그 때 그 늙은 선인은 바로 지금의 나요, 그 젊은 선인은 저 데바닷타니라."

두 상인

부처님께서 라아자그리하성에 계실 때, 여러 비구들 가운데 부처님 말씀을 따르는 이는 모두 열반과 천상과 인간의 길을 얻었고, 데바닷타의 말을 따르는 이는 모두 지옥에 떨어져 큰 고뇌를 받았습니다.

부처님께서 말씀하셨습니다.

"내 가르침을 따르는 이는 큰 이익을 얻고, 데바닷타의 말을 따르는 이는 큰 괴로움을 받는 것은 오늘만 아니라 옛날에도 그러했느니라.

지나간 세상에 어떤 두 상인은 5백 명 상인을 데리고 광야에 이르렀다. 어떤 야차 귀신이 소년으로 변화하여 좋은 옷을 입고 머리에는 꽃다발을 이고 거문고를 타면서 상인들에게 가서 말했다.

'너무 피로하지 않으십니까? 그 물과 풀을 싣고 가서 장차 무엇에 쓰려 하십니까? 가까운 앞길에 좋은 물과 풀이 있습니다. 나를 따라 오십시오. 그 길을 가리켜 드리겠습니다.'

한 상인들의 우두머리는 그 말을 따랐다.

'우리는 지금 싣고 가는 이 물과 풀을 버리고 가벼이 하고 가자.'

그러나 다른 한 상인들의 우두머리는 말했다.

'우리는 지금 물과 풀을 만나지 못한다. 버리지 말라.'

물과 풀을 버린 앞의 사람들은 목이 말라 모두 죽었지만 그것을 버리지 않은 사람들은 갈 곳까지 도착했다.

비구들아, 그 때에 그 물과 풀을 버리지 않은 사람은 바로 지금의 내 몸이요, 그 물과 풀을 버린 사람은 데바닷타의 무리였느니라."

하늘 사람 일곱 명의 설법

옛날 부처님께서 세상에 계실 때, 밤중에 갑자기 일곱 명 하늘 사람이 차례로 내려와 부처님께 왔습니다.

첫째 하늘 사람은 용모가 단정하고 광명이 1리를 비추며 열 명 천녀를 권속으로 삼고 부처님께 와서, 지극한 마음으로 땅에 엎드려 예배한 뒤에 한쪽에 물러나 서 있었습니다.

부처님께서 하늘 사람에게 말씀하셨습니다.

"그대는 복을 닦았으므로 하늘의 몸을 받았으니, 다섯 가지 욕망을 스스로 즐기면서 만족할 만큼 안락을 누리는가?"

하늘 사람은 아뢰었습니다.

"세존이시여, 저는 비록 천상에 나서 살지만 마음은 항상 근심하고 괴롭습니다. 왜냐하면 저는 전생에 수행할 때에 부모와 스승과 사문과 바라문에게 충성하고 효도하며 마음으로 공경했지만 그분들에게 대해 은근히 공경하고 예배하거나 마중과 배웅을 하지 못한 인연 때문에 과보가 적어, 다른 하늘 사람보다 못하오며, 못하기에 스스로 꾸짖고 수행하지만 만족할 수 없습니다."

둘째 하늘 사람은 용모와 몸의 광명과 권속들이 앞의 하늘 사람보다 열 배나 훌륭했는데 부처님께 와서 땅에 엎드려 예배하고 한쪽에 물러나 서 있었습니다.

"그대는 천상에 나서 만족할 만큼 안락을 누리는가?"

"세존이시여, 저는 비록 하늘에 나서 살지만 항상 근심하고 괴로워합니다. 왜냐하면 제가 전생에 수행할 때에 부모와 스승과 사문과 바라문에게 충성과 효도하는 마음을 내어 공경하고 예배했습니다. 그러나 앉는 자리와 따뜻한 침구를 보시하지 못한 인연으로써 지금 과보를 얻었지만 다른 하늘 사람보다 못하오며, 못하기 때문에 스스로 꾸짖어 인연을 만들지만 만족할 수 없습니다."

셋째 하늘 사람은 용모와 광명과 권속들이 앞의 하늘 사람보다 열 배나 훌륭했는데 부처님께 와서, 땅에 엎드려 예배하고 한 쪽에 물러나 서 있었습니다.

"그대는 하늘의 몸을 받아 만족할 만큼 안락을 누리는가 ?"

"저는 비록 하늘 궁전에 나서 살지만 항상 근심하고 번민합니다. 왜냐하면 제가 전생에 부모와 스승과 사문과 바라문에게 충효하고 공경하며 예배하고, 자리와 침구를 보시했사오나, 그분들에게 맛난 음식을 많이 베풀어 보시하지 못했습니다. 그 업의 인연으로써 지금 과보를 얻었지만 다른 하늘 사람보다 못하오며, 못하기 때문에 마음으로 후회하고 꾸짖으면서 인연을 만들지만 아직 갖추지 못했으므로 근심하고 번민합니다."

넷째 하늘 사람은 용모와 광명과 그 권속들이 앞의 하늘 사람보다 열 배나 훌륭했는데 부처님께 와서 땅에 엎드려 예배하고 한쪽에 물러나 서 있었습니다.

"그대는 하늘의 몸을 받아 만족할 만큼 안락을 누리는가?"

"저는 비록 하늘에 났지만 마음으로 항상 근심하고 번민합니다. 왜냐하면 저는 비록 과거에 부모 · 스승 · 사문 · 바라문에게 충효하고 공경하며 예배하고, 침구와 음식을 보시했으나 법을 듣지 못했습니다. 그 인연으로써 지금 과보를 받았지만 다른 하늘 사람보다 못하오며, 못하기 때문에 항상 스스로 꾸짖으면서 인연을 짓지만 아직 차지 못했으므로 근심하고 번민합니다."

다섯째 하늘 사람은 몸의 광명과 권속들이 앞의 하늘 사람보다 열 배나 더 훌륭했는데 부처님께 와서, 땅에 엎드려 예배하고 한 쪽에 물러나 서 있었습니다.

"그대는 하늘의 몸을 받아 만족할 만큼 안락을 누리는가?"

"저는 비록 하늘에 났지만 마음으로 항상 근심하고 번민합니다. 왜냐하면 저는 전생에 부모와 스승과 사문과 바라문에게 잘 충효하고 공경하며 예배하고, 침구와 음식을 보시했으며 법을 들었지만 그 뜻을 이해하지 못했습니다. 그 뜻을 이해하지 못했기 때문에 지금 과보를 받았으나 다른 하늘 사람보다 못하오며, 못하기 때문에 마음으로 항상 후회하고 꾸짖으면서 인연을 짓지만 아직 마음에 차지 못했으므로 근심하고 번민합니다."

여섯째 하늘 사람은 몸의 광명과 그 권속들이 앞의 하늘 사람보다 열 배나 훌륭했는데 부처님께 와서, 땅에 엎드려 예배하고 한쪽에 물러나 서 있었습니다.

부처님께서 그에게 말씀하셨습니다.

"그대는 하늘의 몸을 받아 만족할 만큼 안락을 누리는가?"

"저는 비록 천당에 나서 살지만 마음으로 항상 근심하고 번민합니다. 왜냐하면 저는 전생에 부모와 스승과 사문과 바라문에게 잘 충효하고 공경하며 예배하고, 침구와 음식을 보시했으며 법을 듣고 그 뜻을 이해했지만 그 말대로 수행하지 못했습니다. 그 업의 인연으로써 지금 과보를 받았지만 다른 하늘 사람보다 못하오며, 못하기 때문에 스스로 깊이 후회하고 꾸짖으면서 인연을 짓지만 아직 차지 못했으므로 근심하고 번민합니다."

일곱째 하늘 사람은 용모와 광명과 그 권속들이 앞의 하늘 사람보다 열 배나 훌륭했는데 부처님께 와서, 땅에 엎드려 예배하고 한쪽에 물러나 서 있었습니다.

"그대는 하늘의 몸을 받아 만족할 만큼 안락을 누리는가?"

"저는 지금 하늘 궁전에 나서 다섯 가지 욕심을 스스로 즐기며, 필요한 물건은 생각에 따라 곧 생기므로 진실로 즐거워 어떤 근심도 번민도 없습니다. 왜냐하면 저는 전생에 인연을 지을 때에 부모와 스승과 사문과 바라문에게 충효하고 공경하며 예배하고, 침구와 음식을 보시했으며 법을 듣고는 그 뜻을 이해할 뿐만 아니라 그 말씀대로 수행했습니다. 그 인연으로써 하늘의 과보를 받아 용모가 단정하고 광명이 특히 좋으며, 권속이 많아 다른 여러 하늘 사람보다 뛰어 납니다. 그러한 행을 지었으므로 과보의 만족을 얻었고, 만족했기 때문에 가장 훌륭한 과보를 얻었으며, 가장 훌륭한 과보 때문에 모든 하늘 사람들이 따르지 못하고 따를 자가 없기 때문에 마음으로 즐거워 합니다."

4권

그 누가 저 분에게 공양하지 않으랴
저 순금 무더기를 공경하여라
그 누가 부처님께 공양 올리지 않으랴
훌륭하고 묘한 공덕의 밭인 것을

왜 그렇게 적은가

옛날 어떤 사람이 집이 가난하여 품을 팔아 보릿가루 여섯 되를 사서 그것을 가지고 집에 돌아가 처자에게 먹이려 했습니다. 돌아가는 도중에 어떤 도인이 바루를 들고 지팡이를 짚고 걸식하러 다니는 것을 보고 생각했습니다.

'저 사문은 용모가 단정하고 몸의 움직임이 조용하여 매우 공경할 만하다. 한 끼를 보시하는 것도 좋지 않을까!'

그 도인은 그의 생각을 알고 그를 따라 냇물가에 이르니 가난한 사람은 그 도인에게 말했습니다.

"저에게 지금 보릿가루가 조금 있어 보시하고자 하는데 혹 드시겠습니까?"

"그렇게 해 주시겠소."

그는 물가에 옷을 펴고 도인을 앉게 한 뒤에, 보릿가루 한 되를 물로 반죽하고 한 덩이를 만들어 도인에게 주면서 이렇게 빌원했습니다.

"만일 이 도인이 깨끗이 계율을 지키고 도를 얻은 분이라면,

나로 하여금 현생에 작은 나라의 왕이 되게 하소서."

도인은 그 떡을 받고 가난한 이에게 말했습니다.

"왜 그렇게 적은가. 왜 그렇게 적은가."

그는 이 도인이 많이 먹는 사람이라 생각하고, 다시 한 되를 물로 반죽하여 한 덩이를 만들어 드리면서 발원했습니다.

"만일 이 도인이 깨끗이 계율을 지키고 도를 얻은 분이라면, 나로 하여금 두 개의 작은 나라 왕이 되게 하소서."

도인은 다시 말했습니다.

"왜 그렇게 적은가. 왜 그렇게 적은가."

그 가난한 이는 생각했습니다.

'아마 이 도인은 아주 많이 먹는 분인 것 같다. 그만큼 떡을 드려도 적다고 불평하는구나. 그러나 나는 이미 공양을 드리기로 했으니까 더 드려야 한다.'

다시 두 되를 물로 반죽해 2덩이를 만들어 주면서 발원했습니다.

"만일 이 도인이 깨끗이 계율을 지키고 도를 얻은 분이라면, 나로 하여금 현생에 네 개의 작은 나라 왕이 되게 하소서."

도인은 다시 말했습니다.

"왜 그렇게 적은가. 왜 그렇게 적은가."

그래서 그는 나머지 모두를 물로 반죽하여 덩이를 만들어 도인에게 드리면서 발원했습니다.

"지금 이 사문이 만일 깨끗이 계율을 지키는 도인이라면, 나로 하여금 바라나시의 국왕이 되어 네 개의 작은 나라를 거느리며, 또 도를 보는 자리를 얻게 하소서."

도인은 그 떡을 받고도 그래도 적다고 불평했습니다. 가난한 이는 도인에게 말했습니다.

"우선 드십시오. 만일 그것으로도 부족하시다면, 제 옷을 벗어 음식과 바꾸어 와서라도 더 드리겠습니다."

도인은 떡을 먹었습니다. 그러나 한 덩이만 먹고 나머지는 주인에게 돌려주니, 가난한 이가 물었습니다.

"존자가 아까부터 떡이 너무 적다고 불평하시더니 왜 다 드시지 않습니까?"

"그대가 처음에 나에게 한 덩이 떡을 줄 때에는 바로 작은 나라의 왕이 되기를 소원했소. 그래서 나는 그대 마음의 소원이 작다고 말한 것이오. 두 번째 떡 덩이에서는 두 개의 작은 나라 왕이 되기를 소원했소. 그래서 나는 그대의 소원이 작다고 말한 것이오. 세 번째의 떡 덩이에서는 네 개의 작은 나라 왕이 되기를 소원했소. 그래서 나는 그대의 소원이 작다고 말한 것이오. 그리고 네 번째의 떡 덩이에서는 바로 바라나시의 국왕이 되어 네 개의 작은 나라를 거느리기를 소원했고, '나로 하여금 도를 보는 자리를 얻게 하라!' 고 소원했소. 그래서 나는 그대의 소원이 작다고 한 것이지 그 음식이 부족하여 적다고 불평한 것은 아니오."

그 때에 가난한 이는 의심이 생겼다.

'나로 하여금 현생에 다섯 나라의 왕이 되게 하는 것은 결코 작은 일이 아니다. 아마 거짓이리라.'

그러다가 다시 생각했습니다.

'내 마음을 잘 아시는 것을 보면 반드시 성인일 것이다. 이런 큰 복 받은 나를 속이지 않을 것이다.'

도인은 그의 생각을 알고, 곧 바루를 허공에 던지고 그 뒤를 따라 날아 올라가서, 큰 몸으로 변화하여 허공에 가득 찼다가 다시 작은 몸으로 변화하니 마치 가는 티끌과 같았고, 한 몸으로써 한량없는 몸이 되기도 하고 한량없는 몸을 합해 한 몸이 되기도 했으며, 또 몸 위로는 물을 뿜고 몸 아래로는 불을 내뿜었고, 물을 땅처럼 밟기도 하고 땅에 물처럼 빠지기도 했으며, 이렇게 열여덟 가지 신통을 나타내고는 가난한 이에게 말했습니다.

"즐겨 큰 소원을 내고 조금도 의심하지 말라."

곧 몸을 숨기고 떠났습니다.

그 가난한 사람은 바라나시성으로 향하여 가다가 도중에서 어떤 재상을 만났습니다. 재상은 그를 만나자 그 형상을 자세히 보고는 말했습니다.

"너는 아무개의 아들이 아닌가?"

"그렇습니다."

"왜 그처럼 남루하게 되었는가?"

"오래전에 부모가 돌아가시고 뒤에 집이 망하여, 돌보아주는 사람이 없었기 때문에 곤궁하여 이처럼 남루하게 되었습니다."

재상은 곧 바라나시왕에게 말했습니다.

"왕과 친하던 아무개의 아들이 지금 문 밖에 있사온데 매우 곤궁합니다."

왕은 곧 분부해 그를 데리고 앞에 오게 하여, 사세한 사정을 묻고 그가 막역지우의 아들임을 알고 그에게 말했습니다.

"내 가까이에 있고 부디 멀리 떠나지 말아라."

이레 뒤에 왕이 병으로 목숨을 마치자 신하들은 서로 의논했습니다.

"왕에게는 뒤를 이을 이가 없고, 오직 아무개의 아들이 있을 뿐이다. 저이는 왕과 막역했던 이의 아들이다. 우리 함께 추대하여 바라나시의 왕을 삼아 네 나라를 거느리게 하자."

그렇게 임금이 된 그는 백성을 잘 다스리더니 차츰 방종해졌습니다. 전날의 그 도인은 왕의 궁전 앞 허공에서 가부좌하고 말했습니다.

"너는 옛날 발원하여 도를 보는 자리를 얻기를 구하더니 지금은 어찌하여 온갖 악을 지으면서 본래의 소원과 다른가!"

그는 다시 왕을 위하여 갖가지 법을 연설했고, 왕은 그 법을 듣고는 방종한 자신을 뉘우쳤습니다. 그리고 허물을 고치고 부끄러워하면서 알뜰히 도를 수행하여 스로타판나가 되었습니다.

마음을 중시한다

옛날 주암산에 여러 성현들과 숨어 사는 스님들이 많았습니다. 여러 나라에서 그 소문을 듣고 거기에 가서 공양을 올리는 이가 많았습니다. 어떤 장자가 여러 권속들과 함께 공양을 올리기 위해 산으로 갔습니다.

어떤 빈궁한 거지 여자는 이렇게 생각했습니다.

'지금 여러 부자들이 산으로 공양을 보내는 것은 반드시 어떤 모임을 가지려는 것이다. 나는 가서 걸식하리라.'

그 산에 가서 아까 그 부자가 갖가지 음식을 차려 여러 스님들께 공양을 올리는 것을 보고 혼자 가만히 생각했습니다.

'저 사람은 전생에 복을 닦아 지금 부귀한데, 지금 다시 공덕을 지으면 장차 더욱 훌륭하게 될 것이다. 나는 선생에 복을 짓지 못하여 금생에 빈곤하다. 만일 지금 복을 짓지 않으면 미래에는 더욱 빈곤할 것이다.'

이렇게 생각하고는 눈물을 흘리면서 울다가 또 생각했습니다.

'나는 전에 쓰레기 속에서 돈 두 닢을 주워 항상 아끼면서 구걸이 뜻같이 되지 않을 때에 이것으로써 음식과 바꾸어 스스로 살아가려고 생각한 일이 있다. 지금 그것을 여러 스님들께 보시하자. 하루 이틀쯤 음식을 얻지 못하더라도 죽지는 않을 테니까.'

그렇게 생각한 그는 스님들의 공양이 끝나는 것을 엿보아 그 돈 두 냥을 보시했습니다. 그 때, 그 스님들 법에는 어떤 사람이 보시하면 유나가 앞에 서서 축원을 하게 되어 있었습니다. 그러나 그 때에는 상좌가 유나스님의 축원을 허락하지 않고 자기가 스스로 축원했으므로, 여러 하좌下坐들은 매우 못마땅한 마음으로 이렇게 생각했습니다.

'저 거지 여자가 돈 두 냥을 보시하니 상좌가 가벼이 그를 위하여 스스로 축원하는데, 보통 돈을 보면 어떻게 그렇게 하겠는가?'

축원을 끝낸 상좌는 곧 자기가 먹을 밥의 반을 갈라 두었다가 그 여자에게 주었고, 상좌스님께서 여자에게 밥을 많이 주는 것을 본 신자들도 그 여자에게 밥을 많이 주니, 그 여자는 음식을 많이 얻어 가지고 매우 기뻐하면서 말했습니다.

"나는 보시하여 지금 그 갚음을 얻었다."

그 음식을 가지고 도로 산을 내려가다가 어떤 나무 밑에 이르러 누웠다가 잠이 들었습니다. 그 때, 왕의 큰부인이 죽은 지 이레가 되었고, 왕은 사자를 보내어 온 나라를 돌아다니면서 부인 될 만한 이를 찾게 했습니다.

"누가 복덕이 있어서 왕의 부인이 될 만한가?"

역술가는 점을 치고 말했습니다.

"저 누른 구름 밑에는 반드시 현인이 있을 것입니다."

그래서 사자는 그를 데리고 그 나무 밑에 가서 그 여자를 보니 얼굴빛은 윤택해 복덕의 상이 있었고, 나무는 구부리고 그 위에 그늘을 지어 그림자를 옮기지 않았습니다.

역술가는 말했습니다.

"이 여자의 복덕은 왕후가 될 만합니다."

사자는 그녀를 궁중으로 데리고 가 향탕에 목욕시키고, 그녀에게 부인의 의복을 주니, 크지도 않고 작지도 않고 몸에 꼭 맞았습니다.

백 대의 수레와 수많은 기마병이 좌우를 호위하여, 그녀를 데리고 왕궁에 이르렀습니다. 왕은 그녀를 보고 매우 기뻐하고 공경하며 존중했습니다. 이렇게 며칠을 지내다가 그 여자는 가만히 생각했습니다.

'내가 이런 부와 복을 얻은 것은 그 돈을 보시했기 때문이

다. 나는 저 스님들께 크고 무거운 은혜를 입었다.'

그 여자는 왕에게 아뢰었습니다.

"저는 전에 몹시 빈천했는데 왕에게 뽑혀 지금은 사람 가운데 대왕님 다음이 되었습니다. 저에게 저 스님들의 은혜를 갚게 해주소서."

"그대 마음대로 하오."

부인은 음식과 보물을 수레에 싣고 그 산으로 가서 스님들에게 보시했습니다. 그러나 그 상좌는 일어나지 않고 유나 스님을 보내어 축원하면서 상좌 스님은 얼굴도 내밀지 않았습니다.

왕후는 상좌 스님을 찾아뵙고 말했습니다.

"제가 옛날 돈 두 냥을 보시했을 때에는 저를 위해 축원해 주셨습니다. 지금은 수레에 보배를 가득 싣고 왔는데 왜 저를 위해 축원해 주시지 않습니까?"

여러 젊은 비구들도 모두 말했습니다.

"저 상좌는 전에는 가난한 여자가 돈 두 닢을 보시할 때에는 그녀를 위해 축원하더니, 지금은 왕후가 수레에 보물을 싣고 왔어도 축원하지 않는구나. 늙어서 망령이 났는가!"

그 상좌는 왕후를 위하여 바른 법을 연설했습니다.

"왕후님, 전에 돈 두 냥을 보시할 때는 나를 위해 축원하더니, 지금은 수레에 보물을 가득 싣고 왔는데도 왜 축원하지 않느냐고 내게 불평하십니까? 우리 불법에서는 보물을 귀히 여기지 않고, 오직 착한 마음을 귀히 여길 뿐입니다. 왕후가 전에 두 냥의 돈을 보시했을 때에는 착한 마음으로 가득했는데, 지금은 보물을 보시하면서 내노라고 뽐내고 있습니다. 그래서 나는 지금 당신을 위해 축원하지 않는 것입니다. 또 젊은 도인들도 내게 불평하지 마시오. 당신들은 집을 떠난 뜻을 깊이 알아야 하오!"

여러 젊은 도인들은 각기 부끄러워하고 모두 스로타판나의 도를 얻었고, 왕후도 법을 듣고는 부끄러워하고 기뻐하면서 스로타판나의 도를 얻었습니다. 그리고 법을 듣고는 예배하고 떠났습니다.

튼튼한 창고

옛날 건타위국에 칸나라는 이름의 한 화가가 있었습니다.

그는 3년 동안 객지에서 품을 팔아 돈 30냥을 벌어 집으로 돌아 가다가, 다른 사람이 5년 만에 한 번씩 여는 보시회 여는 것을 보고 유나 스님에게 물었습니다.

"하루 동안 어떤 사람이든지 와서 먹을 만큼 먹는 보시를 하려면 얼마나 듭니까?"

유나 스님은 대답했습니다.

"30냥을 쓰면 하루 동안의 보시회를 열 수 있소."

그는 가만히 생각했습니다.

'나는 전생에 복업을 짓지 못했기 때문에 지금 그 갚음을 받아 품팔이로 살아간다. 지금 복밭을 만났는데 어떻게 복을 심지 않겠는가!'

그는 유나 스님에게 말했습니다.

"청컨대 이 제자를 위하여 종을 쳐서 스님들을 모아 주십시오. 저는 지금 보시회를 베풀고자 합니다."

그는 보시회를 마치고 기뻐하면서 집으로 돌아갔습니다. 집에 이르자 그 부인은 물었습니다.

"3년 동안 번 돈은 어디 있습니까?"

"내가 얻은 재물은 지금 모두 튼튼한 창고 안에 넣어두었소."

"그 튼튼한 창고는 지금 어디 있습니까?"

"삼보가 튼튼한 창고요."

부인은 그를 꾸짖고 곧 친정 친척들을 모아 그 남편을 법관에게 끌고 가서 이렇게 말했습니다.

"우리 집은 빈궁하여 옷도 없고 밥도 없어 고생하고 있습니다. 그런데 우리 남편은 번 재물을 다른 데 쓰고 집에는 가지고 오지 않습니다. 그 허물을 문책하여 주십시오."

고소문의 내용을 들은 법관은 그 남편에게 물었습니다.

"왜 그렇게 했는가?"

"이 몸은 번갯불과 같아서 오래 가지 못하고, 또 아침이슬과 같아서 잠깐 사이에 사라집니다. 그 때문에 두려워하여 스스로 깊이 생각해 보았습니다.

'저는 전생에 복업을 짓지 못했기 때문에 지금 곤궁하여 의식이 궁핍하다.'

그래서 저 불가라성에서 5년마다 여는 보시회를 보고 그 스님들이 매우 청정했기 때문에 기뻐하고 공경하며 믿는 마음이 우러나서 유나 스님에게 물었습니다.

'얼마가 들면 하루 음식을 이바지할 수 있습니까?'

'30냥이면 하루 공양을 할 수 있소.'

그래서 저는 3년 동안 모은 품삯을 곧 유나 스님에게 드리고 스님들을 위해 하루 음식을 짓게 했습니다."

법관은 그 말을 듣고 매우 기뻐하고, 또 그를 가엾이 여겨 곧 자기 옷과 영락을 벗어주고, 또 말과 수레를 주고, 다시 한 부락을 떼어 상으로 주었습니다.

그 꽃 갚음이 이러했고, 열매 갚음은 뒤에 있을 것입니다.

가난을 안 부부

옛날 계이라라는 사람이 있었습니다. 그들 부부는 매우 빈궁하여 품팔이로써 겨우 살아갔습니다. 그는 다른 부자들이 모두 절에 가서 큰 보시회 여는 것을 보고 집에 돌아와 그 부인과 함께 자면서 부인의 팔을 베고 누워 가만히 생각했습니다.

'나는 전생에 복을 짓지 못했기 때문에 이렇게 빈궁하다. 그런데 저 부자들은 전생에도 복을 지었고 지금도 복을 짓는다. 나는 지금 복이 없다. 장래 세상에는 더욱 가난할 것이다.'

이렇게 생각하고 울자, 눈물이 부인의 팔에 떨어졌습니다.

"왜 눈물을 떨구십니까?"

"남을 보니 복을 닦으며 언제나 즐거워하는데, 나는 빈천하여 복을 닦을 수 없구려. 그래서 눈물을 떨구는 것이오."

"눈물을 흘리면 무엇합니까. 내 몸을 팔아 그 재물로 복을 지으십시오."

"당신을 판다면 나는 어떻게 살아가겠소."

"만일 살아가지 못할 것이 두려워 나를 내어놓지 못하시겠다면, 우리 다 같이 몸을 팔아 공덕을 닦읍시다."

이에 두 부부는 서로 이끌고 어떤 부잣집에 가서 말했습니다.

"지금 우리 부부의 이 하천한 몸을 사주십시오."

주인은 물었습니다.

"얼마나 받으려는가?"

"주는 대로 받고자 합니다."

"이제 너희들에게 돈 1천 냥을 줄 것이니, 이레 만에 갚지 못하면 너의 부부를 종으로 삼을 것이다."

이렇게 약속하고 돈을 받아 왔습니다.

그들은 돈을 가지고 절에 가서 보시회를 열도록 허락 받고, 함께 벼를 찧으면서 서로 격려했습니다.

"지금 우리는 우리 힘으로 이 복업을 짓는다. 뒷날 남의 집에 매이면 어찌 우리 뜻대로 되겠는가!"

그들은 밤낮으로 부지런히 힘써 대회거리를 준비하고 엿새째가 되어 곧 회를 베풀게 되었습니다. 그 때 국왕이 와서 보시를 하려고, 날짜를 부부의 보시회 날로 정하고 스님들에게 공양을 올리도록 해달라고 했습니다.

스님들은 모두 말했습니다.

"저 가난한 이를 받았기 때문에 결코 변경할 수가 없습니다."

국왕은 이 말을 듣고 곧 사람을 보내어 계이라에게 말했습니다.

"너는 어떤 소인으로서 감히 나와 대회의 날짜를 다투는가. 너는 내가 보시하려는 날짜를 피하라."

"절대 양보할 수 없습니다."

이렇게 세 번 되풀이했으나 그 말이 처음과 같자, 왕은 이상히 여겨 직접 절에 가서 그에게 말했습니다.

"너는 왜 뒷날로 미루지 않고 나와 날짜를 다투는가?"

"우리는 오직 하루만 자유롭고, 뒷날 남의 집에 매이면 다시는 보시회를 베풀 수 없기 때문입니다."

"왜 할 수 없는가?"

"우리는 전생에 복을 짓지 못해 지금 이렇게 곤궁합니다. 그러므로 만일 지금 복을 짓지 않으면 아마 뒷날은 더욱 괴로워 질 것입니다. 그래서 생각한 끝에 몸을 팔아 돈과 바꾸고 그것으로써 공덕을 지어 이 가난의 뿌리를 끊으려 했습니다. 만일 이레 뒤에 그 돈을 갚지 않으면 우리는 그 댁의 종이 됩니다. 오늘이 엿새인데 내일이면 이레가 찹니다. 그 때문에 죽음으로써 날짜를 다투는 것입니다."

왕은 이 말을 듣고 가엾은 생각이 들고 처음 보는 일이라고 찬탄했다.

"너야말로 참으로 빈궁의 괴로움을 깨달은 사람이다. 나약한 몸으로 굳건한 몸과 바꾸었고, 나약한 재물로써 굳건한 재물과 바꾸었으며, 나약한 목숨으로써 굳건한 목숨과 바꾸었구나."

왕은 그의 대회를 허락했고, 그리고 왕은 또 자기와 부인의 옷과 영락을 벗어 계이라 부부에게 주고, 다시 열 개 촌락을 떼어, 복을 지은 꽃 갚음으로 주었습니다. 대개 지극한 마음으로 복덕을 닦는 이는 현재에 얻는 꽃 갚음도 그와 같거늘 하물며 장래에 얻는 과보이겠는가?

이로써 볼 때, 모든 세상 사람이 괴로움을 면하고자 한다면, 부지런히 복을 닦아야 한다. 어찌 함부로 게으르고 방일하겠는가!

개미를 구한 사미

옛날 어떤 아라한 스님이 한 사미를 데리고 있었습니다. 그는 그 사미가 이레 뒤에는 반드시 목숨을 마칠 것을 알고, 그에게 말미를 주어 집에 돌려보내면서, 이레가 되거든 돌아오라고 분부했습니다.

사미는 스승을 하직하고 집으로 돌아가는 도중에 개미들이 들락거리는 구멍으로 물이 들어 차 곧 죽을 지경에 이르게 된 것을 보았고, 그는 자비심이 생겨 가사를 벗어 거기에 흙을 담아 물을 막고, 개미집을 안전하게 하여, 개미들은 모두 살게 되었습니다.

이레가 되어 그는 스승에게로 돌아갔습니다. 스승은 이상히 여기고 선정에 들어 관찰하다가, 그에게 다른 복은 없는데 그렇게 된 것은 개미를 구제한 인연 때문임을 알게 되었습니다. 그래서 사미는 이레 만에 죽지 않고 수명을 늘리게 되었습니다.

탑을 수리하다

옛날 건타위국에 어떤 왕이 있었습니다.

어떤 유명한 관상가가 왕의 상을 보니, 왕은 이레 뒤에는 반드시 목숨을 마치게 되어 있었습니다. 왕이 사냥을 나갔다가 다 허물어진 어떤 묵은 탑을 보고 곧 신하들과 함께 그것을 수리했습니다. 그리고 기뻐하면서 궁으로 돌아갔습니다. 이레가 지나도 왕에게는 아무 일이 없자 관상가는 이레가 지난 것을 보고 이상히 여겨 왕에게 물었습니다.

"어떤 공덕을 지었습니까?"

왕은 대답했습니다.

"아무 공덕도 지은 것이 없소. 다만 어떤 부서진 탑을 진흙으로 수리한 것뿐이다."

탑을 수리하는 공덕은 이와 같은 것입니다.

승방 벽 구멍을 막다

옛날 한 비구니가 죽을 때가 되었습니다.

마침 어떤 이교도가 그 상을 보매, 이레 뒤에 그 비구니는 반드시 목숨을 마치게 되어 있었습니다. 그 비구니는 승방에 들어갔다가 벽에 구멍이 난 것을 보고, 곧 진흙을 뭉쳐 구멍을 막았습니다. 그 복으로써 수명이 늘어 이레를 지내게 되었습니다.

이교도는 그것을 보고 이상히 여겨 물었습니다.

"스님은 어떤 복을 지었습니까?"

"나는 아무 복도 닦은 것이 없소. 다만 며칠 전 승방에 들어갔다가 벽에 구멍이 난 것을 보고 수리하였을 뿐이오."

이교도는 찬탄하며 말했습니다.

"승가의 복밭은 가장 중요하여 죽을 수밖에 없는 비구니의 수명을 늘게 하는구나."

오래 살려면 절하라

옛날 부처님께서 세상에 계실 때에 어떤 장자의 아들이 있었는데 나이 5, 6세가 되었습니다. 관상가마다 그의 상이 단명하다고 이구동성으로 말했습니다. 장자는 그를 데리고 이교도 지도자 여섯을 찾아가 수명을 늘릴 수 있도록 해 달라고 말했습니다. 그러나 그들은 오래 사는 방법을 전혀 알려줄 수 없었습니다.

다시 부처님께 데리고 가서 사뢰었습니다.

"이 아이의 명이 짧습니다. 원컨대 세존께서는 명을 늘려주소서."

부처님께서 말씀하셨습니다.

"수를 늘려줄 수 있는 그런 법은 없느니라."

"원컨대 방편을 가르쳐 주소서."

부처님께서 말씀하셨습니다.

"너는 저 성문 아래에 가서, 나가는 사람들을 보거든 예배하고 들어오는 이에게도 예배하여라."

그 때에 어떤 귀신이 바라문의 몸으로 변화해 성으로 들어오다가 아이의 절을 받고, 귀신은 아이를 위해 축원했습니다.

"너를 오래 살게 하리라."

그 귀신은 바로 그 아이를 잡아갈 귀신이었습니다.

그러나 귀신의 법에는 두 가지 말을 할 수 없으므로, 데리고 갈 수가 없었습니다. 그는 이와 같이 겸손하고 참고 공경하며 예배했으므로 수명을 늘릴 수가 있었습니다.

눈앞의 복

옛날 부처님께서 세상에 계실 때, 어떤 장자의 아들이 일찍이 부모를 잃고, 외롭고 궁핍하여 떠돌면서 품팔이로 살아가고 있었습니다. 그는 어떤 사람에게서 도리천은 아주 즐겁다는 말과, 또 다른 사람에게서 부처님과 스님에게 공양을 올리면 반드시 거기에 태어난다는 말을 듣고, 그래서 그 사람에게 물었습니다.

"얼마나 들면 부처님과 스님들에게 공양을 올릴 수 있겠습니까?"

그 사람은 대답했습니다.

"30냥을 쓰면 보시회를 베풀 수 있다."

그는 곧 저자로 가서 품을 팔 곳을 구했습니다. 저자에 어떤 큰 부자가 있어 그를 쓰기로 했습니다.

부자는 물었습니다.

"너는 지금 어떤 일을 할 수 있는가?"

"저는 무슨 일이나 다 할 수 있습니다. 3년 동안 일하면 얼마나 주시겠습니까?"

"30냥을 줄 것이다."

장자는 그가 무슨 일이나 할 수 있다는 말을 듣고 곧 그를 썼습니다. 그는 사람됨이 단정하고 정직해, 금 · 은 · 동 · 철 등 갖가지 가게에서 보통 때보다 곱절이나 이익을 남겼습니다. 연한이 차자, 그는 장자에게서 품삯을 요구했고, 장자는 돈을 주면서 물었습니다.

"너는 지금 이 돈으로써 무엇을 하려고 하느냐?"

"저는 부처님과 스님들께 공양을 올리려고 합니다."

"내가 너를 도와주겠다. 갖가지 그릇과 쌀과 국수를 너에게 줄 것이니, 음식을 만들고 부처님과 스님들을 초청해라."

그는 곧 절로 가서 부처님과 스님들을 초청했습니다. 부처님께서 비구들을 시켜 그의 초청을 받게 하셨습니다. 부처님은 자기 방에 계시고 스님들만 그의 초청을 받게 하셨습니다. 그 날은 명절이라, 여러 사람들은 갖가지 음식을 스님들에게 보냈고, 그래서 스님들은 모두 배불리 먹은 뒤 그의 집으로 갔습니다. 그 아이는 직접 음식을 돌렸습니다. 윗자리 스님이 말씀하셨습니다.

"조금만 놓아라."

아랫 줄 스님이 말씀하셨습니다.

"조금만 놓아라."

그 아이는 울고 번민하면서 생각했습니다.

'3년 동안 고생해 이 음식을 베푸는 것은 여러 스님이 잘 드시기를 바랐던 것인데, 이제 스님들이 드시지 않는구나. 나는 천상에 나기를 구했지만 끝내 거기 가서 나지 못하겠구나.'

그리고 그는 부처님께 나아가 사뢰었습니다.

"스님들이 저의 공양을 드시지 않습니다. 그러므로 반드시 제 소원은 이루어지지 않을 것같습니다."

부처님께서 말씀하셨습니다.

"조금만 먹던가?"

"예, 모두 조금씩 드셨습니다."

"먹지 않더라도 네 소원은 반드시 이뤄지겠거늘, 하물며 조금씩이라도 먹었는데 어찌 이뤄지지 않겠느냐."

그는 기뻐하면서 돌아가서 음식을 먹었습니다. 여러 스님들도 음식을 마치고 모두 돌아갔습니다.

그 날, 5백 명 상인들이 바다에 들어갔다가 돌아와서 성에 들어가 음식을 찾았으나 그러나 명절이라 음식을 파는 곳이 없었습니다. 어떤 사람이 그들에게 말했습니다.

"저 부자의 아들이 오늘 음식 보시회를 열었으니 반드시 거기에는 음식이 있을 것입니다."

그 부자의 아들은 상인들이 있다는 말을 듣고 기뻐하며, 그 5백 상인들에게 음식을 주어 모두 충족하게 하고, 그들을 따르는 사람들도 모두 배불리 먹였습니다. 상인들이 밥값을 내는 데, 제일 보배를 적게 가진 상인이 열 냥의 가치가 있는 구슬 하나씩을 꺼내어 그에게 주고, 제일 우두머리 상인이 백 냥의 가치가 있는 구슬 하나를 꺼내어 그에게 주었습니다. 그리하여 5백 상인이 저마다 구슬 하나씩과 바루 하나씩을 주었지만 그 부자의 아들은 감히 받지 않고, 부처님께 달려가 사뢰었습니다.

부처님께서 말씀하셨습니다.

"그것이 바로 꽃 갚음이니 가지더라도 탈이 없을 것이다. 뒷날에는 반드시 천상에 날 것이니 두려워할 것이 아니니라."

그리고 주인 부자는 아들이 없고 외동딸이 있었는데, 그에게 딸을 아내로 주었고, 주인의 가업은 번창하여 슈라바스티성 안에서 제일이 되었습니다.

부자가 목숨을 마치자, 프라세나지트왕은 그 아이가 총명하고 지혜가 있다는 말을 듣고, 부자의 가업을 모두 그 아이가 계승하게 해주었습니다.

그의 꽃 갚음은 이와 같고 그 과보는 뒤에 도리천에 태어나는 것입니다.

눈앞의 금벼

옛날 부처님께서 세상에 계실 때, 범지 다섯 형제가 있었습니다.

첫째 이름은 야사요, 둘째 이름은 무구며, 셋째 이름은 교범바제요, 넷째 이름은 소타이로요, 이 네 형제는 산에 들어가 도를 배워 다섯 가지 신통을 얻었습니다.

맨끝의 아우는 이름이 '불나'였는데, 그는 부처님이 걸식하시는 것을 보고, 희고 깨끗한 밥을 바루에 가득 담아 부처님께 드렸습니다. 그 때 불나는 농사를 업으로 삼고 있었는데, 그는 밭일을 마치고 집에 돌아갔습니다. 그 뒤 어느 날 그는 밭에 나가 보니, 밭 가운데 난 모종이 모두 금벼로 변했는데, 길이가 모두 두어 자나 되었고, 다 베고 나면 처음처럼 도로 나오곤 했습니다. 그 나라 왕도 그 말을 듣고 와서 베었으나 다 벨 수 없었습니다. 그리하여 여러 사람을 동원해 베었으나 아무도 다 벨 수 없었습니다. 그 때에 그 형들은 생각했습니다.

'우리 아우 불나는 지금 어떻게 살아가는가. 구차하지는 않

을까!'

그들은 모두 가서 그 아우의 복이 왕보다 나은 것을 보고 아우에게 말했습니다.

"네가 전에는 가난했는데, 어떻게 갑자기 이런 부자가 되었느냐?"

"나는 고타마님께 한 바루의 밥을 드리고 이런 갚음을 받았습니다."

네 형은 이 말을 듣고 기뻐 뛰면서 또 아우에게 말했습니다.

"너는 지금 우리를 위해 환희단을 만들어다오. 우리 넷은 각각 하나씩 가지고 고타마님께 공양을 올려 하늘에 나기를 발원하리라. 그 분의 법을 듣지 않으면 해탈할 수 없을 것이다."

그들은 각각 환희단을 가지고 부처님께 나아갔습니다. 큰형이 하나를 집어 부처님 바루에 놓자 부처님께서 말씀하셨습니다.

"모든 행은 덧없으니."

또 둘째가 환희단을 집어 부처님 바루에 놓자 부처님께서 말씀하셨습니다.

"그것은 곧 나고 죽는 법이다."

셋째가 또 환희단을 부처님 바루에 놓자 부처님께서 말씀하셨습니다.

"나고 죽음이 아주 사라지면."

넷째가 또 환희단을 부처님 바루에 놓자 부처님께서 말씀하셨습니다.

"열반이 즐거움 되느니라."

그들은 곧 집으로 돌아가 고요한 곳에 앉아서 서로 물었습니다.

"너는 어떤 말씀을 들었는가?"

맏형은 말했습니다.

"나는 '모든 행은 덧없으니' 라고 들었다."

둘째가 말했습니다.

"나는 '그것이 곧 나고 죽는 법이다' 라고 들었다."

셋째가 말했습니다.

"나는 '나고 죽음이 아주 사라지면' 이라고 들었다."

넷째가 말했습니다.

"나는 '열반만 즐거움이 되느니라' 라고 들었다."

네 형제들은 각각 그 시를 생각하고 아나가민이 되었습니다. 모두 부처님께 나아가 스님이 되어 아라한의 도를 얻었습니다.

설법을 듣는 공덕

옛날 부처님께서 세상에 계실 때, 대애도는 부처님을 위하여 금실로써 짠 옷을 가지고 와서 부처님께 올렸습니다.

부처님께서 말씀하셨습니다.

"그것을 스님들에게 보시하시오."

대애도가 말했습니다.

"저는 젖을 먹여 부처님을 길렀습니다. 제 손으로 옷을 만들어 일부러 와서 부처님께 바칠 때에는 부처님께서 이것을 좋아하시길 바랐는데, 어찌하여 스님들에게 주라고 말씀하십니까?"

부처님께서 말씀하셨습니다.

"이모님으로 하여금 큰 공덕을 얻게 하려고 하는 것입니다. 왜 그런가 하면, 스님들의 복밭은 가없이 넓고 큽니다. 그 때문에 권하는 것입니다. 만일 내 말대로 한다면 그것은 이미 내게 공양을 베푼 것입니다."

그 때에 대애도는 그 옷을 가지고 스님들에게로 가서 윗자리에서부터 돌렸으나 아무도 감히 받는 이가 없었고, 차례가 미륵에게 이르자 미륵은 곧 그것을 받아 입고 성에 들어가 걸식했습니다. 미륵의 몸에는 서른두 가지 뛰어난 모양이 있고 몸빛은 자마금빛이었습니다.

미륵이 성에 들어가자 여러 사람들은 다투어 구경했지만 아무도 밥을 주는 이는 없었습니다. 그 때 어떤 보석 세공사는 아무도 그에게 밥을 주는 이가 없는 것을 보고, 곧 미륵 앞에 나아가 꿇어앉아 초청하여, 집으로 모시고 가서 밥을 올렸습니다. 미륵이 식사를 마치자, 그는 조그만 자리를 미륵 앞에 펴놓고 앉아 설법을 들으려 했습니다. 미륵은 네 가지 변재의 힘이 있어, 그를 위해 갖가지 묘한 법을 설명했고, 그는 설법 듣기를 즐겨 조금도 싫증을 내지 않았습니다.

그보다 앞서 어떤 장자가 딸을 시집보내려고 그 세공사에게 보배구슬 한 개에 구멍을 뚫게 하고 삯으로 10만 냥을 주었습니다. 미륵의 설법을 듣고 있는 그 때 그 장자는 구슬을 찾으러 사람을 보냈습니다. 그러나 그는 법을 듣기에 정신이 없어 구슬을 뚫을 생각을 하지 않았습니다.

"잠깐만 더 기다리시오."

그 사람은 또 찾으러 왔고, 이렇게 세 번이나 오갔지만 그래도 찾아가지 못하자, 그 장자는 화를 내고 돈과 구슬을 모두 빼앗아 갔습니다. 그의 아내는 성을 내어 그 남편에게 말하였습니다.

"이제는 할 일이 없게 되었습니다. 잠깐 동안 구슬을 뚫으면 10만 냥의 이익을 얻을 것인데 왜 저 도인의 말만 듣고 있습니까?"

세공사는 그 말을 듣고 마음 속으로 매우 후회했습니다. 그 때에 미륵은 그가 매우 후회하는 것을 알고 그에게 말했습니다.

"그대는 나를 따라 절에 갈 수 있는가?"

"갈 수 있습니다."

그는 미륵을 따라 절에 가서 상좌 비구에게 물었습니다.

"어떤 사람이 금 10만 근을 얻는 것과 기쁜 마음으로 설법을 듣는 것과 어느 것이 낫습니까?"

"가사 어떤 사람이 금 10만 근을 얻더라도 어떤 사람이 계율을 지키는 이에게 한 바루의 밥을 주는 것보다 못하거늘, 하물며 믿는 마음으로 잠깐 동안이나마 법을 듣는 것이겠는가. 그것은 저것보다 백만 곱이나 훌륭하다."

그래서 다시 둘째 상좌에게 묻자, 둘째 상좌가 대답했습니다.

"가사 어떤 사람이 10만 수레의 금을 얻더라도 계율을 지키는 이에게 한 바루의 밥을 주는 것보다 못하거늘, 하물며 기뻐하는 마음으로 법을 듣는 것이겠는가!"

조금 있다가 또 셋째 상좌에게 물었다. 셋째 상좌가 대답했습니다.

"가사 어떤 사람이 10만 가구에 가득한 금을 얻더라도 계율을 지키는 이에게 한 바루의 밥을 주는 것보다 못하거늘, 하물며 법을 듣는 것이겠는가!"

또 넷째 상좌에게 묻자 넷째 상좌가 대답했습니다.

"가사 10만 나라의 금을 얻더라도 계율을 지키는 이에게 한 바루의 밥을 주는 것보다 못하거늘, 하물며 법을 듣는 것이겠는가. 그것은 천만 갑절이나 나으니라."

이렇게 차례로 물어 아니룻다에게 이르자, 아니룻다는 말했습니다.

"어떤 사람이 네 천하에 가득찬 금을 얻더라도 계율을 지키는 이에게 한 바루의 밥을 주는 것보다 못하거늘 하물며 법을 듣는 것이겠는가!"

미륵이 물었습니다.

"존자는 말하기를, '비구에게 한 바루의 밥을 주는 것은 네 천하에 가득한 금을 얻는 것보다 낫다'고 하셨는데, 어떤 이

유입니까?"

존자는 대답했습니다.

"제 자신이 경험했습니다. 과거 91겁 전에 어떤 장자가 있었습니다. 그는 두 아들을 두었는데 첫째는 이름이 이타요, 둘째의 이름은 아리타였습니다. 장자는 항상 그들에게 말했습니다.

'높은 벼슬을 하는 이도 떨어지며 영원한 듯 보이는 것도 다하는 것이다. 대개 태어남이 있으면 죽음이 있고 모이면 흩어지는 것이다.'

장자는 병으로 목숨을 마치려 할 때에 그 아들에게 분부했습니다.

'부디 갈라져 살지 말라. 마치 실 한 가닥은 코끼리를 잡아매지 못하지만 많은 실을 모으면 코끼리도 끊지 못하는 것처럼 형제가 함께 사는 것도 많은 실과 같으니라.'

장자는 이렇게 아들에게 훈계하고 목숨을 마쳤습니다. 그들은 아버지의 유훈이기 때문에 형제가 같이 살면서 서로 공경하고 화목했습니다. 뒤에 아우가 장가를 들어 생활한 지 얼마 되지 않아, 아우의 아내는 남편이 못마땅해 이렇게 말했습니다.

'당신은 저이의 종과 같습니다. 재물을 쓰는 것과 손님을 대접하는 것은 모두 당신 형님이 맡아 하고, 당신은 그저 옷과 밥을 얻을 뿐이니, 종이 아니고야 어찌 그렇겠습니까!'

아내는 자주 이런 말을 했습니다.

그 때에 부부는 마음에 변화가 생겨, 형에게 갈라져 살기를 요구했습니다. 형은 아우에게 말했습니다.

'너는 아버님의 임종 때 말씀을 생각하지 않느냐!'

그러나 아우는 마음을 고치지 않고 계속 갈라져 살기를 요구하자 형은 아우의 뜻을 알고 곧 갈라져 살기로 하되, 모든 소유를 반으로 나누었습니다.

아우 내외는 젊기 때문에 방탕하게 놀아 낭비가 심했습니다. 그래서 얼마 지나지 않아 빈궁하게 되어 그 형에게 와서 구걸했습니다. 그 형은 아우에게 돈 10만 냥을 주었습니다. 아우는 그것을 얻어간 지 오래지 않아 다 써버리고, 또 와서 요구했습니다. 이렇게 여섯 번까지는 10만 냥씩 주고, 일곱 번째에 형은 아우를 꾸짖었습니다.

'너는 아버님 임종 때 말씀을 생각하지 않고 갈라져 살기를 요구했는데, 애를 써서 생활하지 않고 자꾸 와서 돈을 청하는구나. 이제 너에게 10만 냥을 주겠다. 네가 잘 운영하여 살지

않고 또 와서 청해도 다시는 주지 않을 것이다.'

이런 말을 듣고 그 내외는 절약하고 근면하더니 점점 부자가 되었고, 그 형은 살림이 기울기 시작해 차츰 빈궁하게 되자 아우에게 가서 구걸했습니다. 그러나 아우는 형에게 밥도 주지 않으며 이렇게 말했습니다.

'형은 항상 부자라고 생각했는데, 가난할 때도 있습니까? 나는 옛날 형에게 구걸할 때 몹시 꾸지람을 들었습니다. 지금 왜 내게 와서 청하는 것입니까?'

형은 이 말을 듣고 매우 번민하면서 생각했습니다.

'한 배에서 난 형제도 오히려 이러하거늘 하물며 남이겠는가.'

그만 생사가 싫어져 집으로 돌아가지 않고 산에 들어가 도를 공부하되, 부지런히 고행하여 프라데카 부처가 되었습니다. 뒤에 그 아우도 점점 빈궁하게 되고 또 흉년이 들어 나무를 해다 팔면서 살았습니다.

그 때에 프라데카 부처는 성에 들어가 걸식했으나 아무 것도 얻지 못하고, 빈 바루로 성을 나왔습니다. 그 나무꾼은 프라데카 부처가 빈 바루로 성을 나오는 것을 보고 곧 나무를 팔아 얻은 핏가루를 주려고 프라데카 부처에게 말했습니다.

'존자는 이 추한 음식을 먹겠습니까?'

'좋고 나쁜 것을 가리지 않고 그저 먹어 몸을 지탱하겠노라.'

나무꾼은 그것을 주었습니다. 프라데카 부처는 그것을 받아 먹고는, 허공에 날아올라 열여덟 가지 신통 변화를 보인 뒤에 본 자리로 내려왔습니다. 뒤에 그 나무꾼은 나무하러 가다가 길에서 토끼 한 마리를 보고 작대기로 쳤습니다. 토끼는 사람 시체로 변해 땅에 널브러지더니 갑자기 일어나 나무꾼의 목을 껴안았습니다. 그는 온갖 방법으로 그것을 떼려 했으나 뗄 수가 없어, 옷을 벗어주고 사람을 시켜 떼려 했지만 또한 뗄 수가 없었습니다.

끝내 날이 어두워져 그것을 업고 집으로 향했습니다. 집에 이르자 그 시체는 스스로 풀리면서 땅에 떨어져 순금 사람이 되어 있었습니다. 나무꾼은 그 금 사람의 머리를 베었습니다. 머리는 도로 났습니다. 그 손과 다리를 베니 손과 다리도 다시 나서 잠깐 동안에 금 머리와 금 손과 금 다리가 그 집에 가득 차서 큰 무더기가 되었습니다.

그 이웃 사람들은 관청에 알렸습니다.

'저 사람은 빈궁했는데 그 집에 저절로 저런 금 무더기가 쌓였습니다.'

왕은 그 말을 듣고 사람을 보내어 살펴보게 했습니다. 관리는 그 집에 가서 완전히 썩어 문드러지고 냄새나는 죽은 사람의 손과 머리밖에 보지 못했습니다. 그러나 그 주인이 스스로 금 머리를 들고 왕에게 바치매, 그것은 바로 순금이었습니다. 왕은 매우 기뻐하면서 말했습니다.

'이 이는 복 받은 사람이다.'

큰 마을을 떼 주었습니다.

그는 거기서 목숨을 마치고는 둘째 하늘에 나서 제석천왕이 되었다가 인간에 내려와서는 전륜성왕이 되었습니다. 이렇게 91 겁 동안 끊어지지 않고, 하늘 왕과 인간의 왕이 되었었고, 지금은 최후의 몸으로 석가 종족에 났는데, 처음 난 날에 40 리 안에 묻힌 창고에서 보배가 저절로 솟아났습니다. 그 뒤에 그가 점점 자라나자, 부모는 그 형 마하남보다 치우쳐 사랑했습니다. 어머니(아니룻다의 어머니)는 아이들을 시험하려고 사람을 보내어 말했습니다.

'밥이 없다.'

'빈 그릇을 가지고 오십시오.'

빈 그릇을 그에게 주었더니, 그 빈 그릇에는 온갖 맛난 음식이 저절로 가득했습니다.

'비록 네 천하의 금으로써 우유를 사서 먹이더라도 한 겁 동안의 비용에 모자라겠거늘, 하물며 91 겁 동안 언제나 즐거움을 받는 것이겠습니까. 그러므로 제가 지금 이 저절로 된 음식을 받는 것은 전생에 그 한 바루의 피 가루를 보시했기 때문입니다.'

위로 여러 부처님과 아래로 범천에 이르기까지 깨끗한 계율을 지키는 이만을 모두 지계자라 합니다."

그 때에 보석 세공사는 이 말을 듣고 매우 기뻐했습니다.

5권

못 견디게 저의 사랑을 깊게 하니
더운 땀이 시원한 바람을 만난 것 같고
극히 목마를 때 찬물을 얻은 듯
그의 모습 참으로 좋아할 만했습니다
아라한이 묘한 법을 즐기는 것처럼
병자가 좋은 약을 얻은 것처럼
주린 이가 좋은 음식을 얻은 것처럼
빨리 그 시원함으로써 제 더위 없애렵니다

레이공양

어느 때에 제석천왕은 부처님의 설법을 듣고 스로타판나를 얻고, 곧 천상으로 돌아가 여러 하늘 무리들을 모아놓고, 부처님과 법과 스님들을 찬탄했습니다. 그 때, 어떤 천녀가 그 광명이 매우 빛나는 레이를 머리에 쓰고, 여러 하늘 사람들과 함께 선법당에 갔습니다. 여러 하늘 사람들은 그 천녀를 보고 놀라운 마음이 생겼고, 제석천왕은 곧 시로써 천녀에게 물었습니다.

그대는 어떠한 복업을 지었기에
몸은 순금을 녹인 것 같고
그 빛은 마치 연꽃 같으며
그리고 큰 위엄과 덕이 있는가?

몸은 묘한 광명을 내고
얼굴은 꽃이 피어나는 듯

금빛이 환하게 비치는구나.

어떠한 업으로써 그런 몸 얻었는가.
원컨대 나를 위해 설명하여라.

그 때에 천녀는 시로써 대답했습니다.

저는 옛날에 아름다운 레이를
카아샤파 부처의 탑에 바치고
지금 이 천상에 나서
이런 훌륭한 공덕을 얻었습니다.

그래서 이 천상에 나서 살면서
이 금빛 몸을 갚음으로 얻었습니다.

제석천왕은 다시 시로써 찬탄했습니다.

참으로 놀랍구나, 공덕 밭이여.
온갖 더러운 것 없애버리면

그러한 조그만 종자로서도
훌륭한 하늘의 과보를 얻는구나.

그 누가 저 분에게 공양하지 않으랴.
저 순금 무더기를 공경하여라.
그 누가 부처님께 공양 올리지 않으랴.
훌륭하고 묘한 공덕의 밭인 것을.

눈은 매우 길고 넓어서
마치 저 푸른 연꽃 같나니
위없이 제일 높은 그 어른에게
너는 좋은 공양을 올렸구나.
그러한 조그만 공덕의 업을 지어
그처럼 훌륭한 모양을 얻었구나.

그 때에 그 천녀는 하늘에서 내려와 꽃 일산을 들고 부처님께 왔습니다. 부처님께서는 그를 위해 설법하시니, 그녀는 스로타판나를 얻고 천상으로 돌아갔습니다.

여러 비구들은 곧 부처님께 여쭸습니다.

"세존이시여, 그 천녀는 어떤 공덕을 지었기에 그런 하늘 몸을 얻어 단정하고 뛰어납니까?"

"그는 옛날에 여러 가지 레이로써 카아샤파 부처님의 탑에 공양을 올렸다. 그 인연으로써 지금 그런 과보를 받은 것이다."

연꽃공양

그 때에 어떤 천녀가 광명이 빛나는 레이를 머리에 이고, 여러 하늘 사람들과 함께 선법당에 갔습니다. 여러 하늘 사람들은 그 천녀를 보고 놀라운 마음이 생겼습니다.

그 때에 제석천왕은 시로써 물었습니다.

그대는 옛날에 어떤 복을 지었기에
그 몸은 마치 순금 무더기 같고
그 빛은 저 연꽃 같으며
그리고 큰 위엄과 덕이 있는가?

몸은 묘한 광명을 내고
얼굴은 꽃이 피어나는 듯
그 광명 매우 빛나고 밝구나.

그대는 어떤 업으로 그 모습 얻었는가?

원컨대 나를 위해 설명하여라.

천녀는 곧 시로써 대답했습니다.

저는 옛날에 연꽃으로써
카아샤파 부처님 탑에 공양 올렸고
오늘 세존을 뵙고
이런 훌륭한 공덕을 얻었습니다.

그리고 천상에 나서 살면서
이 금빛 몸의 갚음 얻었습니다.

제석천왕은 다시 시로써 찬탄했습니다.

참으로 놀랍구나, 공덕 밭이여.
온갖 더러운 것 없앴으니
심은 종자는 아주 작아도
얻은 과보는 훌륭하구나.

누가 공양을 올리기 즐기지 않으랴.
저 순금덩이를 공경하여라.
누가 부처님께 공양 올리지 않으랴.
훌륭하고 묘한 복 밭인 것을.

그 눈은 넓고도 또 길어서
마치 저 푸른 연꽃 같지.
가장 훌륭하고 거룩한 분에게
너는 옛날에 공양 잘 올렸으니
묘한 복덕의 업을 짓고
지금 그러한 갚음을 받았구나.

그 때에 천녀는 곧 하늘에서 내려와 꽃 일산을 들고 부처님께 와서 부처님의 설법을 듣고는 법 눈이 깨끗하게 되어 천상으로 돌아갔습니다.

비구들은 부처님께 여쭸습니다.

"그 하늘 여자는 과거에 어떤 업을 지었기에 그런 갚음을 받았습니까?"

"그녀는 과거에 카아샤파 부처님 탑에 묘한 연꽃으로써 공양을 올렸기 때문에 그런 훌륭한 과보를 얻었고, 지금은 도의 자취를 보았느니라."

팔관재

어떤 천녀는 여덟 가지 재계를 받들어 지니고 천상에 나서 몸이 단정한 갚음을 얻어, 빛나는 얼굴과 위엄스런 모양이 여느 하늘 사람들과 달랐습니다. 천녀는 여러 하늘 사람들과 함께 선법당에 갔습니다. 하늘 사람들은 그녀를 보고 모두 놀라운 생각을 내었고, 제석천왕은 시로써 물었습니다.

그대는 옛날에 어떤 업을 지었기에
그 몸은 마치 순금의 산과 같고
빛나는 얼굴은 환하게 밝으며
빛깔은 깨끗한 연꽃과 같은가!

훌륭한 위엄과 덕을 얻어
몸에서는 크고 묘한 광명 나니
어떤 업으로써 그런 몸 얻었는가?
원컨대 나를 위해 설명하여라.

그 때에 천녀는 시로써 대답했습니다.

저는 옛날 카아샤파 부처님 밑에서
여덟 가지 재계를 받들어 지니고,
지금 이 하늘에 나게 되어
단정한 이 몸의 갚음 받았습니다.

석제환인은 다시 시로써 찬탄했습니다.

참으로 놀랍구나, 공덕 밭이여.
능히 훌륭하고 묘한 갚음 생겼네.
옛날에 조그만 인을 닦아
지금 이 하늘 위에 나게 되었네.

그렇게 훌륭한 복 무더기에
그 누가 공양 올리지 않을 것이며
그렇게 훌륭하고 거룩한 이를
그 누가 공경하지 않을 것인가.

이 말을 듣는 이는 그 누구나
마땅히 크게 기뻐해야 할 것이요
하늘에 나기를 바라는 이는
깨끗한 계율을 지켜야 하네.

그 천녀는 좋은 꽃 일산을 가지고 부처님께 왔습니다. 부처님께서는 그녀를 위해 설법하셔서 도를 보는 자리를 얻게 하셨습니다. 비구들은 부처님께 여쭸습니다.

"그 하늘 여자는 옛날에 어떤 복을 지었기에 천상에 나서, 거룩한 결과를 얻게 되었습니까?"

"그녀는 옛날 사람으로 있을 때 카아샤파 부처님 앞에서 여덟 가지 재를 받아 지켰다. 그 선행으로 말미암아 천상에 나서 도의 자취를 보게 되었느니라."

생명과 바꾼 등불

라자그리하성의 빔비사라왕은 불법 안에서 도를 닦고, 무너지지 않는 믿음을 얻어, 항상 부처님께 등불 공양을 올렸습니다. 그 뒤에 데바닷타가 아자타사트루왕과 나쁜 벗이 되어 불법을 해치려 했습니다. 그 때문에 그 나라 백성들은 두려워서 등불 공양을 올리지 못했습니다.

어떤 여자가 습관적으로 승가의 자자일에 부처님께서 길에서 거니시는 것을 보고 등불을 켜서 공양을 올렸습니다. 아자타사트루왕은 그 소문을 듣고 매우 화를 내어, 곧 바퀴처럼 생긴 칼로써 그 여자의 허리를 베어 죽였습니다. 그 여자는 목숨을 마치고 33 천의 마니염 궁전에 나서 그 궁전 선법당에 이르렀습니다.

제석천왕은 시로써 물었습니다.

그대는 옛날에 어떤 업을 지었기에
그 몸은 마치 순금덩이 같고

그리고 큰 위엄과 덕이 있으며
그 얼굴은 그처럼 빛이 나는가.

천녀는 곧 시로써 대답했습니다.

세 가지 세계의 진정한 구제자이시고
세 가지 존재의 큰 등불이신
그 부처님을 지극한 마음으로 뵈었더니
뛰어난 상호로 장엄한 몸이 되었습니다.

온갖 법 가운데서 가장 훌륭하신 이
그를 위해 등불 켜 공양 올렸더니
등불은 타서 어둠을 없애고
부처님 등불은 온갖 악을 없앴습니다.

햇빛과 같은 그 등불 보고
진실로 믿는 마음 일어났었고
왕성히 밝게 타는 그 등불 보고
기뻐하면서 부처님께 예배했습니다.

천녀는 이 시를 마치고 부처님께 왔습니다. 부처님께서 그를 위해 설법하시니 그는 스로타판나를 얻고 천상으로 돌아갔습니다.

비구들은 부처님께 여쭸습니다.

"그녀는 어떤 인연으로 천궁에 나게 되었습니까?"

"그녀는 옛날 인간에 있을 때, 승가의 자자일에 내가 길에서 거니는 것을 보고 등불을 켜 공양을 올렸으므로 아자타사트루왕이 그녀의 허리를 베어 죽였다. 그녀는 그 좋은 인연으로써 목숨을 마친 뒤에는 천상에 나게 되었고, 또 내 앞에서 법을 듣고 믿고 이해하여 스로타판나의 도를 얻게 되었느니라."

길을 양보한 공덕

어느 때에 부처님께서 슈라바스티국에 계시면서 성에 들어가 걸식하셨습니다.

어떤 소녀가 수레를 타고 공원에 놀러 가다가 길에서 부처님을 뵙고 수레를 돌려 길을 피하고 마음으로 기뻐했습니다. 그 뒤, 그녀는 목숨을 마치고 33천에 나서 선법당으로 갔습니다.

제석천왕은 시로써 물었습니다.

그대는 옛날에 어떤 행을 지었기에
그 몸빛은 마치 순금 같으며
빛나는 얼굴이 환하고 밝기가
마치 저 우트팔라꽃과 같은가!

어떤 훌륭한 위엄과 덕을 얻어
이 하늘 위에 태어났는지
원컨대 나를 위해 설명하여라.

무엇으로 말미암아 그리 되었나?

천녀는 곧 시로써 대답했습니다.

저는 부처님께서 성에 드시는 것 뵙고
수레를 돌려 길을 피하고
기뻐하며 공경하고 믿는 마음 내었다가
목숨을 마치고는 천상에 났습니다.

그녀는 이 시를 마치고, 부처님께 왔습니다. 부처님께서 그녀를 위해 설법하시니 그는 스로타판나가 되어 천궁으로 돌아갔습니다.

비구들은 부처님께 여쭸습니다.

"그녀는 무슨 인연으로써 천상에 나게 되었습니까?"

"그녀는 옛날 인간으로 있을 때 길에서 수레를 돌려 나를 피했으므로 지금 천상에 나게 되었고, 또 나한테 법을 듣고 믿고 받들어 스로타판나의 결과를 증득했느니라.

산화공덕散花功德

슈라바스티국에 어떤 여자가 살았습니다.

그녀는 명절에 아쇼카꽃을 꺾어 들고 성으로 들어가다가, 마침 성에서 나오시는 부처님을 뵙고 그 꽃을 부처님을 향해 흩더니 꽃은 일산으로 바뀌었고, 그녀는 기뻐 뛰면서 공경하고 믿는 마음을 내었습니다. 그녀는 목숨을 마치고 33 천에 태어나 그 궁전 선법당으로 갔습니다.

제석천왕은 시로써 물었습니다.

그대는 옛날에 어떤 업을 지었기에
이 하늘 위에 와서 났는가.
그 몸은 마치 순금빛 같고
위엄과 덕은 빛나고 밝구나.

어떤 업으로 그런 몸 얻었는가?
원컨대 나를 위해 설명하여라.

천녀는 곧 시로써 대답했습니다.

저는 옛날 잠부드비파에 살 때
아쇼카꽃을 꺾어 집으로 가다가
성에서 나오시는 부처님 뵙고
그것을 부처님께 공양 올리고
기뻐하며 공경하는 마음 내었으므로
목숨을 마치고 천상에 났습니다.

그녀는 이 시를 마치고 부처님께 왔습니다. 부처님께서 그녀를 위해 설법하시니 그는 스로타판나를 얻고 천상으로 돌아갔습니다.

비구들은 부처님께 여쭸습니다.

"저 천녀는 무슨 인연으로 하늘 몸을 받게 되었습니까?"

"그녀는 옛날 인간에 있을 때, 성을 나가 아쇼카꽃을 꺾어 집으로 가다가 마침 나를 만나, 그 꽃을 나에게 공양 올리고 매우 기뻐하였다. 그 선업으로 인해 목숨을 마치고는 천상에 났고, 또 나한테 법을 듣고 깨달아 스로타판나를 증득했느니라."

머리카락 탑

빔비사라왕은 이미 도를 보는 자리를 얻고는 부처님께 자주 나아가 예배하고 문안드렸습니다. 그러나 궁중의 부녀들은 날마다 부처님께 나아갈 수 없으므로, 왕은 부처님 머리카락으로써 궁중에 탑을 세우고, 궁중 사람들은 항상 그 탑에 공양을 올렸습니다.

빔비사라왕이 죽은 뒤에 데바닷타는 아자타사트루왕과 정이 매우 두터웠으므로, 불법을 믿는 것을 허락하지 않았습니다. 그 때에 사리불마제라는 궁녀가 승가의 자자일이 되어 본래의 습관대로 향과 꽃으로써 그 탑에 공양을 올렸습니다.

아자타사트루왕은 그녀가 부처님 탑에 공양 올린 것을 미워해 송곳으로 그녀를 찔러 죽였고, 그녀는 복숨을 마치고는 33천에 나게 되어, 그 하늘 궁전의 선법당으로 갔습니다.

제석천왕은 시로써 물었습니다.

그대는 옛날에 어떤 복을 지었기에

이 하늘 위에 와서 났는가.
위엄과 덕이 빛나고 밝기는
마치 순금의 빛깔 같구나.

어떤 업을 지어 그 몸을 얻었는가.
원컨대 나를 위해 설명하여라.

천녀는 시로써 대답했습니다.

저는 옛날 인간에 있을 때
기뻐하고 공경하는 마음으로써
온갖 좋은 향과 꽃을
부처님 탑에 공양 올렸습니다.

그러자 아자타사트루왕은
송곳으로 저를 찔러 죽였으므로
목숨을 마치고는 하늘에 나서
이런 큰 즐거움을 받게 되었습니다.

그녀는 이 시를 마치고 부처님께 왔습니다. 부처님께서 그녀를 위해 설법하시니, 그녀는 스로타판나를 얻고 곧 천궁으로 돌아갔습니다.

비구들은 부처님께 여쭸습니다.

"그녀는 어떤 인연으로써 저 천상에 나게 되었습니까?"

"그녀는 전생에 인간으로 있을 때 꽃과 향으로써 나의 머리카락 탑에 공양을 올렸다. 그 선업으로써 지금 하늘 몸을 받았고, 또 나한테 법을 듣고 깨달아 스로타판나를 증득하였느니라."

탑과 절을 짓고

슈라바스티국에 어떤 장자가 탑을 세우고 절을 지었습니다. 그 장자는 병으로 목숨을 마치고 33 천에 났습니다. 아내는 남편을 생각하며 근심하고 괴로워했기 때문에 남편이 세상에 있을 때처럼 그 탑과 절을 수리했습니다.

남편은 하늘에 있으면서 자기를 살펴보며 말했습니다.

"나는 무슨 인연으로 이 천상에 났을까?"

그는 탑과 절을 지었기 때문에 천상에 오게 된 것을 알았습니다. 그리고 자기 몸이 확실히 하늘 몸인 것을 보고 기쁜 마음이 생겨 항상 탑과 절을 생각하면서,

'내가 만든 탑과 절을 지금은 누가 수리하는가!' 하고 하늘눈으로 살펴보았습니다. 그 아내가 밤낮으로 남편을 생각하며 근심하고 괴로워하면서, 그 남편을 위해 탑과 절을 수리하는 것을 보고, 그는 생각했습니다.

'내 아내는 내게 큰 공덕을 지어 주고 있다. 나는 지금 가서 문안하고 위로하리라.'

그는 곧 천상에서 사라져 아내 곁에 가서 말했습니다.

"당신은 너무 근심하고 나를 생각하는구려."

"당신은 누구시기에 내게 충고하십니까?"

"나는 당신의 남편이었소. 내가 절과 탑을 지은 인연으로써 33 천에 나게 되었고, 당신이 부지런히 그것을 수리하는 것을 보고 여기 온 것이오."

"가까이 오십시오. 손이라도 잡아봅시다."

"사람의 몸은 더럽고 냄새가 나기 때문에 가까이 할 수 없소. 만일 내 아내가 되고 싶으면 다만 부지런히 부처님과 법과 스님들에게 공양을 올리시오. 그러면 목숨을 마친 뒤에는 내 곁의 천궁에 날 것이니, 당신을 아내로 삼으리다."

아내는 남편 말대로 부처님과 스님들께 공양을 올리고 온갖 공덕을 지으면서 천상에 나기를 발원했고, 목숨을 마친 뒤에는 곧 천궁에 태어났습니다. 그들 부부는 함께 부처님께 왔습니다. 부처님께서 그들을 위해 설법하시니 그들은 스로타판나를 얻고, 하늘로 돌아갔습니다.

비구들은 놀라고 이상히 여겨 부처님께 여쭸습니다.

"저들은 무슨 업연으로 저 천상에 나게 되었습니까?"

"저들은 옛날 인간에 있을 때 탑을 세우고 절을 지어 부처님과 스님들에게 공양을 올렸다. 그 공덕으로 지금 천상에 나게 된 것이다."

멀리서 예배하다

라자그리하성 안에 날마다 부처님을 친견하는 장자가 있었는데, 그 아내는 의심했습니다.

'날마다 저렇게 가는 것은 혹 다른 여자와 정을 통하는 것이 아닌가?'

어느 날, 그 남편에게 물었습니다.

"날마다 어디 갔다 오십니까?"

"부처님을 뵙고 옵니다."

"부처님은 잘났습니까? 당신보다 훌륭합니까? 그래서 항상 가십니까?"

남편은 그 아내를 위해 부처님의 갖가지 공덕을 찬탄했습니다. 그 때 아내는 부처님의 공덕을 듣고 마음으로 기뻐하며, 곧 수레를 타고 부처님께 왔습니다. 부처님 곁에는 여러 왕과 대신들이 좌우를 꽉 막아 앞으로 들어올 수가 없게 되어, 멀리서 부처님께 예배하고 성 안으로 다시 들어갔습니다. 그 뒤, 목숨을 마치고 33천에 나서 스스로 생각했습니다.

'부처님 은혜는 중하다. 한번 예배한 공덕이 나를 하늘에 나게 했구나.'

그는 곧 하늘에서 내려와 부처님께 왔습니다. 부처님께서 그를 위해 설법하시니 그는 스로타판나를 얻었습니다.

비구들은 부처님께 여쭸습니다.

"그는 어떤 인연으로 하늘에 나게 되었습니까?"

"그는 옛날 인간에 있을 때 절에 왔다가 사람들이 너무 많아 가까이 오지 못하고 칠십 보 밖에서 내게 예배했다. 그 한 번 예배한 공덕으로써 목숨을 마치고 하늘에 난 것이다."

남을 따라 재齋를 지내다

어느 때에 슈라바스티국에 부처님의 제자로서 많은 여자들이 모임를 만들어, 자주 부처님을 뵈러 갔습니다. 그 무리 중에는 어떤 바라문의 딸이 있었는데 삿된 소견으로써 부처님을 믿지 않아, 한번도 재를 지내거나 계를 가진 일이 없었습니다. 그는 여러 여자들이 모여 재를 지내면서 만든 음식을 먹지 않는 것을 보고 물었습니다.

"너희들은 지금 어떤 좋은 모임을 가졌는가. 나는 너희들과 친한 사이인데 왜 내게는 알리지 않았는가?"

"우리는 지금 재를 지낸다."

바라문의 딸은 말했습니다.

"오늘은 6일도 아니요, 12일도 아닌데, 누구의 법을 위해 재를 지내는가?"

"우리는 지금 부처님의 법에 따라 재를 지내는 것이다."

"너희들이 부처님의 재를 지내면 어떤 공덕을 얻는가?"

"하늘에 나서 해탈한다."

바라문의 딸은 음식을 탐하기 때문에 물을 받아 잿밥을 먹었습니다. 그리고 맛난 미음도 받아먹고 말했습니다.

"바라문의 재하는 법에는 마시지도 않고 먹지도 않는데, 부처님의 재하는 법에는 좋은 밥을 먹고 맛난 미음을 마시는구나! 이런 재하기는 아주 쉽다."

그러면서 부처님을 믿고 기뻐했습니다. 그 뒤에는 그녀는 목숨을 마치고 천상에 태어났습니다. 그녀는 천상에서 내려와 부처님께 왔습니다. 부처님께서 그녀를 위해 설법하시니, 그녀는 스로타판나를 얻었습니다.

비구들은 부처님께 여쭸습니다.

"그녀는 어떤 인연으로 천상에 나게 되었습니까?"

"그녀는 옛날 인간에 있을 때, 여러 여자들이 모여 재하는 것을 보고, 그를 따라 기뻐하고 재했다. 그 선업으로 말미암아 천상에 난 것이다."

한 발의 흰 배

수닷타 장자는 이렇게 생각했습니다.

'우리 집에 난 사람은 목숨을 마친 뒤에도 나쁜 길에 떨어지지 않을 것이다. 왜냐하면, 내가 모두 깨끗한 법으로써 가르쳤기 때문이다. 나는 지금도 빈궁한 사람이나 믿거나 믿지 않는 사람도 설법으로 가르쳐 부처님과 스님들에게 공양을 올리게 하겠다.'

그리고 이 사실을 프라세나지트왕에게 자세히 아뢰었습니다. 왕은 곧 북을 치고 방울을 울리면서 영을 내렸습니다.

"지금부터 이레 뒤에 수닷타 장자는 사람들에게 구걸하여 삼보에 공양을 올리려 한다. 모든 백성들은 각각 그를 따라 기뻐하고 얼마라도 보시하라."

이레가 지나 수닷타 장자는 여러 사람들에게 보시를 청했습니다. 어떤 가난한 여자가 고생하여 번 돈으로 겨우 흰 베 한 발을 사서 몸에 두르고 있다가, 수닷타가 구걸하는 것을 보고 그에게 보시했습니다. 수닷타는 그것을 받고는 그 뜻을 기특히 여겨, 재물과 곡식과 비단옷을 그녀의 요구대로 대어 주었습니다. 그 뒤 가난한 여자는 목숨을 마치고 천상에 나게 되었습니다.

그녀는 부처님께 왔습니다. 부처님께서 그녀를 위해 설법하시니, 곧 스로타판나를 얻었습니다.

비구들은 부처님께 여쭸습니다.

"저 천녀는 어떤 인연으로 천상에 나게 되었습니까?"

"그녀는 옛날 인간에 있을 때에 수닷타 장자가 교화하려고 구걸하는 것을 보고 마음으로 기뻐하며, 자신이 두르고 있던 흰 천을 수닷타에게 보시했다. 그 선업으로 말미암아 천상에 나게 되었고, 또 내게서 법을 듣고는 믿고 이해하여 스로타판나를 얻었느니라."

돈 때문에 귀의하고

슈라바스티국에 불사라는 장자가 있었습니다.

그에게 두 딸이 있었는데, 첫째는 집을 떠나 부지런히 수행하여 아라한이 되었고, 둘째는 삿된 소견으로 부처님을 믿지 않고 비방했습니다. 이를 보고 아버지는 믿지 않는 딸에게 말했습니다.

"네가 지금 부처님께 귀의하면 나는 너에게 돈 천 냥을 줄 것이요, 나아가서 법과 스님에게 귀의하고 다섯 가지 계율을 받들어 가지면 돈 8천 냥을 주겠다."

그 딸은 다섯 가지 계율을 받고 오래지 않아 목숨을 마치고 천상에 났습니다. 그녀는 부처님께 와서 부처님의 설법을 듣고 스로타판나를 얻었습니다.

비구들은 부처님께 여쭸습니다.

"저 천녀는 어떤 선행으로 천상에 나게 되었습니까?"

"그녀는 전생에 인간에 있을 때 아버지의 돈을 탐하여 삼보에 귀의하고 오계를 받아 지켰다. 그 인연으로써 지금 천상에 나게 되었고, 또 나한테 법을 듣고 도를 얻었느니라."

땅을 쓸다가 부처님을 뵙다

남인도 법에는 집에 소녀가 있으면, 반드시 일찍 일어나 뜰과 지게문의 좌우를 쓸게 했습니다. 어떤 장자의 딸이 일찍이 일어나 땅을 쓸다가 마침 부처님께서 문 앞을 지나가시는 것을 보고 기쁜 마음이 생겨, 마음을 모아 부처님을 바라보았습니다.

그녀는 명이 짧아 이내 죽어 33 천에 났습니다. 대개 하늘에 나면 세 가지를 생각하는 법이 있습니다. 그녀는 스스로 생각했습니다.

'나는 전생에 어떤 몸이었을까?'

그녀는 사람의 몸이었던 것을 스스로 알았습니다.

'나는 지금 어떤 곳에 났는가?'

하늘에 태어난 것을 알고 생각했습니다.

'옛날 어떤 업을 지었기에 여기 와서 났는가?'

부처님을 뵈옵고 기뻐한 선업으로써 이 과보를 받았음을 알았습니다. 그녀는 부처님의 중한 은혜를 느끼고 천상에서 내려와 부처님께 공양을 올렸습니다.

부처님께서 그녀를 위해 설법하시니, 곧 스로타판나를 얻었습니다.

비구들은 부처님께 여쭸습니다.

"어떤 인연이 저 여자가 하늘에 나서 도를 얻게 했습니까?"

"그녀는 옛날 인간에 있을 때 일찍 일어나 땅을 쓸다가, 문 앞을 지나가는 나를 보고 마음으로 기뻐했다. 그 선업으로 말미암아 천상에 났고, 또 나한테 법을 듣고 도를 깨달은 것이다."

여기서 손을 씻으소서

라자그리하성에 큰 장자가 있었습니다. 그는 집을 새로 짓고 부처님을 초청하여 공양을 올리고, 그 집을 부처님께 보시하면서 말했습니다.

"세존이시여, 지금부터는 성에 들어가실 때에는 언제나 여기 오셔서 손을 씻고 바루를 씻으소서!"

그 뒤 그는 목숨을 마치고 천상에 나서, 하늘 궁전에 앉아 궁전과 함께 부처님께 왔습니다. 부처님께서 그를 위해 설법을 하시니 그는 스로타판나를 얻었습니다.

비구들은 부처님께 여쭈었습니다.

"그는 어떤 인연으로써 천상에 나게 되었습니까?"

"그는 옛날에 인간에 있을 때 새 집을 짓고 나를 초청하여 보시했다. 그 선업으로써 하늘 궁전에 가서 나게 되었고, 또 나한테 법을 듣고 도를 얻었느니라."

급소를 맞은 며느리

옛날 슈라바스티국의 어떤 아라한 비구가 성안에 들어가 걸식하다가, 마침 사탕수수를 짜는 집에 이르렀습니다. 그 집의 며느리가 굵고 큰 사탕수수 한 토막을 그 비구의 바루에 넣어 주었습니다. 시어머니가 그것을 보고 성을 내어 지팡이로 쳤습니다. 불행하게도 급소를 맞아 며느리는 죽어 도리천에 났는데 여자의 몸이 되었고, 그녀가 사는 궁전은 순전히 사탕수수 뿐이었습니다. 여러 하늘사람들이 선법당에 모일 때, 그 여자도 거기에 갔습니다.

제석천왕은 시로써 물었습니다.

그대는 옛날에 어떤 업을 지었기에
훌륭하고 묘한 빛의 몸을 얻었는가?
빛나는 광명은 견줄 데 없어
마치 녹은 금덩이 같구나.

천녀는 시로써 대답했습니다.

저는 옛날 인간에 있을 때
사탕수수를 조금 보시했더니
지금 이러한 큰 갚음 얻어
여러 하늘 중에서 광명이 뛰어납니다.

부처님 발에 향을 바르다

옛날 슈라바스티성 안에 어떤 여자가 땅에 앉아 향을 갈다가, 성안으로 들어가시는 부처님을 뵈었습니다. 그녀는 부처님을 뵙자 기쁜 마음이 생겨 갈던 향을 부처님 발에 발라드렸습니다. 그 뒤 그녀는 목숨을 마치고 하늘에 나게 되어, 몸의 향기는 4천 리까지 풍겼습니다. 그녀가 선법당으로 가자 제석천왕은 시로써 물었습니다.

그대는 옛날에 어떤 업을 지었기에
그 몸에서 미묘한 향내가 나는가?
이 하늘 위에 나서 살면서
광명과 빛깔은 녹인 금과 같구나.

천녀는 곧 시로써 대답했습니다.

저는 대단히 좋은 향을

가장 훌륭한 이에게 공양 올리고서
짝 없는 위엄과 큰 덕을 얻어
이 33 천에 와서 태어나
큰 즐거움 누리고 있습니다.

몸에서 온갖 묘한 향기가 나서
백 요오자나까지 풍기니
이 향기를 맡는 모든 사람은
모두 다 큰 이익을 얻습니다.

그 때에 그 천녀는 부처님께 왔습니다. 부처님께서 그녀를 위해 설법하시자 그녀는 스로타판나의 도를 얻고 천상으로 돌아갔습니다.

여러 비구들은 부처님께 여쭸습니다.

"그녀는 어떤 복을 지었기에 천상에 나서 몸이 그처럼 향기롭습니까?"

"그 천녀는 옛날 인간에 있을 때 내 발에 향을 발라 주었다. 그 인연으로 목숨을 마치고 하늘에 나서 그런 과보를 받은 것이다."

하늘에 난 여종

슈라바스티국의 수닷타 장자는 10만 냥으로써 사람을 고용하고 그를 부처님께 귀의시켰습니다. 그 때에 어떤 여종은 장자의 말을 듣고 부처님께 귀의했습니다. 그리고 목숨을 마친 뒤에는 33 천에 나게 되어 선법당으로 갔습니다.

제석천왕은 시로써 물었습니다.

그대는 전생에 어떤 복을 심어
이 하늘 위에 나서
광명과 빛깔이 그처럼 미묘한가?
나를 위해 설명하여라.

천녀는 시로써 대답했습니다.

세 세계의 굳세고 훌륭하신 분
나고 죽는 괴로움 뽑아 버리고

세 세계를 진실로 건지시는 분
세 가지 번뇌를 끊어 버린 분.

저는 옛날에 부처님께 귀의하고
또 법과 스님께 귀의했더니
저는 그러한 인연으로써
지금에 이 과보 얻었습니다.

그녀는 이 시를 마치고 부처님께 왔습니다. 부처님께서 그녀를 위해 설법하시자, 그녀는 스로타판나의 도를 얻었습니다.

비구들은 부처님께 여쭸습니다.

"그녀는 어떤 인연으로써 그런 과보를 받았습니까?"

"그녀는 옛날 인간에 있을 때에 나에게 귀의했기 때문에 지금 천상에 나게 되었고, 또 내 설법을 듣고 스로타판나를 얻었느니라."

단수 높은 걸식

옛날 슈라바스티성 안의 어떤 여자는 빈궁하고 곤궁하여, 항상 길에서 구걸하며 살았습니다. 그 생활이 오래 계속되어 어떤 사람도 돌아보지 않았습니다.

부처님께서 지나가시는 것을 보고 그녀는 부처님께 가서 밥을 빌었습니다. 부처님께서는 그녀가 굶주려 죽게 될 것을 가엾이 여겨, 아난다를 시켜 그녀에게 밥을 주게 하셨습니다. 그 가난한 여자는 밥을 얻고 기뻐했습니다. 뒤에 목숨을 마치고 천상에 나게 되자, 부처님의 은혜를 알고 내려와 부처님께 공양을 올렸습니다. 부처님께서 그녀를 위해 설법하시니, 그녀는 스로타판나를 얻었습니다.

비구들은 부처님께 여쭸습니다.

"지금 저 천녀는 어떤 인연으로써 천상에 나게 되었습니까?"

"저 천녀가 옛날 인간 세상에서 굶주려 죽게 되었을 때, 내가 아난다를 시켜 그녀에게 밥을 주었고, 그녀는 밥을 얻고 매우 기뻐했다. 그 인연으로써 목숨을 마친 뒤에는 하늘의 궁전에 났고, 또 내게 법을 듣고 도를 얻었느니라."

여종의 보시

슈라바스티국의 어떤 장자의 아들이 다른 여러 장자의 아들과 공원으로 놀러 떠나면서, 집안 하인들에게 말했습니다.

"내게 밥을 보내라."

조금 뒤에 그 집에서 여종을 시켜 밥을 보냈습니다. 종은 문밖에 나갔다가 부처님을 만나 그 밥을 부처님께 드리고 집으로 돌아왔습니다. 집에서 다시 밥을 주어 보냈습니다. 종은 또 길에서 샤리푸트라와 마우드갈야야나를 만나 그 밥을 드렸습니다. 세 번째에야 밥을 가지고 가서 장자의 아들에게 주었습니다. 장자의 아들은 그 밥을 먹고 집에 돌아와 아내에게 말했습니다.

"오늘 왜 그리 늦게 밥을 보냈소."

"오늘은 세 번이나 밥을 보냈는데 왜 늦었다고 하십니까?"

곧 종을 불러 물었습니다.

"너는 아침에 세 번이나 밥을 가져다 누구에게 주었느냐?"

여종은 대답했습니다.

"첫 번 보낸 밥은 부처님을 만나 보시했고, 두 번째 보낸 밥은 샤리푸트라와 마우드갈야야나님께 드렸으며, 세 번째 가져간 밥을 비로소 주인님께 드렸습니다."

주인은 그 말을 듣고 매우 화를 내어 지팡이로 그녀를 때렸습니다. 그녀는 목숨을 마치고 천상에 났습니다.

그녀는 하늘에 나서 세 가지를 생각했습니다.

'첫째 나는 지금 어디에 났는가? 처음으로 하늘에 난 것을 알았고, 둘째 나는 어디서 죽어 하늘에 와서 났는가? 인간에서 죽어 천상에 난 것을 알았고, 어떤 인연으로써 하늘에 나게 되었는가? 부처님과 그의 제자에게 밥을 보시했기 때문에 그런 과보를 받은 것을 알았습니다.'

그녀는 곧 부처님께 내려와 공양을 올렸습니다.

부처님께서 그녀를 위해 설법하시니, 그녀는 스로타판나를 얻었습니다.

비구들은 부처님께 여쭸습니다.

"지금 저 천녀는 어떤 인연으로써 천상에 나게 되었습니까?"

"그녀는 본래 인간에 있을 때 어떤 장자의 여종이 되어 그 장자의 아들을 위해 보내는 밥을 나와 샤리푸트라와 마우드갈야야나를 만나 보시했다. 그 주인은 매우 화를 내어 지팡이로 때려 죽였다. 그녀는 그 인연 때문에 목숨을 마치고는 하늘에 났으며, 또 나의 설법을 듣고 도를 깨달았느니라."

지상에서 세운 천국 하나

라자그리하성의 빔비사라왕은 부처님을 위해 탑과 절을 지었습니다. 어떤 장자도 부처님을 위해 좋은 집을 지으려 했으나 땅을 사지 못해, 부처님께서 거니시는 곳에 강당 한 채를 짓고 사방으로 문을 만들었습니다.

뒤에 그는 목숨을 마치고 천상에 나서 하늘 궁전을 타고 부처님께 내려와 공양을 올렸습니다. 부처님께서 그를 위해 설법하시니 그는 스로타판나를 얻었습니다.

비구들은 부처님께 여쭸습니다.

"지금 저 천자는 어떤 인연으로써 하늘 궁전에 나게 되었습니까?"

"그는 본래 인간에 있을 때에 절에 강당을 지은 좋은 인연으로써 목숨을 마치고 천상에 났다가, 은혜를 알고 내게 와서 공양을 베풀었고, 또 설법을 듣고 스로타판나를 얻은 것이다."

지상에서 세운 천국 둘

어느 때에 남인도의 어떤 장자가 그리드라쿠타산에 있었습니다. 그는 빔비사라왕이 부처님을 위해 좋은 탑과 절을 짓는 것을 보고, 자기도 부처님을 초청하여 탑과 절을 지었습니다.

그는 목숨을 마치고 천상에 났다가, 부처님의 은혜를 행각하고 내려와 공양을 올렸습니다. 부처님께서 그를 위해 설법하시니 그는 스로타판나를 얻었습니다.

비구들은 부처님께 여쭸습니다.

"저 천자는 과거에 어떤 인연을 지었기에 천궁에 나게 되었습니까?"

"그는 옛날 인간에 있을 때 왕이 세우는 탑을 보고 마음으로써 기뻐하며, 자기도 부처님을 초청하여 탑을 세웠다. 그 좋은 업으로써 천상에 나게 되었고, 또 나한테 설법을 듣고 믿고 깨달아 스로타판나를 얻었느니라."

지상에서 세운 천국 셋

슈라바스티국의 어떤 상인은 멀리 나가 장사하다가, 거기서 죽고 돌아오지 않았습니다. 그의 어머니가 그 아들을 키웠습니다. 그 아이가 자라나자 또 멀리 떠나려 하니, 조모는 그에게 말했습니다.

"네 아비는 멀리 떠나 거기서 죽고 돌아오지 않았다. 너는 멀리 떠나지 말고 가까운 곳의 저자에서 점포라도 펴고 살아라."

그는 조모님의 분부를 받들어 시중에다 점포를 짓고 생각했습니다.

'이 성 안 사람들은 모두 부처님을 초청한다. 나도 이제 새로 집을 지었으니 부처님을 초청하리라.'

그는 곧 가서 부처님을 초청했습니다. 부처님께서 오시자 그는 사뢰었습니다.

"저는 이 집으로써 부처님께 공양을 올리겠습니다. 지금부터 성에 들어가실 때에나 나오실 때에 언제나 저의 집에 오셔서 손과 바루를 씻으소서."

그 뒤 그는 목숨을 마치고 천상에 났다가 다시 내려와 부처님께 왔습니다. 부처님께서 그를 위해 설법하시자, 그는 스로타판나를 얻었습니다.

비구들은 부처님께 여쭸습니다.

"저 천자는 어떤 업을 지었기에 천상에 나게 되었습니까?"

"그는 본래 사람으로 있을 때 점포를 새로 짓고 그 안에다 나를 위해 편의 시설을 마련해 주었다. 그 선업으로써 지금 하늘에 났고, 나한테 설법을 듣고 그 갚음을 얻은 것이다."

6권

복의 업은 익은 열매 같나니
신에게 제사하여 얻는 것이 아니라네
사람은 계율의 수레를 탄 뒤에야
저 천상에 이를 수 있다네

들뜸은 번뇌의 시작

저는 이와 같이 들었습니다.

어느 때 부처님께서 마가다국의 라자그리하성 남쪽에 있는 암바라숲이라는 바라문촌의 북쪽 비제혜산 석굴 안에 계셨습니다. 그 때에 제석천왕은 부처님이 거기 계신다는 말을 듣고 반사식기라는 간다르바 왕자에게 말했습니다.

"부처님께서 지금 마가다국의 암바라숲이라는 바라문촌의 북쪽에 있는 비제혜산에 계신다. 나는 너희들과 함께 거기 가고 싶다."

"예, 그것은 매우 좋은 일입니다. 즐거이 받들겠습니다."

그는 곧 유리 거문고를 끼고 제석천왕을 따라 부처님께서 계신 곳으로 왔습니다. 그 때에 여러 하늘 사람들은 제석천왕이 간다르바 왕자와 부처님께서 계신 곳으로 가려한다는 말을 듣고 제각기 아름답게 꾸미고, 그들을 따라 하늘에서 사라져 곧 비제혜산에 도착했습니다. 그 때에 그 산에 광명이 환히 비추어, 그곳에서 가까이 사는 신선들은 모두 불빛이라고 생각했습니다.

제석은 간다르바 왕자에게 말했습니다.

"여기는 청정하여, 모든 악을 멀리 떠난 절이다. 편안히 좌선하라. 지금 부처님 곁에는 여러 훌륭한 하늘 사람들이 그 좌우를 꽉 메우고 있다. 우리는 어떻게 하면 부처님을 뵈올 수 있겠는가?"

제석은 다시 간다르바 왕자에게 말했습니다.

"너는 나를 위해 부처님께 나의 뜻을 말씀드리고 문안드려라."

간다르바 왕자는 분부를 받고 가서, 멀지도 가깝지도 않은 곳에서 부처님의 거룩한 모습을 바라보며, 부처님께서 들리도록 거문고를 타면서 시를 읊었습니다.

코끼리가 진창에 빠져드는 것 같고
또 코끼리가 취하고 미친 것 같아
갈고리로 제재할 것이 아니었습니다.

비유하면 저 아라한들이
묘한 법을 사모하는 것 같았습니다.

저도 여색을 탐하여
그 여자의 아버지를 공경하고 예배하게 되었습니다.

귀하고 훌륭함이 생기기 때문에
제 마음 더욱더 사랑하고 즐겁습니다.

못 견디게 저의 사랑을 깊게 하니
더운 땀이 시원한 바람을 만난 것 같고
극히 목마를 때 찬물을 얻은 듯
그의 모습 참으로 좋아할 만했습니다.
아라한이 묘한 법을 즐기는 것처럼
병자가 좋은 약을 얻은 것처럼
주린 이가 좋은 음식을 얻은 것처럼
빨리 그 시원함으로써 제 더위 없애렵니다.

아직도 저의 탐욕은 달리고 달려
제 마음 붙들어 떠나지 못하게 합니다.

부처님께서 말씀하셨다.

“장하다. 반사식기야, 지금 너의 그 노랫소리는 거문고 곡조와 어울리는구나. 너는 멀리서 그 노래를 지어 부르는구나.”

그는 곧 부처님께 사뢰었습니다.

“저는 옛날 간다르바왕 진부루의 딸 수리바절사라는 여자를 만났사온데, 식근치라는 마다라 천자가 먼저 그 여자를 사랑했지만, 저도 그 여자를 몹시 사랑해 거기서 위의 시를 읊었습니다. 그러하온데 지금 부처님 앞에서 다시 이 시를 읊는 것이옵니다.”

그 때에 제석은 생각했습니다.

‘지금 부처님께서는 선정에서 깨어나 반사식기와 말씀하시는구나.’

그는 반사식기에게 말했습니다.

“너는 지금 내 이름을 말한 뒤에 땅에 엎드려 부처님께 예배드리고 아래와 같이 문안 올려라.”

“병이나 괴로움이 없으시고, 옥체가 가뿐하시고 음식은 입에 맞으시며, 기력은 편안하시고 나쁜 일 없이 즐겁게 지내시나이까?”

그는 제석이 시키는 대로 부처님께 나아가 제석의 이름으로 부처님께 예배드리고, 제석의 말로 문안드렸습니다.

부처님께서 말씀하셨습니다.

"제석과 여러 하늘 사람들은 모두 편안한가?"

그는 다시 부처님께 사뢰었습니다.

"제석과 삼십삼천 사람들이 부처님을 뵈옵고자 하옵는데 허락하시겠습니까?"

부처님께서 말씀하셨습니다.

"지금이 바로 그 때다."

제석과 삼십삼천 사람들은 부처님의 허락을 받고, 곧 부처님께 나아가 땅에 엎드려 예배하고 한 쪽에 서서 사뢰었습니다.

"세존이시여, 앉을 곳이 없습니다."

부처님께서 말씀하셨습니다.

"이 자리에 앉아라."

"대중이 이렇게 많고, 이 굴은 너무 비좁아 앉을 수가 없습니다."

이렇게 말하고 석굴을 다시 보니, 놀랍게도 부처님의 위신력으로써 석굴은 아주 넓어졌습니다.

제석은 부처님께 예배하고 앞에 앉아 사뢰었습니다.

"저는 항상 부처님을 뵈옵고 법을 듣고자 했나이다. 옛날 부처님께서 슈라바스티국에서 화광삼매火光三昧에 들어 계실 때에, 바이슈라마나의 시녀侍女 보사발제가 부처님을 향해 합장했나이다.

저는 그 때에 그 여자에게 말했나이다.

'지금 부처님께서 선정에 들어 계시기 때문에 나는 감히 선정에서 깨어나시게 할 수가 없다. 너는 나를 위해 부처님께 예배드리고, 나를 일컫고 문안해 다오.'

그 여자는 저의 말로 부처님께 예배하고 문안했나이다."

"나는 그 때에 너희들이 말하는 소리를 듣고 곧 선정에서 깨어났느니라."

제석이 사뢰었습니다.

"제가 옛날 노인에게 들었습니다. 여래 · 아라하 · 삼먁삼붓다께서 세상에 나타나시면 하늘 무리는 늘어나고 아수라 무리는 줄어든다고 했나이다. 제가 지금 하늘에 나매 하늘 무리는 늘어나고 아수라 무리는 줄어드나이다. 그러하옵고 지금 제가 보니, 부처님 제자로서 하늘에 나는 이는 수명과 광명과 이름 등, 세 가지가 다 다른 하늘 사람들보다 훌륭하나이다."

그 때에 구비야보의 딸이 죽어 도리천에 태어났습니다. 그는 본래 부처님 제자로 제석의 아들이 되어 이름을'거혹천자' 라 했습니다. 또 세 사람의 비구는 부처님 앞에서 수행을 했지만 마음이 욕심을 여의지 못했기 때문에, 몸이 무너지고 목숨이 끝난 뒤에 간다르바의 집에 태어나, 날마다 세 번 이상 여러 하늘 사람들을 위해 심부름 했습니다. 거혹은 그 세 사람이 심부름하는 것을 보고 생각했습니다.

'내 마음은 기쁘지 않고 차마 볼 수 없다. 내가 전생에 인간에 있을 때, 저 세 사람은 항상 우리 집에 와서 내 공양을 받았는데, 지금은 여러 하늘 사람들의 심부름꾼이 되었으니 나는 차마 볼 수 없다. 저 세 하늘 사람은 본래 부처님의 성문 제자들이다. 내가 본래 인간에 있을 때에 저들은 나에게서 공경과 공양과 의복과 음식을 받았는데 지금은 하천하게 되었구나.'

그들에게 말했습니다.

"너희는 부처님으로부터 직접 법을 듣고 부처님의 가르침을 받았는데 어찌하여 이런 비루한 무리에 나게 되었는가. 전생에는 내가 너희들을 받들어 섬기고 공양을 올렸으며, 부처님의 설법을 듣고 보시를 행하고 믿었기 때문에 지금은 제석의 아들이 되어 큰 위덕이 있고 세력이 자유롭다. 여러 하늘 사람들은 나를 거혹이라 부른다.

너희들은 부처님의 훌륭한 법을 듣고도 왜 부지런히 수행하지 않고 이런 천한 곳에 났는가? 나는 이런 나쁜 일은 차마 볼 수가 없다. 어찌하여 꼭 같은 법 안에서 이런 하천한 사람이 생겼는가. 여기는 부처님의 제자로서는 나지 않아야 할 곳이다."

거혹 천자는 이렇게 조롱했습니다. 그 세 사람은 매우 부끄러워하고 스스로 싫어져, 합장하고 거혹에게 말했습니다.

"천자의 말과 같다면 그것은 실로 우리들의 허물입니다. 이제 그런 나쁜 욕심은 끊어 버리겠습니다."

곧 부지런히 노력하여 선정과 지혜를 닦았습니다. 그들은 늘 고타마를 생각하면서 욕심이 근심이 됨을 알고 곧 번뇌를 끊었습니다. 마치 큰 코끼리가 굴레를 끊는 것처럼 그들이 탐욕을 끊는 것도 그와 같았습니다.

제석과 상나천과 세상을 보호하는 네 하늘 왕들과 또 다른 여러 하늘 사람들이 모두 와서 그 자리에 앉았는데, 탐욕을 끊은 그들은 여러 하늘 사람 앞에서 허공으로 날아 올라갔습니다.

제석은 부처님께 사뢰었습니다.

"저 세 사람은 어떤 법을 얻었기에 능히 저런 여러 가지 신변을 부리며 부처님을 와서 뵈었습니까? 저들의 얻은 바를 듣고 싶습니다."

"저 사람들은 이미 그 곳의 범천 세계에 났느니라."

"원컨대 세존께서는 저를 위하여 범천에 나는 법을 말씀하여 주십시오."

"착하다, 어진 제석아. 의심되는 것을 분별하여 묻는구나."

그 때에 부처님께서 생각하셨습니다.

'제석은 아첨이나 거짓이 없다. 진실로 의심되는 바를 묻고 나를 괴롭히려고 하는 질문이 아니다.'

"만일 그대가 물으면 나는 분별해 설명하리라."

"어떠한 번뇌가 사람 · 하늘 사람 · 용 · 야차 · 간다르바 · 아수라 · 가루라 · 마호라가들을 결박합니까?"

"탐욕과 질투의 두 번뇌가 사람 · 하늘 사람 · 용 · 야차 · 간다르바와 일체 무리들을 결박한다. 그들은 모두 탐욕과 질투 때문에 스스로를 결박하는 것이다."

"진실로 그러합니다. 하늘 가운데 하늘이시여, 탐욕과 질투의 인연은 능히 일체를 결박합니다. 저는 지금 이 이치를 듣고 의심의 그물이 없어지고 큰 기쁨이 생겼습니다. 다시 나른 이치를 여쭙겠습니다. 탐욕과 질투는 무엇으로 인해 생기는 것입니까? 어떤 인연으로써 탐욕과 질투가 생기게 되며, 어떤 인연으로써 그것이 사라지게 되는 것입니까?"

"제석아. 탐욕과 질투는 미움과 사랑으로써 생기니, 미움과 사랑이 인연이다. 미움과 사랑이 있으면 반드시 탐욕과 질투가 있고, 미움과 사랑이 없으면 탐욕과 질투는 곧 사라지느니라."

"진실로 그러합니다. 하늘 가운데 하늘이시여, 저는 지금 이 이치를 듣고 의심의 그물이 없어지고 큰 기쁨이 생겼습니다. 다시 다른 이치를 여쭙겠습니다. 사랑과 미움은 무슨 인연으로써 생기며, 무슨 인연으로 사라지는 것입니까?"

"사랑과 미움은 욕심에서 생기나니 욕심이 없으면 그것은 사라지느니라."

"진실로 그러합니다. 저는 지금 부처님께 이 이치를 듣고 의심의 그물이 없어지고 큰 기쁨이 생겼습니다. 다시 다른 이치를 여쭙겠습니다. 욕심은 무슨 인연 때문에 생기고 무슨 인연 때문에 자라며, 어떻게 하면 없앨 수 있습니까?"

"욕심은 거칠고 세밀한 생각을 인연해 생기고, 거칠고 세밀한 생각을 인연해 자란다. 거칠고 세밀한 생각이 있으면 욕심이 있고, 거칠고 세밀한 생각이 없으면 욕심은 곧 사라지느니라."

"진실로 그러합니다. 하늘 가운데 하늘이시여, 저는 지금 이 이치를 듣고 의심의 그물이 없어지고 큰 기쁨이 생겼습니다. 다시 다른 이치를 여쭙겠습니다. 거칠고 세밀한 생각은 무엇을 인연해 생기고 무슨 인연 때문에 자라며 어떻게 하면 없앨 수 있습니까?"

"거칠고 세밀한 생각은 들뜸에서 생기나니 들뜸을 인연하여 자란다. 들뜸이 없으면 거칠고 세밀한 생각이 사라지느니라."

"진실로 그러합니다. 하늘 가운데 하늘이시여, 저는 지금 이 이치를 듣고 의심의 그물이 없어지고 큰 기쁨이 생겼습니다. 다시 다른 이치를 여쭙겠습니다. 들뜸은 무엇을 인연해 나서 자라며 어떻게 하면 그것을 없앨 수 있습니까?"

"제석아. 들뜸을 없애려고 하면 여덟 가지 바른 길을 닦아야 한다. 즉 바른 소견 · 바른 행동 · 바른 말 · 바른 생활 · 바른 방편 · 바른 뜻 · 바른 생각 · 바른 선정이니라."

제석이 이 말씀을 듣고 부처님께 사뢰었습니다.

"진실로 그러합니다. 하늘 가운데 하늘이시여, 진실로 들뜸은 여덟 가지 바른 길을 말미암아 사라지겠습니다. 저는 지금 이 이치를 듣고 의심의 그물이 없어지고 큰 기쁨이 생겼습니다. 다시 다른 이치를 여쭙겠습니다. 들뜸을 없애려고 하면 여덟 가지 바른 길을 닦아야 하겠습니다. 비구는 어떤 법을 인연해 그 여덟 가지 바른 길을 더욱 자라게 합니까?"

"거기에는 세 가지 법이 있다. 첫째는 욕심을 여의려 함이요, 둘째는 바른 노력이며, 셋째는 마음 다잡기를 많이 익히는 것이다."

"진실로 그러합니다. 하늘 가운데 하늘이시여, 저는 지금 이 이치를 듣고 의심의 그물이 없어졌습니다. 비구가 수행할 그 바른 길은 이 세 가지 법을 인연해 더욱 자라겠습니다."

"비구가 들뜸을 없애려고 하면 몇 가지 법을 배워야 합니까?"

"세 가지 법을 배워야 하나니, 즉 철저하게 계율을 지키는 마음과 보다 왕성한 선정의 마음과 보다 차원 높은 지혜의 마음을 배워야 하느니라."

제석은 이 말씀을 듣고 기쁨에 충만하여 사뢰었습니다.

"진실로 그러합니다. 하늘 가운데 하늘이시여, 저는 지금 이 이치를 듣고 의심의 그물이 곧 없어졌습니다. 다시 다른 뜻을 여쭙겠습니다. 들뜸을 없애려고 하면 몇 가지 이치를 알아야 합니까? 저는 듣고 싶습니다."

"여섯 가지 이치를 알아야 한다. 즉 첫째는 눈으로 빛깔을 보는 것과, 둘째는 귀로 소리를 듣는 것과, 셋째는 코로 냄새를 맡는 것과, 넷째는 혀로 맛을 보는 것과, 다섯째는 몸으로 닿음을 아는 것과, 여섯째는 뜻으로 여러 가지 법을 분별하는 것이니라."

"진실로 그러합니다. 하늘 가운데 하늘이시여, 저는 지금

이 이치를 듣고 의심의 그물이 곧 없어졌습니다. 다시 다른 뜻을 여쭙겠습니다. 일체 중생들이 탐하는 것과 하고 싶어 하는 것과 향하는 곳과 나아가는 곳은 다 꼭 같습니까?"

"일체 중생이 탐하는 것과 하고 싶어 하는 것과 향하는 곳과 나아가는 곳은 꼭 같지 않다. 중생은 한량이 없고 세계 또한 한량이 없어, 그들이 하고 싶어 하는 것과 향해 나아가는 곳은 각기 달라 같지 않고, 제각기 제 소견을 가지고 있느니라."

제석은 이 말씀을 듣고 기쁨에 충만해 사뢰었습니다.

"진실로 그러합니다. 하늘 가운데 하늘이시여, 저는 이 이치를 듣고 의심의 그물이 없어졌습니다. 다시 다른 이치를 여쭙겠습니다. 모든 스님들과 이교도 수행자들은 모두 꼭 같은 마지막과 번뇌 없음과 마지막 범행梵行을 얻습니까?"

부처님께서 말씀하셨습니다.

"모든 사문과 바라문들은 모두 꼭 같은 마지막과 번뇌 없음과 마지막 범행을 얻지 못한다. 그러나 만일 어떤 스님이 위가 없이 끊고 사랑의 결박에서 벗어나게 되어 바르게 해탈하면, 그들은 모두 꼭 같은 마지막과 번뇌 없음과 마지막 범행을 얻을 수 있느니라."

"부처님 말씀과 같이 위가 없이 끊고 사랑의 결박에서 벗어나 바르게 해탈하게 되면, 그들은 모두 꼭 같은 마지막과 번뇌 없음과 마지막 범행을 얻게 될 것입니다.

저는 이제 부처님의 말씀을 듣고 이치를 이해하고 그 법을 알게 되어, 의심의 저쪽 언덕을 건너고 온갖 소견의 독한 화살을 뽑아, 저라는 소견을 버리고 마음이 물러나지 않게 되었습니다."

이 법을 말씀하실 때 제석과 8만 4천의 여러 하늘 사람들은 티끌과 때를 멀리 떠나 법눈이 깨끗하게 되었습니다.

부처님께서 말씀하셨습니다.

"제석아, 그대는 혹 과거에 저 사문이나 바라문에게 이런 이치를 물은 적이 있는가?"

"세존이시여, 저는 기억합니다. 옛날 여러 하늘 사람들과 함께 선법당에 모였을 때에 하늘 사람들에게 물은 적이 있습니다.

'부처님께서 세상에 나오실 것인가?'

하늘 사람들은 제각기 말했습니다.

'아직은 부처님께서 세상에 나오지 않을 것이다.'

여러 하늘 사람들은 그 말을 듣고 모두 흩어졌었습니다.

그 뒤에 큰 위엄과 덕이 있는 하늘 사람들이 복이 다해 목숨을 마쳤습니다. 그 때에 저는 그것을 보고 두려워하다가, 어떤 사문과 바라문이 한적한 곳에 있는 것을 보고 곧 거기 갔더니 그들이 제게 물었습니다.

'그대는 누구인가?'

'나는 제석이다.' 하고 그들에게 예배하지 않았는데, 그들이 도리어 저에게 예배했고, 저는 그들에게 묻지 않았는데 그들이 저에게 물었습니다. 그래서 저는 그들의 무지함을 알고 그들에게 귀의하지 않았습니다. 저는 지금부터 부처님께 귀의해 부처님 제자가 되겠습니다."

제석은 곧 시로써 말했습니다.

옛날에 저는 언제나 의심을 가져
마음이 항상 만족하지 않았고
오랫동안 지혜로운 사람을 찾아
저의 의심을 풀려 했습니다.

그래서 부처님을 두루 찾다가
한적한 여러 곳에서
사문과 바라문들을 보고

저이가 부처님이라 생각했습니다.
저는 그들이 있는 곳으로 가서
예배하고 공경히 문안하고는
'어떤 것이 바른 도를 닦는 것인가?' 라고
그들에게 이렇게 물었습니다.
그러나 그 여러 사문들은
도와 도 아님을 몰랐고
그러다가 이제 부처님을 뵈옵고
의심의 그물이 모두 다 끊어졌습니다.

지금 이 세상에 부처님 오셨으니
부처님은 이 세상의 큰 논사論師로서
원수의 악마를 부수어 항복받고
번뇌를 모두 없앤 훌륭한 분이십니다.

부처님께서 이 세상에 나오심은
가장 드문 일로서 짝할 이 없어
어떤 하늘의 범천梵天의 무리도
부처님과 같은 이 없사옵니다.

"세존이시여, 제가 스로타판나를 얻겠습니까? 바가밧트시여, 제가 스로타판나를 얻겠습니까?"

"훌륭하고 훌륭하다. 제석아. 그대가 만일 나쁜 짓을 하지 않으면 반드시 스로타판나를 얻을 것이다."

부처님께서 이어 말씀하셨습니다.

"그대는 어디서 그런 무너지지 않는 믿음을 얻었는가?"

제석은 사뢰었습니다.

"저는 부처님 곁에서 그 믿음을 얻었습니다. 또 저는 여기서 하늘의 수명을 더 늘렸사오니, 원컨대 이 일을 기억해주소서."

제석은 이어 사뢰었습니다.

"세존이시여, 저는 지금 '나는 인간의 고귀한 집에 태어나 온갖 일을 두루 경험하게 되고, 거기서 다시 속세를 버리고 집을 떠나 거룩한 길로 향해 나아가서, 만일 열반을 얻으면 매우 좋고, 열반을 얻지 못하면 정거천에 나겠다.'라고 생각했습니다."

이 말을 마친 제석은 여러 하늘 사람들을 향해 말했습니다.

"나는 하루 세 번 범천에게 공양을 올렸다. 그러나 지금부터는 그것을 그만두고 하루 세 때마다 부처님께 공양을 올리겠다."

제석은 이어 반사식기 간다르바 왕자에게 말했습니다.

"나는 그대에게 진중한 은혜를 입었다. 그대가 능히 부처님께서 선정에서 깨어나시게 했기 때문에 내가 깊은 법을 듣게 했다. 내가 천상에 돌아가면 진부루의 딸 수리바절사를 그대의 아내로 주게 하고, 또 그 아버지를 대신해 너를 간다르바의 왕이 되게 하겠다."

말을 마친 제석은 하늘 무리들을 거느리고 부처님을 세 번 돌고는 물러나 고요한 곳에 이르러 모두 '부처님께 귀의하겠습니다.'라고 세 번 일컫고 천상으로 돌아갔습니다.

제석이 떠난 지 오래지 않아 범천은 이렇게 생각했습니다.

'제석이 이미 떠났다. 이제 내가 부처님께 가리라.'

마치 장사가 팔을 굽혔다 펴는 것 같은 사이에 부처님께서 계신 곳에 이르러, 부처님께 예배하고 한 쪽에 앉았습니다. 범천의 광명이 비제혜산을 두루 비추었고, 그 때에 범천은 시로써 말했습니다.

그런 이치를 나타내셔서
많은 이익을 주셨습니다.
마가바를 둘러싼 이는 모두 어진 이

제석이 이 곳에서
어려운 것을 잘 물었습니다.
바가밧트시여.

그는 제석의 물음을 거듭 말하고 곧 천상으로 돌아갔습니다. 부처님께서 이른 아침에 비구들에게 말씀하셨습니다.

"어제 범천왕이 내게 와서 위의 시를 읊고 곧 천상으로 돌아갔느니라!"

부처님께서 이렇게 말씀하시자 비구들은 기뻐하면서 부처님께 예배하고 떠났습니다.

사자였던 부처님

부처님께서 라자그리하성에 계시면서, 설법으로 아즈냐아타카운디냐를 제도하실 때, 제석천왕과 빔비사라왕은 각기 8만 4천 무리를 데리고 와서 모두 도를 얻었습니다.

비구들은 이상히 여기며 사뢰었습니다.

"어떻게 그 많은 사람이 모두 세 가지 나쁜 길에서 구제되었습니까?"

부처님께서 말씀하셨습니다.

"지금만이 아니다. 옛날에도 나는 그들을 구제했느니라."

"옛날에 구제하신 그 일은 어떠하셨습니까?"

"옛날 여러 상인들이 바다에 들어가 보배를 캐어 돌아오는 도중에, 큰 광야에서 뱀 한 마리를 만났는데, 그 몸의 높이는 여섯 구로사로 그 상인들의 주위를 빙 둘러 드나들 곳이 없었다. 그 때에 상인들은 모두 놀라고 두려워 외쳤다.

'천신과 지신이시여, 자비가 있으면 우리들을 구제해 주십시오.'

어떤 흰 코끼리가 사자와 짝이 되었는데, 그 사자가 뛰어가서 뱀의 머리를 부수어 상인들이 그 어려움에서 벗어나게 되었다.

'너희들은 우리를 구제해 주었다. 소원이 무엇인가?'

그들은 대답했다.

'오직 부처가 되어 모든 사람들을 구제하려 한다.'

'만일 너희들이 부처가 되면 우리가 제일 먼저 그 법을 듣고 도 얻기를 원한다.'

사자와 흰 코끼리는 말을 끝내자 목숨을 마쳤고, 상인들은 그들을 화장해 그 뼈로써 탑을 세웠느니라."

부처님께서 이어 말씀하셨습니다.

"알고 싶은가. 그 때의 그 사자는 바로 지금의 내 몸이요, 흰 코끼리는 저 샤리푸트라며, 장자 주인은 저 아즈냐아타카운디냐와 제석과 빔비사라왕이요, 그 때의 여러 상인들은 지금의 저 도를 얻은 하늘 사람들이니라."

저는 이와 같이 들었습니다.

어느 때 부처님께서는 석씨 공원에 계셨습니다. 그 때에 차두성車頭城 안에 차마라는 석씨 종족이 있었습니다. 그는 깨끗한 마음으로 부처님과 법과 스님들을 믿고, 부처님과 법과 스님들에게 귀의했습니다. 또 부처님에 대하여 의심이 없었고, 법과 스님들에 대해 의심이 없었고, 그리고 괴로움의 진리에 대해 의심이 없고, 괴로움의 원인과 사라짐과 사라지는 길에 대해 의심이 없었습니다. 그리하여 도를 보는 자리에 이르러 도의 결과를 얻어 마치 스로타판나가 일을 알고 보는 것처럼, 그도 모두 알고 보아, 기한을 지내지 않고 결정코 삼먁삼보리를 얻게 되어 있었습니다. 그러나 그 차마는 눈을 앓았기 때문에 갖가지 빛깔을 볼 수 없었으나, 그는 항상 부처님을 생각했습니다.

'눈을 주는 자에게 귀의하옵니다. 밝음을 주는 이 · 어둠을 없애는 이 · 횃불을 잡은 이에게 귀의하오며 바가바트께 귀의

하옵고 잘 간 이에게 귀의하겠습니다.'

부처님께서 사람 귀보다 뛰어난 깨끗한 하늘귀로 그 음성을 듣고 아난다에게 말씀하셨습니다.

"너는 지금 가서 아래의 구절로써 차마를 보호해, 그를 구제하고 지키고 돌보아 그 재앙을 없애 주고, 또 네 무리를 위해 이익을 주어 편하고 즐겁게 살도록 하라."

그 때에 부처님께서는 차샤마를 위하여 눈을 깨끗하게 하는 진언을 말씀하셨습니다.

"다절타 시리 미리 기리 혜혜다."

이 눈을 깨끗하게 하는 주문으로써 차마의 눈을 깨끗하게 해, 그 눈의 막膜을 없애게 하셨습니다.

"바람 눈병이나 더위 눈병, 추위 눈병이나 혹은 등분等分 눈병이라도, 타지 않고 지지지 않으며 곪지 않고 아프지 않으며 가렵지 않고 눈물이 흐르지 않을 것이다.

이것은 계율의 알맹이요, 고행의 알맹이며, 신선의 알맹이요, 하늘의 알맹이며, 약의 알맹이요, 주문의 알맹이며, 인연의 알맹이요, 괴로움의 알맹이요, 원인의 알맹이며, 사라지는 알맹이요, 실의 알맹이며, 아라한의 알맹이요, 프라데카 부처의 알맹이며, 보살의 알맹이다.

이와 같이 차마의 이름을 일컫고 다른 사람도 그와 같이 그 이름을 일컬으면 눈이 깨끗하게 될 것이요, 눈이 깨끗하게 된 뒤에는 어둠이 없어지고 그 막이 없어질 것이다. 바람 눈병이나 더위 눈병 추위 눈병이나 혹은 등분 눈병이라도 타지 않고 지지지 않으며, 곪지 않고 아프지 않으며, 가렵지 않고, 눈물이 흐르지 않을 것이다.

아난다야. 이 구절은 과거 여섯 부처님도 말씀하셨고 지금 일곱째인 나도 말하며, 네 천왕과 제석도 말하고 범천왕과 범천의 무리들도 모두 따라 기뻐하는 것이다.

아난다야. 하늘 사람이나 사람 · 악마 · 범사와 · 사문이나 바라문이 이 구절을 세 번 말하면, 그 눈의 가려움이나 어두움 · 막 · 곪음 · 눈 푸름이나 혹은 눈물이 흐르는 따위의 병이거나 그 병을 하늘이 내었거나 용 · 야차 · 아수라 · 구반다 · 아귀 · 비사가 내었거나 혹은 독기 · 나쁜 주문 · 벌레 · 비타라 · 주문 · 나쁜 별이나 혹은 여러 별들이 내었더라도 그것은 모두 나을 것이다."

아난다는 곧 그 집으로 가서 차마를 위하여 그 주문을 세 번 외웠다. 그 눈은 본래와 같이 깨끗하게 되어 모든 빛깔을 보게 되었습니다. 또 그 주문으로써 사람의 성명을 일컬으매,

차마와 같이 어두움이 없어지고 막과 바람 · 더위 · 추위 및 등분이 없어져 타지 않고 지지지 않으며, 곪지 않고 아프지 않으며, 가렵지 않고 눈물이 흐르지 않았다.

"바가밧트에게 귀의하오며 다타가타 · 아라하 · 삼먁삼 붓다님에게 귀의하겠습니다."

보살은 이 신비로운 주문의 구절로써 모든 중생들이 잘 성취하게 하셨습니다. 여러 범천들은 모두 따라 기뻐하면서 '사바하' 했습니다.

돈들지 않는 일곱 가지 보시

부처님께서 말씀하셨습니다.

"일곱 가지 보시가 있으니, 그것은 재물의 손해가 없이 이익을 얻는다.

첫째는 눈의 보시니, 언제나 좋은 눈으로 부모 · 스승 · 사문 · 바라문을 대하고, 나쁜 눈으로 대하지 않는 것을 눈의 보시라 한다. 그렇게 하면 그는 몸을 버리고 몸을 다시 받을 때 청정한 눈을 얻고, 미래에 부처가 되어서 하늘의 눈이나 부처의 눈을 얻을 것이니, 이것을 첫째 이익이라 하느니라.

둘째는 온화한 얼굴과 즐거운 낯빛의 보시이니, 부모 · 스승 · 사문 · 바라문에게 찌푸린 얼굴로 대하지 않는 것이다. 그는 몸을 버리고 다시 몸을 받을 때 단정한 얼굴을 얻고, 미래에 부처가 되어서 순금색의 몸이 되나니, 이것을 둘째 이익이라 하느니라.

셋째는 말씨의 보시이니, 부모 · 스승 · 사문 · 바라문에 대하여 부드러운 말을 쓰고 추악한 말은 쓰지 않는 것이다. 그는 몸을 버리고 다시 몸을 받을 때 변재를 얻고, 그가 하는 말은 남이 믿고 받아 주며, 미래에 부처가 되어서는 네 가지 변재를 얻나니, 이것을 셋째 이익이라 하느니라.

넷째는 몸의 보시이니, 부모 · 스승 · 사문 · 바라문을 보면 일어나 맞이해 예배하는 것이다. 이것을 몸의 보시라 한다. 그는 몸을 버리고 다시 단정하고 장대하며 남의 공경을 받는 몸을 얻고, 미래에 부처가 되어서는 몸이 냐그로다 나무와 같아서 그 정수리를 보는 이가 없을 것이니, 이것을 넷째 이익이라 하느니라.

다섯째는 마음의 보시이니, 위에 말한 바와 같은 일로써 공양하더라도 마음이 온화하고 착하지 못하면 보시라고 할 수 없다. 착하고 온화한 마음으로써 정성껏 공양을 올리는 것이 마음의 보시이다. 그는 몸을 버리더라도 다시 몸을 받아 밝고 분명한 마음을 얻어 어리석지 않고, 미래에 부처가 되어서 일체를 낱낱이 아는 지혜를 얻나니, 이것을 다섯째 이익이라 하느니라.

여섯째는 자리의 보시이니, 만일 부모 · 스승 · 사문 · 바라문을 보면 자리를 펴 앉게 하고, 나아가서는 자기가 앉은 자리에 앉게 하는 것이다. 그는 몸을 버리더라도 다시 몸을 받을 때 항상 일곱 가지 보배로 된 존귀한 자리를 얻을 것이요, 미래에 부처가 되어서는 사자법좌師子法座를 얻을 것이니, 이것을 여섯째 이익이라 하느니라.

일곱째는 방이나 집의 보시이니, 부모 · 스승 · 사문 · 바라문으로 하여금 집안에서 다니고 서고 앉고 눕게 하는 것이다. 이것을 방이나 집의 보시라 한다. 그는 몸을 버리더라도 다시 몸을 받아 저절로 궁전이나 집을 얻고, 미래에 부처가 되어서도 온갖 선실禪室을 얻을 것이니, 이것을 일곱째 과보라 하느니라. 이 일곱 가지 보시는 재물의 손해가 없이 큰 과보를 얻느니라."

한 줌의 꽃

비록 조그마한 선善이라도 좋은 복밭에 심으면 뒤에는 반드시 큰 갚음을 얻는다.

"먼 옛날 한량없고 가없는 아승기겁 이전에 가보라는 왕이 있어 잠부드비파 안의 8만 4천 나라를 거느리고 있었고, 2만 부인이 있었지만 자식이 없어 여러 해 동안 신에게 기도했다. 큰부인이 태자를 낳아 이름을 찬다나라 했는데, 그는 전륜왕이 되어 네 천하를 거느리고 있었지만, 악을 싫어하여 집을 떠나 바른 깨달음을 이루게 되었다. 그 때, 그 나라의 역술가들은 모두 말했다.

'12 년 동안 큰 가뭄이 들 것인데, 어떤 방법으로 이 재앙을 물리칠 수 있겠는가?'

그들은 서로 의론했습니다.

'지금 금항아리를 만들어 저자에 두고, 거기에 향수를 가득 채워 부처님께서 목욕하시게 하고, 그 향수를 사방에 널리 보내어 탑을 세우면 재앙을 없앨 수 있을 것이다.'

그들은 곧 부처님을 초청해 향수에 목욕하시게 하고, 그 향수를 8만 4천 보배병에 나누어 넣어 8만 4천 나라에 나누어주고, 모두 탑을 세워 공양을 올리도록 하여 복을 짓게 했다. 탑을 세워 복을 지은 인연으로써 하늘에서 큰 비가 내려 오곡이 풍성하고 백성이 안락했다. 그 때에 어떤 사람이 그 탑을 보고 마음으로 기뻐하며 한 줌 꽃을 그 탑 위에 흩고 매우 좋은 과보를 얻었다."

부처님께서 말씀하셨습니다.

"내가 하늘 눈으로 먼 옛날을 관찰해 보니, 찬다나 부처님의 향수 탑에서 교화를 받은 이는 모두 오랜 뒤에 부처가 되어 열반에 들 것이다. 그리고 그 한줌 꽃을 보시한 사람은 바로 내 몸으로, 나는 옛날에 그런 인연을 지었기 때문에 그 뒤 부처가 된 것이다. 그러므로 수행하는 사람은 정성스런 마음으로 온갖 공덕을 짓되, 조그만 선이라도 업신여기는 생각을 내지 않아야 하느니라."

축원은 방편이다

옛날 슈라바스티성 안에 큰 장자가 있었고, 그 집은 큰 부자로서 재보가 한량없었습니다. 차례로 스님들을 집으로 초청해 공양을 올렸습니다. 그 때에 샤리푸트라와 마하라의 차례였습니다. 그들이 장자의 집에 가자 장자는 그들을 보고 매우 기뻐했습니다. 마침 그 날 바다에 들어갔던 장자의 상인들은 많은 보배를 얻어 무사히 집으로 돌아왔고, 또 국왕은 촌락을 떼어 장자에게 다스리라고 주었으며, 잉태한 그 부인은 아들을 낳았기 때문에, 여러 가지 경사가 한꺼번에 있었습니다. 샤리푸트라와 마하라는 그 집에 들어가 장자의 공양을 받고, 공양이 끝나자 장자는 물을 가지고 와서 손을 씻게 하고, 존자 앞에다 조그만 자리를 펴고 앉았습니다. 샤리푸트라는 축원했습니다.

"오늘은 좋은 때에 좋은 갚음을 받아 재물의 이익과 즐거운 일이 모두 겹쳐 마음은 기쁘고 즐거운 것이니, 신심을 내어 부처님을 늘 생각하면 오늘처럼 뒤에도 늘 그럴 것이오."

그 때에 장자는 이 축원을 듣고 매우 기뻐하여 훌륭하고 묘한 천 두 필을 샤리푸트라에게 보시하고 마하라에게는 주지 않았습니다. 그래서 마하라는 절로 돌아와 이렇게 생각했다.

'지금 샤리푸트라가 보시를 받은 것은 그의 축원이 장자의 마음에 들었기 때문이다. 나도 그 축원을 사용해야 하겠다.'

그는 샤리푸트라에게 말했습니다.

"아까 그 축원을 저도 사용하게 주십시오."

"그 축원은 항상 사용하는 것이 아닙니다. 쓸 때가 있고 쓰지 않을 때가 있습니다."

그러나 마라하는 간청했습니다.

"그것을 꼭 저도 사용하게 주십시오."

샤리푸트라는 그 뜻을 차마 거절할 수 없어 그 축원문을 들려 주었습니다. 그는 축원을 받아 읽고 외우고 익혀 능통하게 되자, 생각했습니다.

'언제 내 차례가 되어 상좌로서 이 축원을 외게 될 것인가?'

마침 차례가 되어 그는 장자 집에 가서 상좌가 되었습니다. 그 때에 그 장자 집 상인들은 바다에 들어갔다가 배를 잃었고, 장자의 부인은 관가의 일에 걸렸고, 또 아이가 죽었습니다. 그런데 마하라는 그 축원 그대로 했습니다.

"뒤에도 항상 그럴 것이오."

그 때에 장자는 그 말을 듣고 매우 화를 내어 그를 때리면서 문 밖으로 쫓아내었습니다. 그는 매를 맞고 괴로워 자신도 모르게 왕의 깨밭에 들어갔다가 깨를 밟아 모종이 부러졌습니다. 깨밭지기는 화를 내어 채찍으로 그를 때려, 그는 심한 괴로움을 당했습니다. 그는 거듭 매를 맞고 깨밭지기에게 물었습니다.

"내게 무슨 허물이 있기에 그처럼 때리는가?"

깨밭지기는 그가 깨를 밟은 상황을 자세히 말하고 그 곳을 살펴보라고 했습니다.

그는 다시 걸어 몇 리를 가기 전에 어떤 사람이 보리를 베어 쌓아 둔 보리 무더기를 만났습니다. 그 마을의 풍속에는 그 무더기를 오른쪽으로 돌면 음식을 차려 놓고 풍년을 빌지만, 만일 왼쪽으로 돌면 불길하다고 여겼습니다.

마하라는 그 무더기를 왼쪽으로 돌았고, 수인은 화를 내어 또 몽둥이로 그를 때렸습니다.

"내게 무슨 죄가 있기에 함부로 몽둥이로 때리는가?"

"너는 왜 보리 무더기를 오른쪽으로 돌면서 '많이 들어오라.' 고 축원하지 않는가? 우리 법을 어겼기 때문에 너를 때린 것이다."

그는 또 얼마를 가다가 어떤 장사 지내는 곳을 지나다가 무덤 구덩이를 오른쪽으로 돌면서 아까 보리 무더기에서 들은 바와 같이 축원했습니다.

"많이 들어오라. 많이 들어오라."

상주는 화를 내어 그를 때리면서 말했습니다.

"너는 죽은 사람을 보았으면 가엾이 여겨 지금부터 다시는 이러지 말라고 말해야 할 것이 아닌가. 그런데 왜 도리어 '많이 들어오라. 많이 들어오라.' 고 말하는가?"

마하라는 말했습니다.

"지금부터는 당신 말대로 하겠소."

또 얼마를 가다가 그는 어떤 결혼식을 보고 저 상주가 가르친 말 그대로 축원했습니다.

"지금부터 다시는 이러지 말라."

결혼식에 모인 사람들이 화를 내어 또 매로 때려 머리가 터졌습니다. 그는 매를 맞고 미친 듯이 달려 얼마를 가다가 어떤 기러기 잡이를 만났습니다. 그는 두렵고 황급했기 때문에 그의 그물에 부딪쳤고, 기러기들이 모두 놀라 흩어지니, 사냥꾼은 화를 내며 막대기로 때렸습니다. 마하라는 매를 맞고 기진맥진해 사냥꾼에게 말했습니다.

"나는 곧은 길로 걸어가다 여러 번 미끄러져, 정신이 어지럽고 걸음을 제대로 걷지 못해 당신 그물에 부딪혔습니다. 너그러이 생각하고 놓아주어 이 길을 가도록 하십시오."

사냥꾼은 대답했습니다.

"너는 차분하지 못하고 허둥거렸기 때문에 그렇게 된 것이다. 왜 천천히 기어가지 않는가?"

그는 다시 출발해 사냥꾼의 말대로 기어가다가 도중에 빨래하는 사람을 만났습니다. 그 사람은 그가 엎드려 기어오는 것을 보고 옷을 훔칠 것이라 생각하고, 또 그를 잡아 막대기로 때렸습니다. 그래서 마하라는 매우 황급히 위의 사실을 자세히 말하고 놓여나게 되었습니다.

그는 기타 절로 가서 여러 비구들에게 말했습니다.

"나는 전날 샤리푸트라의 축원을 외다가 큰 봉변을 당했다. 매를 맞아 몸이 부서지고 거의 목숨을 잃을 뻔했다."

비구들은 그를 데리고 부처님께 나아가, 그가 매를 맞은 경위를 자세히 사뢰었습니다.

부처님께서 말씀하셨습니다.

"그 마하라는 지금만 그런 일을 겪었던 것이 아니다. 옛날 어떤 국왕의 딸이 병에 걸려 태사太史가 점을 치고는 '무덤 사이로 가서 양법하라.' 고 했다.

그 때에 그 왕녀는 시종을 데리고 무덤 사이로 갔다. 길을 가던 어떤 두 상인은 왕녀의 시종의 무서운 기세를 보고 겁을 내어 무덤 사이로 달아났다. 둘 중 한 사람은 왕녀의 시종들에게 귀와 코를 베였고, 또 한 사람은 두렵고 황급하여 시체들 속에 엎드려 거짓으로 죽은 체했다. 그 때에 왕녀는 양법하려고 금시 죽어 아직 살이 문드러지지 않은 시체를 찾아, 그 위에 앉아 목욕시키고 앓는 병을 고치려 했다. 그래서 사람을 보내어 살펴보다가 마침 그 상인을 만나 손을 대어 보매 그 몸은 아직 싸늘하지 않았다. 그래서 금시 죽은 것이라 생각하고, 왕녀를 벗겨 몸에 겨자가루를 바르고 그 위에 앉히고 목욕을 시켰다.

겨자가루의 매운 기운이 그 상인의 코에 들어갔다. 상인은 참으려 했으나 끝내 견딜 수가 없어, 그만 크게 재채기를 하고 벌떡 일어났다. 그 때에 시종들은 그를 송장귀신이라 생각하고, 어떤 재앙이나 주지 않을까 하여 가마 문을 닫고 버티었다. 왕녀도 급히 붙들고 놓지 않았다.

그 때에 상인은 사실대로 말했다.

'나는 실은 귀신이 아닙니다.'

왕녀는 그를 데리고 성으로 가서 성문을 열라고 하고 그 사실을 자세히 부왕에게 말했으나, 부왕은 그 말을 듣고도 믿지 않고, 무장을 한 채 성문을 열고 나가 보고는 비로소 귀신이 아님을 알았다.

그 부왕이 말했다.

'여자의 몸은 두 번 나지 않는다.'

그 딸을 그의 아내로 주었다.

상인은 매우 기뻐하고 그 경사는 한량이 없었다."

부처님께서 이어 말씀하셨습니다.

"그 때에 왕녀를 얻은 그 상인은 바로 저 샤리푸트라요, 귀와 코를 베인 이는 바로 저 마하라니라. 그는 오늘만 그런 것이 아니라 전생의 인연도 그와 같았느니라. 그러므로 비구들아 지금부터 설법하고 축원하려 하거든, 부디 적당한 때를 알아야 한다. 그리고 보시와 계율과 인욕과 정진과 선정과 지혜를 닦아 익히고, 근심하고 슬퍼하며 기뻐하고 즐기는 것도, 그 때의 적당하고 적당하지 않음을 알아 함부로 말하지 않아야 하느니라."

7권

지자는 불도를 잘 배워
중생들 이롭게 하고
편안히 해주려 함이니

모두에게 괴로움 등
손해 입히지 말고
수행중에 나쁜 소문나면
꼭 악을 멀리하여라

여의주를 보시한 아라한

부처님께서 슈라바스티국에 계셨습니다. 그 때에 남인도의 어떤 바라문이 여의주如意珠를 잘 감별했습니다. 그는 여의주 하나를 가지고 남천축에서 동천축으로 가서 여러 나라를 돌아다녔으나, 아무도 그것을 감별하는 이가 없자, 마침내는 프라세나지트왕에게 가서 말했습니다.

"누가 이 구슬을 잘 감별할 수 있겠습니까?"

프라세나지트왕은 여러 신하들과 모든 지혜로운 이들을 모아 보았지만 그것을 아는 이가 없었습니다. 프라세나지트왕은 그와 함께 부처님께 갔습니다. 부처님은 그 바라문에게 말씀하셨습니다.

"너는 이 구슬 이름을 아는가?

이 구슬이 난 곳을 아는가? 이 구슬의 능력을 아는가?"

그는 대답했습니다.

"모르겠습니다."

부처님께서 말씀하셨습니다.

"이 구슬은 마갈이라는 큰 고기의 뇌수에서 나왔는데 그 고기의 몸 길이는 28만 리里며, 구슬 이름은 금강견金綱堅이다.

첫째 능력은 어떤 독기에 쏘인 사람도 그것을 보면 그 독기가 사라지고 그 빛을 보거나 몸에 닿아도 독기가 사라진다.

둘째 능력은 열병 든 사람이 그것을 보면 곧 낫고, 그 빛이 몸에 닿아도 병이 낫는다.

셋째 능력은 어떤 사람이 한량없는 사람과 원수를 졌더라도 그 구슬만 가지고 있으면 모두 친하게 되느니라."

바라문은 이 말씀을 듣고 매우 기뻐하면서 말했습니다.

"부처님은 참으로 일체 지혜를 지니신 어른이십니다."

곧 구슬을 부처님께 바치고, 그리고 스님이 되기를 간청했습니다.

"잘 왔구나. 비구야."

부처님께서 이렇게 말씀하시자 그의 수염과 머리털은 저절로 떨어지고 법복이 몸에 입혀졌습니다. 부처님께서 그를 위해 설법하시니 그는 곧 아라한이 되었습니다.

비구들은 사뢰었습니다.

"부처님께서는 그 구슬을 잘 감별하시고, 또 설법하셔서 그로 하여금 도를 얻게 하셨습니다."

"오늘만이 아니다. 과거에도 그러했느니라. 옛날 카시국의 선인산에 다섯 가지 신통을 가진 선인이 있었다. 어떤 바라문이 나뭇잎 하나를 가지고 가서 선인에게 물었다.

'이것은 무슨 나뭇잎인가?'

'이 나무 이름은 금정金頂인데, 어떤 사람이 독에 쏘여 거의 죽게 되었더라도 이 나무 밑에 앉으면 그 독이 곧 사라지고, 열병 든 사람이 이 나무에 기대면 그 병이 곧 낫는다. 또 이 나뭇잎을 그 사람 몸에 대면, 어떤 독기나 열병도 모두 낫게 된다.'

바라문은 기뻐하며 선인의 제자가 되어 법을 배우고, 또 다섯 가지 신통 얻기를 소원했다.

비구들아, 그 때에 나뭇잎을 가진 바라문은 바로 지금의 이 비구니라. 나는 그 때에도 그를 가르쳐 다섯 가지 신통을 얻게 했고 지금은 생사의 어려움을 면하여 아라한이 되게 했느니라."

진실의 힘

어느 날 부처님께서 가타라나무 가시에 발을 찔리셨습니다. 피가 흘러 멎지 않아 온갖 약을 발랐으나 피가 멎지 않았고, 여러 아라한들이 향산香山에서 약을 가져와 발라도 낫지 않았습니다. 그 때에 십력 카샤파가 부처님께 나아가 이렇게 말했습니다.

"만일 부처님께서 나후라와 데바닷타를 대하시는 것이 조금도 다름없으시고, 일체 중생을 평등한 마음으로 대하신다면 발의 피가 멎을 것입니다."

그러자 피가 곧 멎고 딱지까지 완전히 떨어졌습니다.

비구들은 찬탄했습니다.

"온갖 묘한 약을 다 쓰셔도 피가 멎지 않더니 카샤파의 진실한 말에 피가 곧 멎었습니다."

부처님께서 말씀하셨습니다.

"그것은 오늘만의 일이 아니다. 과거에도 그러하였느니라. 옛날 어떤 바라문이 아들을 낳아 이름을 무해無害라 했는데,

무해는 그 아버지에게 말씀드렸다.

'밭에 다니실 때에도 벌레를 해치지 마십시오.'

'너는 신선이 되려느냐? 살아가려면 어떻게 벌레를 죽이지 않을 수 있겠는가!'

'저는 현세에도 안락하고 후세에도 안락하고 싶습니다. 제 말을 들어주지 않으신다면 이렇게 하겠습니다.' 하고 곧 독한 용이 사는 우물가에 앉아 죽으려고 했다.

그 용은 사람을 보면 독을 내뿜어 해쳤었다. 그 때에 바라문의 아들이 용의 눈에 띄었고, 용이 내뿜은 독기가 그의 온 몸에 퍼져 거의 죽게 되었다. 그 때에 아버지는 아들이 간 곳을 몰라 몹시 근심하며 찾다가 아들이 죽어가는 모습을 보고 그에게 가서 말했다.

'지금까지 내 아들이 남을 해치려는 마음이 없었다면 이 독기는 사라질 것이다.'

이 말이 끝나자 독기가 곧 사라지고 아들이 곧 회복되었다.

비구들아, 그 때의 그 아버지는 바로 저 십력 카샤파요, 아들은 바로 내 몸이었다. 저 카샤파는 지나간 세상에도 진실한 말로써 내 병을 고쳤고, 현세에서도 진실한 말로써 내 병을 고친 것이다."

땅이 된 뼈들

옛날 부처님께서 보리수 밑에 계실 때 악마 파피야스는 80억 무리를 거느리고 와서 부처님의 도를 깨뜨리려고 이렇게 말했습니다.

"고타마야, 그대는 왜 혼자 여기 앉아 있는가? 빨리 일어나 떠나라. 만일 떠나지 않으면 나는 그대의 다리를 잡아 바다에 던져 버리리라."

부처님께서 말씀하셨습니다.

"내가 세상을 보니 아무도 나를 바다에 던질 사람은 없다. 너는 전생에 절 하나를 짓고 하루 동안 여덟 가지 계율을 지키면서 프라데카 부처에게 한 바루의 밥을 바쳤기 때문에 여섯째 하늘에 나서 큰 악마의 왕이 되었다. 그러나 나는 세 아승기 겁 동안 널리 공덕을 닦았다. 즉 첫 아승기 겁에서도 한량없는 부처님께 공양을 올렸고, 둘째 셋째 아승기 겁에도 또한 그렇게 했다. 그리고 성문과 연각에게 공양을 올린 것은 이루 다 헤아릴 수가 없었다. 그러므로 이 온 땅덩이는 바늘만큼도 내 몸의 뼈가 아닌 것이 없느니라."

악마는 말했습니다.

"고타마야, 내가 옛날에 하루 동안 계율을 가지면서 프라데카 부처에게 밥을 주었다는 그대의 말은 참말이다. 나도 그것을 안다. 그대는 나를 아는구나, 그러나 그대가 그렇게 말한 것을 누가 증명하겠는가."

부처님께서 곧 손으로 땅을 가리키면서 말씀하셨습니다.

"이 땅이 나의 말을 증명할 것이다."

이렇게 말씀하실 때 온 땅덩이가 여섯 가지로 진동하고 지신地神이 금강제金剛際에서 나와 합장하고 부처님께 사뢰었습니다.

"제가 증명하겠습니다. 이 땅이 생길 때부터 저는 항상 이 속에 있었습니다. 부처님의 말씀은 진실이요, 거짓이 아닙니다."

부처님께서 파피야스에게 말씀하셨습니다.

"너는 지금 먼저 이 물병을 움직여 보고 그 다음에 나를 바다 밖으로 던져라."

그 때에 파피야스와 80억 무리들이 아무리 힘을 써도 물병을 움직일 수 없었다. 그들은 당황하여 어쩔 줄 모르다가 모두 모래처럼 흩어져 버렸습니다. 비구들은 사뢰었습니다.

"파피야스는 언제나 부처님을 괴롭히려 하지만 이기지 못했습니다."

부처님께서 말씀하셨습니다.

"이 일은 지금만이 아니라 과거에도 그러했느니라.

옛날 카시국의 선인산에 다섯 가지 신통을 가진 선인이 있어, 바라나시성 안의 젊은이들을 교화하여 모두 집을 나와 선인의 도를 닦게 했다. 그 때에 그 성의 신神이 매우 화를 내어 선인에게 말했다.

'만일 네가 또 성에 들어와 사람들을 제도하면, 나는 네 다리를 잡아 바다에 던져 버리겠다.'

그 선인은 물병 하나를 들고 성의 신에게 말했다.

'먼저 이 물병을 움직여 본 뒤에 나를 던져라.'

그는 신력을 다했으나 움직이지 못하고 부끄러워하면서 항복했다.

비구들아, 그 때의 그 선인은 바로 지금의 나며, 그 성의 신은 바로 저 파피야스였느니라."

이익이 주는 재앙

어느 때에 부처님께서 슈라바스티국에 계시면서 이익을 탐하는 비구들은 염려하셨습니다. 탐장엄貪莊嚴이라는 깊은 숲이 있었는데 부처님께서는 이익을 피하여 그 숲으로 가셨는데, 숲에도 절이 있어 '나익가'라는 아라한이 그 절 주지였습니다. 부처님께서는 그 절에 이르시니, 한낮이 되자 숲 속에 가득한 비구들이 가사를 입고 공양을 하면서 말했습니다.

"우리는 이양을 바라지 않는데 이양은 항상 우리 뒤를 따른다."

다시 1만 2천 비구도 또 거기로 오자, 부처님께서 그 비구들에게 말씀하셨습니다.

"이익이란 큰 재앙으로써 장애가 된다. 나아가서는 아라한까지도 이익의 장애를 받느니라."

"어떤 장애가 됩니까?"

"이익의 해는 가죽을 찢고 살을 찢으며 뼈를 부수고 골수를 부순다. 어떤 것을 찢고 부수는가! 계율을 가지는 이의 가죽을 찢고 선정 닦는 이의 살을 찢으며, 지혜로운 이의 뼈와 미묘하고 착한 마음의 골수를 부수느니라."

그 이후 1만 2천 비구들은 모두 세 가지 옷과 여섯 가지 물건만 가지고 절에서의 생활을 하며 다른 물건은 받지 않았습니다.

부처님께서 찬탄하셨습니다.

"착하고 착하다. 너희들은 절에서의 법을 잘 지키는구나. 그것은 만족할 줄 아는 법이요, 만족할 줄 모르는 법이 아니다. 그것은 한적을 즐기는 법이요, 시끄러움을 즐기는 법이 아니다. 그것은 노력하는 법이요, 게으른 법이 아니다. 그것은 바르게 생각하는 법이요, 삿되게 생각하는 법이 아니다. 그것은 안정한 마음의 법이요, 산란한 마음의 법이 아니다. 그것은 지혜의 법이요, 어리석음의 법이 아니니라."

비구들은 이 말씀을 듣고 모두 아라한이 되었고, 그 비구들은 부처님께 사뢰었습니다.

"참으로 드문 일입니다, 세존이시여."

부처님께서 말씀하셨습니다.

"그것은 오늘만이 아니라 과거에도 그러하였느니라.

옛날 카시국에 야차라는 재상이 있었고 야차의 아들은 이름을 야아달다라고 했다. 그는 세상이 덧없음을 깨닫고 집을 떠나 신선도를 배웠다. 그런데 여러 신선들은 욕심이 많아 모두 과일과 풀을 가지고 서로 다투었다. 그는 그들에게 욕심 버리기를 가르치기 위해 그 부드러운 풀을 버리고 거친 풀을 가지며 맛난 과일을 버리고 쓴 과일을 가지며, 새로운 과일을 버리고 묵은 과일을 취했다. 이렇게 수행한 뒤에 곧 다섯 가지 신통을 얻었다. 1만 2천 선인은 그가 그렇게 하는 것을 보고 욕심 적기를 배워 다시는 많이 구하지 않자 그들도 다섯 가지 신통을 얻었다. 야아달다는 차츰 방편을 써써 여러 선인들을 교화하다가 목숨을 마친 뒤에는 불용처不用處에 났느니라.

비구들아, 그 때의 그 야아달다는 바로 내 몸이요, 1만 2천 선인들은 지금의 이 1만 2천의 비구였느니라."

사형장으로 가다가 부처님을 친견하고

슈라바스티국의 프라세나지트왕은 북을 치고 영을 내렸습니다.

"누구든지 도적을 붙들면 죽여라."

그 때에 어떤 사람이 도적을 끌고 왕에게 왔고, 왕은 사람을 시켜 끌고나가 죽이게 했습니다. 그는 운좋게 성 밖의 사형장으로 가는 도중에서 부처님을 만나 뵈어, 마음으로 기뻐하고 형장에 나가 왕의 법에 따라 죽었지만 곧 천상에 나게 되었습니다. 그는 자기가 죽으려 갈 때에 부처님을 뵈옵고 기뻐했기 때문에, 목숨을 마친 뒤에 천상에 난 것을 알고, 부처님의 은덕에 감동하여 내려와서 부처님께 공양을 올렸습니다. 부처님께서 그를 위해 설법하시니 그는 스로타판나가 되었습니다.

비구들이 여쭸습니다.

"그는 어떤 인연으로써 하늘 궁전에 나게 되었습니까?"

"그는 옛날 왕에게 죽게 되었을 때에 사형장으로 끌려 가다가 나를 보고 기뻐했다. 그 좋은 인연으로써 저 하늘 궁전에 났고, 또 나의 설법을 듣고 깨달아 스로타판나를 얻었느니라."

완전한 걸식

옛날 슈라바스티국의 어떤 사람이 나라의 법을 범하고 손발을 끊겨 길에 버려져 있었습니다.

부처님이 가시다가 그를 보고 곁에 가서 물으셨습니다.

"너는 지금 무엇이 가장 괴로운가?"

"저는 배고픈 것이 가장 괴롭습니다."

부처님께서 곧 아난다에게 분부하여 밥을 주게 하셨습니다. 그는 목숨을 마치고 천상에 나, 부처님의 두터운 은혜를 생각하고, 하늘에서 내려와 부처님께 공양을 올렸습니다. 부처님께서 그를 위해 설법하시니 그는 스로타판나가 되었습니다.

"그는 어떤 업으로써 천상에 나게 되었습니까?"

"그는 옛날 인간에 있을 때에 손발이 잘려 길에 던져져 있었는데, 내가 곁에 가서 밥을 주라고 아난다에게 분부했다. 그는 마음으로 기뻐하며 목숨을 마친 뒤에는 천상에 났고, 또 내게서 법을 듣고 도를 얻었느니라."

꿀장과 천상

옛날 슈라바스티국의 어떤 장자가 기타 숲의 빈 땅을 구하여 집을 지으려 했으나 수닷타 장자가 이미 차지했기 때문에 빈 땅이 없었습니다. 그래서 그는 기타 절의 대문 안에다 좋고 깨끗한 물로 갖가지 꿀과 갖가지 보릿가루로 장을 만들어 놓고 모든 나그네들에게 베풀었습니다. 90일 뒤에 부처님도 그것을 받으셨습니다.

그는 목숨을 마치고 천상에 나서 큰 위엄과 덕으로써 하늘 궁전을 타고 내려와서 부처님께 공양을 올렸습니다. 부처님께서 그를 위해 설법하시니, 그는 스로타판나를 얻었습니다.

"그는 어떤 인연으로써 천상에 나게 되었으며, 위엄과 덕이 그와 같습니까?"

"그는 전생에 사람으로 있을 때에 기타 절 문안에서 갖가지 장물을 여러 사람들에게 보시했고, 나도 그것을 받았다. 그는 그 인연으로써 천상에 나게 되었고 또 나의 설법을 듣고 도를 얻었느니라."

심부름꾼의 복

옛날 슈라바스티국의 프라세나짓트왕과 수닷타 장자는 오랫동안 부처님을 뵈옵지 못하여 마음으로 몹시 사모했습니다. 그들은 여름 안거 뒤에 사자를 보내어 부처님을 초청했습니다. 사자는 부처님께 나아가 공손히 사뢰었습니다.

"왕과 장자가 부처님을 뵈옵고자 하나이다. 원컨대 세존께서는 이 수레를 타시고 슈라바스티로 가주시옵소서."

부처님께서 말씀하셨습니다.

"나는 신족이 있으니 수레를 타지 않겠다."

비록 그렇게 말씀하셨지만 그로 하여금 복을 짓게 하기 위해 수레 위 공중으로 걸어가시고, 사자는 왕과 장자에게 알렸습니다. 왕과 장자는 몸소 나와 맞이했고, 사자도 왕과 함께 돌아와 부처님을 뵈었습니다. 사자는 목숨을 마친 뒤에 천상에 났다가 곧 보배수레를 타고 부처님께 왔습니다. 부처님께서 그를 위해 설법하시니, 그는 스로타판나를 얻었습니다. 비구들은 부처님께 여쭸습니다.

"저 하늘사람은 어떤 인연으로써 하늘 궁전에 나서 저런 보배수레를 타고 왔습니까?"

"그는 옛날 인간에서 왕의 사자가 되어 수레를 몰고 와서 나에게 타게 했다. 그 인연으로써 지금 천상에 나서 어제 보배수레를 타고 와서 나의 설법을 듣고 깨달아 스로타판나를 얻었느니라."

한쪽의 천

옛날 슈라바스티국의 프라세나지트왕은 이렇게 말했습니다.

"수닷타 장자는 일체 백성을 가르치고 변화시켜 온갖 복업을 짓는다. 나도 국민들을 위하여 가르쳐 변화시키고 구걸하여 그들이 복을 얻게 하리라."

그는 가르쳐 변화시키고 다니면서 곳곳에서 구걸했습니다. 그 때에 어떤 빈궁한 사람이 하나뿐인 천을 가지고 와서 왕에게 보시했고, 왕은 얻은 천을 다시 부처님께 바쳤습니다. 그 뒤에 그 가난한 사람은 목숨을 마치고 하늘에 났다가 부처님의 큰 은혜를 생각하고 내려와서 공양을 올렸고, 부처님께서 그를 위해 설법하시니, 그는 스로타판나를 얻었습니다.

비구들은 부처님께 여쭸습니다.

"저 하늘 사람은 옛날 어떤 업을 지었기에 하늘에 태어 났습니까?"

"그는 옛날 인간으로 있을 때에 왕이 가르쳐 변화시키는 것을 보고 흰 천을 왕에게 보시했다. 그 선한 인연으로써 지금 하늘에 나게 되었고, 또 나의 설법을 듣고 도를 증득하였느니라."

귀의하도록 권하다

옛날 슈라바스티국에 어떤 형제가 있었습니다. 형은 불법을 믿고 실천했으며, 아우는 이교도인 바라문을 섬겼습니다. 형은 항상 아우에게 삼보를 섬기라고 권했으나 아우는 듣지 않았습니다. 그래서 항상 다투면서 화합하지 못하고 갈라져 살았습니다. 형은 부처님께 공양을 올리고, 뒤에 목숨을 마치고는 천상에 났다가, 부처님께 내려와 은혜를 갚으려고 공양을 올렸고, 부처님께서 그를 위해 설법하시니, 그는 스로타판나를 얻었습니다.

비구들이 부처님께 여쭸습니다.

"저 하늘 사람은 옛날 어떤 업을 지어 저 하늘궁전에 났습니까?"

"그는 과거 인간으로 있을 때에 바른 법을 믿고 삼보를 받들었다. 그 인연으로써 지금 하늘에 나게 되었고, 또 나의 설법을 듣고 믿어 도를 깨달았느니라."

수희한 공덕

옛날 슈라바스티국의 어떤 형제는 항상 다투기를 좋아하고 서로 원망하고 미워하여 왕에게 같이 가서 판결을 구하려 했습니다. 그 도중에 부처님을 만났고, 부처님께서 그들을 위해 설법하셔서 그들은 모두 아라한의 도를 얻었습니다. 아버지는 그 아들들이 부처님을 만나 도를 얻었다는 말을 듣고 마음으로 매우 기뻐했습니다. 그 뒤에 그는 목숨을 마치고 천상에 났다가 부처님께 내려왔고, 부처님께서 그를 위해 설법하시니, 그는 스로타판나를 얻었습니다.

비구들은 부처님께 여쭸습니다.

"저 하늘 사람은 과거에 어떤 업을 지었기에 지금 천상에 나게 되었습니까?"

"그는 옛날 인간에 있을 때에 내가 그 아들들을 위해 설법하여 그들이 도를 얻었다는 말을 듣고 뛰면서 기뻐했다. 그래서 목숨을 마치고는 하늘에 나게 되었고, 또 나의 설법을 듣고 믿고 이해하여 도를 깨달았느니라."

아버지 덕으로 도를 얻다

옛날 슈라바스티국의 어떤 사람은 그 아들을 스님이 되게 하여 부처님을 섬기게 했습니다. 부처님께서는 그를 받아들여 스님을 만들고 항상 땅을 쓸게 했습니다. 그는 그 괴로움을 견디지 못해 도 닦기를 그만두고 속가로 돌아갔습니다. 아버지는 그에게 말했습니다.

"너는 그저 집을 떠나라. 내가 너를 대신해서 땅을 쓸겠다."

아버지는 아들과 함께 기타 절로 갔습니다. 아들은 그 절 안이 깨끗한 것을 보고 마음으로 기뻐하며 이렇게 말했습니다.

"나는 차라리 죽을지언정 스님이 되어 땅을 쓸고, 다시는 속가로 돌아가지 않으리라."

그는 목숨을 마치고 천상에 났다가 부처님께 내려왔고, 부처님께서 그를 위해 설법하시니 그는 스로타판나를 얻었습니다.

비구들은 부처님께 사뢰었습니다.

"저 하늘 사람은 어떤 업의 인연으로 천상에 났습니까?"

"그는 과거 인간에 있을 때, 출가하여 수행의 어려움을 견디지 못하여 집에 돌아가려 했으나, 그 아버지는 듣지 않고 그 일을 대신하면서 억지로 집을 떠나게 했다. 그는 도랑이 깨끗한 것을 보고 매우 기뻐했으므로 목숨을 마친 뒤에는 천상에 나게 되었고, 또 나의 설법을 듣고 도를 얻었느니라."

아라한의 등급

옛날 기야다라는 아라한이 있었는데 부처님이 세상을 떠나신 지 7백년 뒤였습니다. 그는 계빈국으로 갔습니다. 그 때에 그 계빈국에는 아리나라는 나쁜 용왕이 있어서, 자주 재해를 부려 여러 성현들을 괴롭혔기 때문에 그 나라 국민들이 모두 걱정했습니다. 그 때에 2천 명 아라한들은 모두 신통력을 다해 그 용을 나라 밖으로 몰아내려고, 그 중 5백 아라한은 신통을 부려 땅을 흔들었고, 또 5백 명은 큰 광명을 놓았으며, 또 5백 명은 선정에 들어 거닐었습니다. 이렇게 모두들 신통력을 다했으나 용은 꿈짝도 하지 않았습니다. 그래서 최후로 존자 기야다가 그 용이 사는 못가에 가서 손가락을 세 번 튕기면서 말했습니다.

"용아, 너는 이제 나가거라. 여기서 살지 말라."

용은 감히 머무르지 못하고 곧 떠나가고, 2천 명 아라한들은 존자에게 말했습니다.

"우리도 존자와 같이 번뇌가 다하여 해탈했으니 법몸은 모두 평등합니다. 우리 모두가 신통력을 다했으나 용을 움직일 수도 없었는데, 존자는 어떻게 손가락 세 번을 튕겨 저 용을 멀리 바다로 들어가게 하셨습니까?"

"나는 범부였을 때부터 지금까지 계율을 지키되 돌길라에 이르기까지 평등한 마음으로 잘 단속하여 네 가지 중한 죄처럼 생각했습니다. 지금 여러분이 그 용을 움직이지 못한 것은 신통력이 같지 않기 때문입니다."

존자 기야다는 제자들과 함께 북인도를 향해 가다가 도중에서 까마귀 한 마리를 보고 미소를 짓자 제자들은 물었습니다.

"이상하십니다. 존자는 왜 미소를 지으십니까? 그 뜻을 말씀해주십시오."

"때가 되면 말하리라."

거기서 더 나아가 석실성石室城문에 이르자, 그는 슬퍼하면서 얼굴빛이 변했습니다. 공양할 때가 되어 성안에 들어가 걸식하고 도로 성문을 나오다가 다시 슬퍼하면서 얼굴빛이 변했습니다.

제자들은 꿇어앉아 아뢰었습니다.

"이상하십니다. 아까는 왜 미소하시고 지금은 슬퍼하시며 얼굴빛이 변하십니까?"

"나는 과거 91겁 전, 비파시인 부처님이 열반에 드신 뒤에 어떤 장자의 아들이 되었다. 그 때에 나는 집을 떠나려 했으나 부모님은 허락하시지 않고 내게 말씀하셨다.

'우리 집 일이 중하다. 만일 네가 집을 떠나면 누가 뒤를 잇겠느냐. 우리는 너를 장가보내려 하니 네가 아들을 낳으면 집 떠나는 것을 허락하겠다.'

나는 장가를 든 뒤에 다시 집을 떠나려 했다. 부모님은 다시 말씀하셨다.

'만일 아들 하나만 낳으면 집 떠나는 것을 들어주겠다.'

나는 오래지 않아 사내를 낳아 아이가 말할 때가 되어 다시 부모님께 아뢰었다.

'전에 약속한 대로 집 떠나기를 허락하여 주십시오.'

그 때에 부모님은 전의 약속을 실천할까 두려워 가만히 유모를 시켜 손자에게 말했다.

'네 아비가 집을 떠나려 할 때에는 너는 문안에 있다가 아비를 붙들고 말해라. 이미 저를 낳아 지금까지 길렀는데 왜 저를 버리고 집을 떠나려 하십니까? 만일 꼭 가시려면 저를 죽이고 가십시오.'

아들이 시키는 대로 말할 때에 나는 슬픔으로 마음이 변해 말했다.

'나는 가지 않고 집에 있을 것이다.'

그 때문에 나는 생사에 떠돌고 있었다. 나는 도의 눈으로 내 전생을 관찰할 때에, 천상과 인간과 또 세 갈래 나쁜 길에서 서로 만나기는 참으로 어렵고 어려웠다. 아까 내가 본 그 까마귀는 바로 그 때의 내 아들이었다. 또 내가 슬퍼서 얼굴빛이 변한 이유는 이러하다. 나는 아까 성 곁에서 어떤 아귀의 아들을 만났는데, 그는 내게 이렇게 말했다.

'저는 이 성 곁에서 70 년을 지냈습니다. 어머니는 저를 위해 성안에 들어가 걸식하시지만 아직 한번도 얻어 온 적이 없습니다. 저는 굶주리고 목말라 매우 위급합니다. 존자님께서 성에 들어가 저의 어머니를 보거든 저를 위해 말해 주십시오, 빨리 저를 보러 오시라고.'

그 부탁을 듣고 나는 성안에 들어가 그 아귀 어미를 보고 말했다.

'지금 네 아들은 저 성 밖에 있으면서 굶주리고 목말라 매우 위급하다. 빨리 가보라.'

그는 대답했다.

'저는 이 성안에 들어온 지 70여 년이 되었지만 제가 박복하고 또 저도 굶주리고 쇠약해져 기운이 없습니다. 그래서 혹 고름이나 피나 눈물이나 침 등 더러운 먹을 것이 있더라도 여러 힘센 이들이 먼저 앗아가기 때문에 저는 얻지 못합니다. 최후로 한 모금 더러운 것을 얻었는데 그것을 가지고 문을 나가 아들과 갈라 먹으려 하지만 문 안에 여러 힘센 귀신들이 있어 제가 나가는 것을 허락하지 않습니다. 존자님께서 저희를 가엾이 여겨 저를 데리고 나가 우리 모자가 서로 만나 이 더러운 것을 나누어 먹게 해주십시오.'

그 때, 나는 어미 아귀를 데리고 성문을 나와 모자가 서로 만나 더러운 것을 갈라 먹게 했다.

나는 그 귀신에게 물었다.

'네가 여기서 산 지 얼마나 되었는가?'

'저는 이 성이 일곱 번 이루어지고, 일곱 번 무너지는 것을 보았습니다.'

나는 탄식하면서 말했다.

'아귀는 오래 살기 때문에 그 고통이 매우 많구나!'"

제자들은 이 말을 듣고 모두 생사를 근심하고 공부하여 곧 도의 자취를 얻었습니다.

기야다의 권발

그 때에 남인도의 어떤 두 비구는 기야다가 큰 위덕이 있다는 말을 듣고 계빈국으로 향해 갔습니다. 나무 밑을 지나다가 몸이 아주 여윈 어떤 비구가 부엌 앞에서 불을 지피고 있는 것을 보고 두 비구는 그에게 물었습니다.

"스님은 존자 기야다를 아십니까?"

"나는 알지요."

"지금 어디 계시는가."

"이 위의 셋째 굴 안에 있네."

두 비구는 곧 산으로 올라가 그 굴에 이르러 아까 불을 지피던 비구를 보고, 이상히 여기며 생각했습니다.

'그처럼 이름과 덕망이 있으면서 무엇 때문에 먼저 여기에 와 있을까.'

한 비구가 의심을 풀기 위해 그에게 물었습니다.

"존자는 그처럼 위덕이 있으신데 손수 불을 때십니까?"

"나는 과거 생사의 고통을 생각하고 중생을 위해서라면 머리와 손발을 기꺼이 태우겠는데, 하물며 섶나무를 태우는 일이겠는가."

"알 수 없습니다. 과거 생사의 고통이란 어떠하셨습니까?"

"나는 기억한다. 과거 5백 세상 동안 나는 개로 태어나 항상 굶주리고 목말랐는데, 오직 두 번만은 배불리 먹었다. 한 때는 술취한 사람이 땅바닥에 술을 토해 놓아 그것을 먹고 배가 불렀다. 그리고 다른 한 번은 두 부부만 사는 집을 만난 때였다. 남편은 밭에 나가고 아내가 집에서 밥을 짓고는 무슨 일이 있어서 잠깐 밖에 나갔었다. 그 때에 나는 안으로 들어가 밥을 훔쳐 먹었는데, 마침 그 밥그릇 주둥이가 작아 처음에는 머리를 넣을 수 있었지만 다시 빼기는 어려웠다. 즉, 배는 불렀지만 뒤에 큰 고통을 당했었다. 그 남편이 밭에서 돌아와 내 목을 베니 내 머리는 그릇 안에 있었다."

그 때에 두 비구는 그 설법을 듣고 생사가 싫어 열심히 정진하더니 스로타판나를 얻었습니다.

갈 때도 올 때와 같으소서

월씨국에 전단계니타라는 왕이 있었습니다.

왕은 계빈국에 있는 존자 아라한 기야다가 '큰 도인'이라는 소문을 듣고 그를 보려고 직접 수레를 타고 신하들과 함께 그 나라로 가며, 그는 도중에서 생각했습니다.

'나는 지금 천하의 왕이다. 어떤 국민도 모두 공경하고 고개를 숙인다. 큰 덕이 있는 이가 아니면 어떻게 내 공양을 받을 수 있겠는가!'

이렇게 생각하고 다시 앞으로 나아가 그 나라에 이르렀습니다. 어떤 사람이 존자 기야다에게 말했습니다.

"월씨국의 왕 전단계니타가 여러 신하들과 함께 멀리서 와서 뵈오려고 합니다. 원컨대 존자는 옷을 여미고 나가 대접하십시오."

"나는 부처님 말씀을 들었다.

'집을 나온 사람은 예로써 속세의 외양을 존경하지 않고 오직 힘쓸 것은 덕이다.'

어떻게 옷을 꾸미고 나가서 맞이하겠는가."

그리고 곧 잠자코 단정히 앉아 있으면서 나가지 않았습니다. 이에 월씨국왕은 존자가 있는 곳으로 가서, 존자 기야다의 그 위덕을 보자 더욱 공경하고 믿는 마음이 생겨 앞으로 나아가 머리를 조아리고 한 쪽에 물러섰습니다. 존자가 가래침을 뱉으려 하자 왕은 자기도 모르게 가래침 그릇을 앞에다 바쳤습니다.

그러자 존자 기야다는 왕에게 말했습니다.

"빈도貧道는 지금 대왕을 위해 복밭이 되지 못하는데 어찌하여 몸소 왕림하셨습니까?"

그 때에 왕은 부끄러워하면서 '이 스님은 아까 가만히 생각한 내 마음을 아신다. 신비한 덕이 아니면 어떻게 그럴 수 있겠는가.'

거듭 공경하는 마음이 생겼습니다. 존자 기야다는 왕을 위해 간단히 무게가 있는 설법을 하셨습니다.

"왕은 오실 때 길이 좋았습니다. 가실 때에도 오실 때와 같도록 하십시오."

왕이 그 가르침을 받고 곧 본국으로 돌아가는 도중에 여러 신하들은 왕을 원망했습니다.

"우리는 멀리서 대왕을 따라 저 나라에 갔지만 마침내 아무 것도 들은 것 없이 헛되이 돌아갑니다."

"그대들은 지금 아무 것도 얻은 것이 없다고 나를 원망하시오. 그러나 아까 그 존자는 나를 위해 아주 중요한 설법을 하셨소.

'왕이 오실 때에는 길이 좋았다. 가실 때에도 오실 때와 같도록 하라.'

그대들은 그 뜻을 모르겠소? 나는 과거에 계율을 지키고 보시를 행하여 절을 짓고 탑을 세웠소. 이런 갖가지 공덕으로 왕이 될 종자를 심어 지금 이 자리에서 누리고 있소. 그러므로 지금 다시 복을 닦고 온갖 선을 널리 쌓으면 미래 세상에서도 반드시 복을 받을 것이오. 그래서 존자께서 나를 보고 말씀하셨소.

'왕이 오실 때에는 길이 좋았다. 가실 때에도 오실 때와 같도록 하라.'

이와 같은 설법으로 경계하신 것이오."

신하들은 이 말을 듣고 머리를 조아리며 사과했습니다.

"신들은 하전하고 어리석어 망령되게 '가고 오는 길'만이라고 생각했습니다. 대왕의 신기로운 덕은 묘하게 그 말뜻에 꼭 맞습니다. 여러 가지 덕을 쌓았기 때문에 이 땅 위에서 복을 누린다고."

신하들은 이렇게 말하고 기뻐하면서 물러갔습니다.

끓는 솥의 반지

어느 때에 월씨국의 왕 전단계니타는 지혜로운 세 사람과 친한 벗이 되었습니다.

첫째는 마명보살馬鳴菩薩이요, 둘째는 마타라라는 대신이며, 셋째는 차라가라는 용한 의사였습니다.

왕은 이 세 사람과 매우 친하여 융숭하게 대접하고 늘 좌우에 있게 했습니다.

마명보살이 왕에게 말했습니다.

"만일 대왕께서 저의 말씀대로 대왕 노릇을 하시면 저는 대왕님이 내생에도 늘 선행과 함께 하면서 온갖 어려움을 아주 떠나고 나쁜 세계를 길이 여의게 하겠습니다."

마타라 대신이 말했습니다.

"만일 대왕께서 신의 비밀한 말을 실천하시면 네 바다 안을 모두 얻으실 수 있을 것입니다."

차라가 의사가 말했습니다.

"만일 왕께서 신의 말대로 약을 잡수시면 왕은 마침내 횡사하시지 않고, 온갖 맛이 마음에 맞으며 모든 일이 뜻 같아 근심이 없도록 하겠습니다."

왕은 의사의 말처럼 일찍 조그만 병도 앓지 않았습니다. 그리고 왕은 대신의 말대로 군사의 위엄이 떨치는 곳에서 항복하지 않는 곳이 없어, 네 바다 안에서 삼면三面은 이미 평정하고 오직 동쪽만이 항복하지 않았습니다.

곧 군사를 일으켜 치러 갈 때에 먼저 오랑캐와 흰 코끼리를 보내어 앞에서 인도하게 하고 왕은 뒤를 따랐습니다. 총령蔥嶺에 이르러 험한 고개를 넘으려 할 때에 먼저 가던 코끼리와 말이 나아가려 하지 않았습니다.

왕은 괴상히 여겨 말한테 말했습니다.

"나는 지금까지 너를 타고 정벌하여 삼면은 이미 평정하였다. 그런데 너는 지금 왜 나가려 하지 않는가?"

그 때에 대신이 왕께 말했습니다.

"신은 먼저 왕께 '비밀한 말을 누설하지 말라'고 말했습니다. 그런데 지금 누설하셨으니 장차 왕의 목숨이 멀지 않을 것입니다."

그 대신의 말과 같이 왕은 오래지 않아 반드시 죽을 것을 스스로 알았습니다. 그런데 그 왕은 지금까지 남의 나라를 정벌하면서, 3억이 넘는 사람들을 죽였기 때문에 장래에는 반드시 중한 죄를 받을 줄 스스로 알고, 마음에 두려움이 생겨 곧 참회하되, 보시를 행하고 계율을 지키며 절을 짓고 스님들께 공양을 올리되 네 가지 일에 모자람이 없었고, 온갖 공덕을 닦되 부지런하여 게으르지 않았습니다. 그 때에 여러 신하들은 저희들끼리 쑤군댔습니다.

"왕은 온갖 악을 널리 짓고 무도하게 사람을 죽였는데 지금 복을 지은들 과거의 허물을 지우는데 무슨 이익이 있겠는가!"

왕은 그 말을 듣고 그들의 의심을 풀어주기 위해 곧 방편으로써 신하들에게 명령했습니다.

"너희들은 이레 낮 이레 밤 동안 저 큰 가마에 불을 때어 물을 끓게 하되, 잠깐도 그치지 말라."

그리고 왕은 곧 반지를 그 가마 안에 던져 넣고 여러 신하들에게 명령했습니다.

"너희들은 저 가마 안의 반지를 집어오너라."

"다시 다른 죄로 죽여주십시오. 저 반지는 집어올 수 없습니다."

"어떤 방편을 쓰면 저것을 집을 수 있겠는가?"

"밑에 불을 끄고 위에 찬물을 부으십시오. 그 방편이면 사람의 손이 상하지 않고 그것을 집을 수 있을 것입니다."

"내가 이전에 악을 지은 것은 저 뜨거운 가마와 같다. 지금 온갖 선을 닦고 부끄러워하며 참회하고 다시는 악을 짓지 않는다면 왜 그것을 없애지 못하겠는가. 세 갈래 나쁜 길도 막을 수 있고 인간이나 천상에도 날 수 있을 것이다."

신하들은 이 말을 듣고 곧 깨달아 모두 기뻐하면서 말했습니다.

"지혜로운 사람의 말은 쓰지 않을 수 없는 것이다."

8권

선정과 지혜는 꺼지는 등불 같나니
함이 없음에 도달함을 얻어야 하네
일체 복은 실천을 연유하여 얻나니
하늘에 구하여 무엇을 얻겠는가?

임금이 할 일

부처님께서 구시미국에 계셨습니다. 그 때에 어떤 재상인 바라문은 사람됨이 사나와 도리로써 행동하지 않았고, 그 아내도 사특하고 아첨함이 남편과 다름이 없었습니다.

남편은 아내에게 말했습니다.

"사문 고타마가 이 나라에 있다. 만일 그가 오거든 문을 닫고 열어주지 말라."

어느 날 부처님께서 그 집에 가셨습니다. 바라문의 아내는 부처님을 보고도 잠자코 말을 하지 않았습니다.

부처님께서 말씀하셨습니다.

"너희들 바라문은 어리석고 삿된 소견으로써 삼보를 믿지 않는구나."

아내는 이 말을 듣고 매우 화를 내어 제 손으로 목걸이를 끊고, 때 묻은 옷을 입고 땅에 앉아 있었습니다.

남편이 밖에서 돌아와 물었습니다.

"왜 그러느냐?"

"사문 고타마가 나를 욕하면서 이렇게 말했습니다."

'너희들 바라문은 삿된 소견으로써 삼보를 믿지 않는다.'

"우선 내일까지 기다리자."

그 이튿날 문을 열어 놓고 부처님이 오시기를 기다렸습니다. 뒷날 부처님이 그 집에 나타나시자, 바라문은 칼을 들고 부처님을 향하여 칼질을 했으나, 그러나 맞지 않으셨습니다. 그는 부처님께서 허공에 계시는 것을 보고 스스로 부끄러워하며 온몸을 땅에 엎드려 절하고 부처님께 사뢰었습니다.

"원컨대 세존께서는 내려오셔서 저의 참회를 받아주소서."

부처님은 곧 내려오셔서 그의 참회를 받고, 그들을 위해 설법하시니, 그들은 모두 스로타판나가 되었습니다. 그 때에 비구들은 부처님께서 그런 나쁜 사람을 교화하여 항복 받으셨다는 말을 듣고 각기 이렇게 말했습니다.

"부처님께서 세상에 나타나심은 참으로 놀랍고 장하신 일이다."

부처님께서 비구들에게 말씀하셨습니다.

"그것은 오늘만 아니다. 옛날에도 그를 다루어 항복 받았느니라."

"알 수 없습니다. 옛날에 그를 다루어 항복 받으셨다는 그 일은 어떠하셨습니까?"

부처님께서 말씀하셨습니다.

"옛날 카시국에 악수惡受라는 왕이 있었다. 그는 법답지 못하게 백성들을 괴롭히고 무도하게 사람을 죽이며, 사방에서 오는 장사꾼들의 진기한 물건들을 모두 세금으로 빼앗으면서 그 값을 주지 않았다. 그러므로 국내에 보물은 아주 귀하게 되었고, 백성들은 서로 전해 그의 나쁜 이름이 흘러 퍼졌다.

그 때에 앵무새의 왕이 숲 속에서 있다가 왕의 죄악을 말하는, 길 가는 사람들의 말을 듣고 가만히 생각했다.

'나는 비록 새지만 그의 이름을 알 수 있다. 나는 왕에게 가서 좋은 도를 말하리라. 그가 만일 내 말을 들으면 반드시 이렇게 말하리라. 저 새의 왕도 착한 말을 하는데 하물며 사람의 왕이겠는가! 그는 내 충고를 듣고 혹 고칠는지도 모른다.'

그는 곧 높이 날아 왕의 공원에 내려와 어떤 나무 위에 앉았다. 마침 왕의 부인이 공원으로 놀러 들어갔다. 그 때 앵무새는 날개를 치고 울면서 말했다.

'지금 왕은 매우 사납고 무도하여 백성들을 해치니 그 독은 새짐승에게까지 미칩니다 사람과 짐승들은 기가 차서 꾸짖으며 원한을 맺고 슬퍼하는 소리가 온 천하에 두루 들립니다.

또 부인도 가혹하기 왕과 다름이 없다 하는데, 백성의 부모로서 어찌 그럴 수 있습니까!'

부인은 이 말을 듣고 불꽃처럼 화를 내며 말했다.

'저 어떤 조그만 새가 주둥이를 놀려 나를 꾸짖는가!'

그러나 그 앵무새는 놀라거나 두려워하지도 않고, 그 사람 손에 잡혔다. 부인은 그 새를 왕에게 넘겼으며 왕은 앵무새를 보고 말했다.

'너는 왜 우리를 꾸짖는가?'

'왕의 법답지 않음을 말하여 이익이 되게 하려 하였고, 꾸짖은 것은 아닙니다.'

왕은 또 물었다.

'어떤 법답지 않은 일이 있는가?'

'일곱 가지 법답지 않음이 있어서 왕의 몸을 위태롭게 합니다.'

'그 일곱은 무엇 무엇인가?'

'첫째는 여색에 빠져 이성이 마비되어, 곧고 바르기를 힘쓰지 않는 것이요, 둘째는 술을 즐겨 어지러이 취해 나라 일을 돌보지 않는 것이요, 셋째는 장기와 바둑에 빠져 예의의 교화를 닦지 않는 것이요, 넷째는 사냥을 다녀 살생하면서 조금도 인자한 마음이 없는 것이요, 다섯째는 나쁜 말 쓰기를 좋아하여 좋은 말씀이 조금도 없는 것이요, 여섯째는 부역을 시키고 벌을 주되 더욱 법칙을 어기는 것이요, 일곱째는 도리에 어긋나게 백성들의 재산을 빼앗는 것입니다.

이 일곱 가지 일은 왕의 몸을 위태롭게 하는 것입니다. 또 세 가지 일이 있어서 왕의 나라를 기울게 합니다.'

'세 가지 일이란 무엇인가?'

'첫째는 사특하고 아첨하는 나쁜 사람들을 친하는 것이요, 둘째는 어진 이의 충고를 받아들이지 않는 것이요, 셋째는 남의 나라 정벌하기를 좋아하고 백성들을 돌보지 않는 것입니다.

이 세 가지 일을 버리지 않으면 나라가 무너지기는 아침이 아니면 저녁일 것입니다. 대개 왕이 되면 온 나라가 우러릅니다. 그러므로 왕은 다리와 같이 만민을 건너게 해야 하고, 저울과 같이 친소親疎에 평등해야 하며, 길과 같이 성현의 자취에 어긋나지 않아야 하는 것입니다. 또 왕은 해와 같이 온 세상을 두루 비춰줘야 하고 달과 같이 모든 것에 맑고 시원함을 주어야 하며, 부모와 같이 백성들을 사랑하고 가엾이 여겨야 하고, 또 하늘과 같이 일체를 덮어 주어야 하며, 땅과 같이 만물을 길러야 하고, 또 불과 같이 만민을 위해 나쁘고 근심되는 것을 태워야 하며, 물과 같이 사방을 윤택하게 해야 하고, 또 과거의 전륜성왕처럼 열 가지 선한 도로써 중생을 교화해야 하는 것입니다.'

왕은 이 말을 듣고 매우 부끄러워하면서 말했다.

'너의 말은 매우 정성스럽고 간곡하다. 나는 사람의 왕으로서 소행이 무도했다. 그러나 이제 그 가르침을 따라 스승으로 받들어 섬기면서 바른 행을 닦으리라.'

그리하여 온 나라에 교화가 퍼지니 왕의 나쁜 이름이 없어지고, 부인과 신하들은 모두 충성하고 공경하며 모든 백성들은 다 기뻐했다. 마치 소들이 물을 건널 때 길잡이가 바르면 따르는 소들도 다 안전함과 같았다.

비구들아, 그 때의 그 앵무새는 바로 지금의 내 몸이요, 카시국의 악수왕은 바로 지금의 저 재상이며, 그 때의 그 부인은 바로 지금의 저 재상 부인이니라."

난타의 득도

부처님께서 카필라국에 계시면서 성 안에 들어가 걸식을 하시다가 난타의 집에 이르셨습니다. 마침 난타는 아내와 함께 있었는데 아내는 얼굴에 화장하면서 눈썹 사이에 향을 바르고 있었습니다. 부처님께서 문 안에 오셨다는 말을 듣고 난타는 밖으로 나와 보려 하니, 그 아내는 말했습니다.

"나가서 부처님을 뵈옵고 저의 미간에 향수가 마르기 전에 들어오십시오."

난타는 곧 나가 부처님께 예배드리고, 바루를 받아 집에 들어가 밥을 담아 바쳤습니다. 그러나 부처님께서 그것을 받지 않으시자, 부처님을 지나쳐서 아난다에게 주었으나 아난다도 그것을 받지 않고 말했습니다.

"너는 누구에게서 그 바루를 받았는가. 주인에게 돌려드려라."

이에 그는 바루를 받들고 부처님을 쫓아 냐그로다절까지 갔습니다. 부처님께서는 곧 이발사에게 명령하여 난타의 머리를 깎으라고 하셨으나, 난타는 듣지 않고 주먹을 쥐면서 화를 내어 이발사에게 말했습니다.

"너는 지금 이 카필라의 모든 사람들의 머리를 다 깎으려 하느냐?"

부처님께서 이발사에게 물으셨습니다.

"왜 그의 머리를 깎지 않느냐?"

"무서워서 못 깎겠습니다."

부처님은 아난다와 함께 몸소 난타 곁으로 가시니, 난타는 부처님의 위엄에 감히 머리를 깎지 않을 수 없었습니다. 그는 머리를 깎았지만 늘 집으로 돌아가고 싶어 했습니다. 그러나 부처님이 늘 그를 데리고 다니시기 때문에 그는 돌아갈 수가 없었습니다. 그 뒤 어느 날 그는 방을 지키는 당번이 되어 못내 기뻐하며 생각했습니다.

'이제 집으로 돌아갈 좋은 기회를 얻었다. 부처님과 스님들이 모두 떠난 뒤에 나는 집으로 돌아가겠다.'

부처님께서 성으로 들어가시면서 이렇게 말씀하셨습니다.

"너는 물을 길어 저 물병들을 채워 두고 집으로 돌아가거라."

그는 곧 물을 길어 한 병을 채우고, 또 한 병을 채우려고 물을 길어 오면 채웠던 다른 병이 쓰러지고, 채우면 앞에 채웠던

병이 넘어져, 오랫동안 노력했으나 그 병을 모두 채울 수가 없었습니다. 그는 생각했습니다.

'한꺼번에 다 채울 수가 없다. 비구들이 돌아오면 제각기 채우게 하고 지금은 물병을 집안에 넣어두고 돌아가자.'

그는 방문을 닫았으나 한 방의 문을 닫으면 다른 한 방의 문이 열리고, 한 문을 닫고 나면 또 다른 한 문이 다시 열렸습니다. 그는 다시 생각했습니다.

'한꺼번에 다 닫을 수가 없다. 우선 버려두고 가자. 비구들의 옷이나 물건을 잃어버려도 내게 재산이 많으니 보상하기에 넉넉하다.'

그는 곧 승방을 나가다가 가만히 생각했습니다.

'부처님이 반드시 이 길로 오실 것이다. 나는 다른 길로 가자.'

부처님은 그 마음을 아시고 다른 길로 오셨습니다. 그는 멀리서 부처님이 오시는 것을 보고 큰 나무 뒤에 숨었으나 나무신이 나무를 들어 허공에 올리니 그는 벌판에 서 있었습니다.

부처님께서는 난타를 데리고 절로 돌아가 물으셨습니다.

"너는 아내를 사랑하느냐?"

"진실로 사랑합니다."

부처님은 또 그를 데리고 아나파나산 위에 올라가 다시 물으셨다.

"네 아내는 아름다우냐?"

"예, 아름답습니다."

그 산에 늙은 애꾸눈 원숭이가 보이자 부처님께서 또 물으셨습니다.

"네 부인 손타리의 아름다운 얼굴이 저 원숭이와 견주어 어떠하느냐?"

난타는 괴로워하면서 생각했습니다.

'내 아내의 아름답기는 사람 중에서 짝이 드문데, 부처님은 지금 왜 내 아내를 저 원숭이에 견주실까?'

부처님은 다시 그를 데리고 도리천으로 올라가 그와 함께 여러 천궁을 돌아다니시면서 여러 천자들이 여러 천녀들과 함께 서로 즐겁게 노는 것을 보여주셨습니다. 그 중의 어떤 궁중에는 천녀 5백 명만 있고 천자가 없는 것을 보고, 그는 부처님께 돌아와 이유를 여쭸습니다.

"네가 가서 직접 물어보아라."

난타는 거기 가서 물었습니다.

"다른 여러 궁전에는 모두 천자가 있는데 왜 여기만 천자가 없습니까?"

천녀들은 대답했습니다.

"잠부드비이파에 사는 부처님 아우 난타는 부처님의 핍박으로 집을 나왔습니다. 그는 집을 나온 인연으로써 목숨을 마치고는 이 천궁에 나서 우리들의 서방님이 될 것입니다."

"내가 바로 그 사람이다."

곧 거기서 살고 싶어 하니 천녀들이 말했습니다.

"우리는 하늘 사람이고 당신은 지금 하계의 사람입니다. 돌아가서 인간의 수명을 마치고 여기 와서 나면 그 때에는 살 수 있습니다."

그는 부처님께 돌아와 위의 사실을 자세히 사뢰었습니다.

"네 아내의 아름다움이 저 천녀들과 어떠한가?"

"저 천녀들에게 비하면 제 아내는 애꾸눈 원숭이와 같나이다."

부처님께서는 난타를 데리고 이 세상으로 돌아오셨습니다. 난타는 하늘에 나기 위해 더욱 정성껏 계율을 지켰습니다. 그 때에 아난다는 그를 위해 시를 읊었습니다.

미치 숫양이 싸울 때에
앞으로 나아갔다가 다시 물러나는 것처럼

네가 계율을 가지려 하는
그 일도 또한 그와 같구나.

부처님께서 다시 난타를 데리고 지옥으로 가셨습니다. 여러 끓는 가마에 사람을 삶는데, 한 가마솥에는 물만 끓고 있자, 그것을 괴상히 여겨 부처님께 그 이유를 여쭈니 부처님께서 말씀하셨습니다.

"네가 가서 직접 물어보아라."

난타는 곧 가서 옥졸에게 물었습니다.

"다른 여러 가마솥에는 사람을 삶으면서 왜 이 가마솥만은 사람을 삶지 않고 물만 끓이고 있습니까?"

옥졸은 대답했습니다.

"잠부드비파에 부처님의 아우로서 난타라는 사람이 있습니다. 그는 집을 떠난 공덕으로 장차 하늘에 나겠으나 탐욕 때문에 도를 등진 인연으로써 수명을 마치고는 이 지옥에 떨어질 것입니다. 그래서 지금 이 가마솥을 달구면서 그를 기다리고 있는 것입니다."

난타는 두려워하면서 옥졸이 붙들까 겁이 나서 부처님께 사뢰었습니다.

“부처님께 귀의하나이다. 원컨대 저를 보호하고 잠부드비파로 데리고 가 주소서.”

부처님께서 말씀하셨습니다.

“난타야, 너는 정성껏 계율을 지켜 너의 하늘 복을 닦아라.”

난타는 대답했습니다.

“하늘에 나지 않아도 좋습니다. 오직 이 지옥에 떨어지지 않기를 원할 뿐이옵니다.”

부처님께서 그를 위해 설법하시자 그는 이레 만에 아라한이 되었습니다. 비구들은 찬탄했습니다.

“세존께서 세상에 나오심은 참으로 장하고 놀라우신 일입니다.”

부처님께서 말씀하셨습니다.

“그것은 오늘만이 아니라 과거에도 그러하였느니라.”

“과거에도 그러하셨다는 그 사실은 어떠하셨습니까? 저희들을 위하여 말씀하여 주십시오.”

부처님께서 말씀하셨습니다.

“옛날 카시국에 만면滿面이라는 왕이 있었고, 비제희국에는 얼굴이 뛰어나게 아름다운 어떤 음녀가 있었다. 그 때에 두 나라는 항상 서로 원망하고 미워했다. 카시국의 왕 곁에 어떤 간사한 신하가 있어, 그는 저 나라에 있는 음녀는 아름답기가 세상에 드물다고 찬탄했다. 왕은 그 말을 듣고 마음이 끌려 사자를 보내어 청했으나 그 나라에서 주지 않았다. 왕은 다시 사자를 보내어 말했다.

'4, 5일 만 즐기고 곧 돌려보내리라.'

그 때에 그 나라 왕은 음녀에게 분부했다.

'너는 아름다운 자태와 온갖 기능을 모두 다 갖추었으므로 카시왕이 너에게 반해서 잠깐 동안도 떠나지 못하게 할 것이다.'

그리고 4, 5일이 지난 뒤에 다시 불렀다.

'큰 제사를 지내고자 하는데 그 여자가 있어야겠소. 잠깐 놓아 돌려보내 주면 뒤에 다시 보내리다.'

카시왕은 곧 돌려보내 주었다. 제사가 끝난 뒤에 다시 사자를 보내어 청하자 저쪽에서 답이 왔다.

'내일 보내겠소.'

그러나 그 이튿날이 되어도 보내주지 않았다. 이렇게 거짓말로 여러 날을 지내자, 왕은 사모하는 마음이 더욱 간절해 단 몇 사람만 데리고 비제희국에 가려 했다. 여러 신하들은 가지 않기를 권하고 충고했지만 왕은 그것을 듣지 않았다. 그 때에 선인산에 사는 어떤 원숭이왕은 총명하고 널리 통해 아는 것이 많았다. 아내가 죽어 어떤 암컷을 아내로 삼았다. 여러 원숭이들은 모두 화를 내어 꾸짖었다.

'이 음탕한 왕아. 그 암컷은 우리 공동의 소유인데 왜 대왕이 혼자만 차지하는가!'

그래서 원숭이 왕은 암컷을 데리고 카시국에 와서 왕에게 의지했다. 여러 원숭이들은 모두 그 뒤를 좇아 와 성안에 들어와서는 집을 부수고 담을 무너뜨리는 등 행패가 심하나 막을 방법이 없었다.

카시국왕은 원숭이 왕에게 말했다.

'너는 왜 그 암컷을 저 여러 원숭이들에게 돌려주지 않는가?'

원숭이 왕은 말했다.

'저는 아내가 죽고 없는데 왕은 지금 왜 돌려보내려 합니까?'

'지금 너의 원숭이들이 우리나라를 부수고 어지럽게 하는데, 어떻게 돌려보내지 않을 수 있겠는가!'

'이 일(음행)이 좋지 않습니까?'

'좋지 않다.'

이렇게 좋지 않다고 왕이 재삼 말하기 때문에 원숭이 왕은 말했다.

'왕은 지금 궁중에 많은 부인을 두고도 그들을 사랑하지 않고, 적국에 있는 음녀를 쫓아가려 하십니다. 저는 지금 아내가 없어 이 하나를 가졌는데 왕은 좋지 않다고 말하십니다. 모든 백성들은 당신을 바라보고 살아가는데 왕은 어떻게 한 음녀를 위하여 저들을 버리십니까?

대왕은 아셔야 합니다. 대개 음욕이란 즐거움은 적고 괴로움이 많은 것입니다. 그것은 마치 미련한 사람이 바람을 거슬러 횃불을 잡고 놓지 않다가 마침내 화상을 입는 것과 같습니다. 애욕은 더럽기가 저 똥 무더기 같지만 외형이 좋은 엷은 가죽에 덮여 있습니다.

또 그것은 똥에 빠진 독사처럼 은혜를 모릅니다. 그것은 원수와 같아서 거짓으로 사람에 붙어 친하고, 그것은 빚과 같아서 반드시 돌려주어야 하는 것입니다.

또 그것은 뒷간에 난 꽃처럼 미워할 만하고, 그것은 옴과 같아서 불을 향해 긁으면 더욱 심하며, 그것은 개가 마른 뼈를 씹을 때 침이 한데 모이면 맛이 있다고 생각하면서 입술과 이가 모두 부서져도 만족할 줄을 모른 것과 같고, 그것은 목마른 사람이 짠물을 마시는 것과 같아서 갈증은 더욱 심하며, 그것은 뭇 새들이 다투어 쫓는 썩은 고기와 같고, 그것은 고기와 짐승이 맛을 탐하여 죽게 되는 것처럼 그 재앙은 매우 큰 것입

니다.'

비구들아, 그 때의 원숭이 왕은 바로 지금의 내 몸이요, 그 왕은 바로 지금의 난타이며, 그 음녀는 지금의 손타리니라.

그 때에 나는 저 난타를 애욕의 수렁에서 건져내었고, 지금은 그를 생사의 고통에서 건져내었느니라."

정진은 막을 수 없다

부처님께서 라자그리하성에 계실 때, 라자그리하성과 바이샤알리국 중간에 5백 명 도적 떼가 있었습니다. 빔비사라왕은 인자하고 너그러워 은혜로운 법으로 세상을 다스리고 생물의 목숨을 해치지 않고 광고를 냈습니다.

"만일 누구든지 저 5백 명 도적 떼들에게 가서 그들을 교화하여 도둑질을 하지 않게 하면 상으로 벼슬을 주겠다."

어떤 역사가 와서 왕의 모집에 응하고, 그 광야에 가서 도적 떼들을 교화해 다시는 도둑질을 하지 않게 했습니다.

그들이 이미 항복하자 그는 큰 성을 만들고 그들을 그 안에 살게 했습니다. 또 많은 사람들이 모여와 그에게 붙어 마침내 큰 나라를 이루었고, 그 곳 사람들은 모두 이렇게 말했습니다.

"우리는 저 큰 역사의 은혜를 입고 모두 모였다."

그리고 다시 약속했습니다.

"지금부터 우리가 새로 아내를 맞이할 때에는 먼저 저 역사에게 바치자."

그들은 곧 역사에게 가서 말했습니다.

"우리들은 약속했습니다. 새로 아내를 맞이하는 이는 먼저 그 아내를 역사님께 바쳤다가 데려가려 합니다. 그것은 두 가지 일 때문이니, 첫째는 역사님과 같은 좋은 아들을 얻기 위해서요, 둘째는 역사님에게 은혜를 갚기 위해서입니다."

"그렇게 할 필요가 없다."

역사는 거절했으나, 그들이 간청하기 때문에 곧 그들의 뜻을 따라 그 법을 시행했습니다. 여러 해를 지난 어느 때, 어떤 여자가 그 일을 좋지 않게 생각하고 여러 사람들 앞에 발가벗고 서서 소변을 보았습니다. 사람들은 모두 꾸짖으며 말했습니다.

"너는 부끄러움도 없느냐. 어떻게 여자로서 여러 사람들 앞에 서서 소변을 보는가!"

"여자가 여자들 앞에서 옷을 벗고 소변을 보는데 무엇이 부끄러운가. 이 나라에는 모두 여자뿐이고 오직 저 역사만 남자다. 만일 그의 앞이라면 부끄러워해야 하겠지만 너희들 앞인데 무엇이 부끄럽겠는가!"

그 때부터 사람들은 서로 말했습니다.

"그 여자 말이 바로 도리다."

샤리푸트라와 마우드갈야야나는 함께 5백 제자를 데리고 그 광야를 지나갔습니다. 역사는 그것을 알고 두 존자와 5백 제자들을 초청하여 편안히 쉬게 하고 의복과 음식을 이바지 했습니다.

사흘 뒤에 그 나라 사람들이 모두 모여 회합을 열고는 술을 잔뜩 마시고 취하여 그 역사의 집을 에워싸고 불을 지르니 역사는 물었습니다.

"왜 이렇게 불을 지르는가?"

성난 군중들이 대답했습니다.

"처음으로 시집오는 여자는 모두 너를 거친다. 우리도 사람인데 그 일을 참을 수가 없다. 그래서 너를 태워 죽이려는 것이다."

"나는 처음에 거절했다. 너희들이 억지로 그렇게 한 것이다."

그러나 그들은 듣지 않고 그를 태워 죽이려 하니, 그는 목숨이 끊어지려 할 때 서원을 세웠습니다.

"나는 샤리푸트라와 마우드갈야야나님에게 공양을 올린 공덕의 인연으로써 이 광야에 나되, 힘센 귀신이 되어 이 사람들을 죽이리라."

이렇게 말하고 곧 숨을 거뒀습니다. 그리고 그는 그 광야에 귀신으로 환생하여 큰 독기를 뿜어 많은 사람들을 죽였습니다. 어떤 지혜로운 사람이 그 광야의 중간에 가서 그 귀신을 찾아가 말했습니다.

"너는 지금 한량없이 많은 사람을 죽여 그 고기를 다 먹지 않고 그저 썩히기만 하는구나. 원컨대 우리를 용서하고 저 소나 말을 죽여라. 그렇게 하면 하루에 한 사람씩을 너에게 대주리라."

그가 허락하자 그 나라 사람들은 모두 추첨하여 하루에 한 사람씩 죽임을 당하게 되었습니다. 이리하여 수발타라라는 장자에게 그 차례가 되었을 때, 그는 한 사내아이를 낳았습니다. 복덕이 있고 얼굴이 단정했는데 그 귀신에게 보내어 먹이가 될 차례가 되자, 그는 마음으로 간절히 소원했습니다.

'부처님께서는 세상에 나셔서 괴로워하는 모든 중생들을 구제하여 주십니다. 원컨대 부처님께서는 내 아들을 오늘의 이 재앙에서 건져주소서.'

그 때에 부처님께서 라자그리하성에 계시다가 그 장자의 마음을 아시고 곧 광야로 가서 그 귀신의 궁전 안으로 들어가 앉으셨습니다. 귀신은 부처님을 보고 매우 화를 내어 부처님께 말했다.

"사문이여, 나가라!"

부처님께서 곧 나오셨습니다. 귀신이 막 궁전 안에 들어가면 부처님께서도 도로 들어가셨습니다. 이렇게 세 번 되풀이하다가 네 번째에는 부처님께서 나가지 않으셨습니다.

귀신은 이렇게 말했습니다.

"만일 나가지 않으면 네 마음을 미치게 하고, 네 다리를 잡아 갠지스강 복판에 던져 버릴 것이다."

부처님께서 말씀하셨습니다.

"이 세상의 어떤 하늘사람이나 악마의 법으로도 내 다리를 잡아 그렇게 할 자는 없다."

귀신이 말했습니다.

"그렇다면 내가 묻는 네 가지 일에 대답해라.

첫째는 무엇이 급한 물결을 잘 건너가는가? 둘째는 무엇이 큰 바다를 잘 건너가는가? 셋째는 무엇이 모든 고통을 잘 없애는가? 넷째는 무엇이 깨끗함을 잘 얻는가?"

부처님께서 곧 대답하셨습니다.

"믿음이 급한 물결을 잘 건너고, 방일하지 않는 것이 큰 바다를 잘 건너며, 정진이 고통을 잘 없애고, 지혜가 깨끗함을 얻느니라."

그는 이 말을 듣고 곧 부처님께 귀의하여 부처님의 제자가 되었고, 그리고 손에 든 아이를 부처님 바루 안에 넣어두고, 아이 이름을 광야수曠野手라 지었습니다. 아이가 점점 자라나자 부처님께서 그를 위해 설법하시니, 그는 아나가민의 도를 얻었습니다.

비구들이 사뢰었습니다.

"부처님께서 세상에 나오심은 참으로 놀라우신 일입니다. 광야의 그런 나쁜 귀신을 항복 받아 우파사카를 만들었습니다."

부처님께서 말씀하셨습니다.

"그것은 오늘만 아니라 과거에도 그러하였느니라.

과거에 카시국과 비제하국 중간에 큰 광야가 있고 거기에 사타로라는 악귀가 있어 길을 막았기 때문에 아무도 그곳을 지나가지 못했다.

사자師子라는 상인 우두머리가 5백 명 상인을 데리고 그 길을 지나가려 했으나, 사람들이 두려워하여 지나갈 수가 없었다.

'부디 두려워하지 말고 그저 내 뒤를 따르라.'

앞으로 나아가 그 귀신이 있는 곳에 이르니, 귀신이 말했다.

'너는 네 이름을 듣지 못했는가?'

'나는 네 이름을 알기 때문에 싸우려고 온 것이다.'

'너는 무엇이 능한가?'

그는 곧 활을 잡아 그 귀신을 쏘되 5백 발을 쏘았지만 그것은 모두 귀신의 뱃속으로 사라졌다. 그리고 다시 활과 칼 따위의 무기를 썼으나 그것들도 모두 귀신의 뱃속으로 빨려 들어갔다. 앞으로 나아가 왼주먹으로 치니 왼주먹이 그 뱃속으로 빨려 들어가고 오른손으로 때리면 오른손이 그 몸에 붙고 오른발로 차면 오른발이 그 몸에 붙으며, 왼발로 차면 왼발이 붙고 머리로 치면 머리가 붙었다.

귀신은 시로써 말하였다.

너는 손과 발과 또 머리를 써도
모든 것은 다 내 몸에 붙거늘
다른 사람의 어떤 물건이 붙지 않으랴.

사자도 시로써 대답했다.

지금 내 손과 발과 또 머리와
모든 재물과 무기들은 붙어도
오직 정진만은 너에게 붙지 않느니라.

만일 정진을 쉬지 않으면
너와의 싸움도 두렵지 않을 것이다.
내가 지금 이 정진을 쉬지 않으면
마침내 너를 두려워하지 않으리라.

그 때에 그 귀신이 말했다.

'지금 너를 위하여 저 5백 상인들을 모두 놓아주어 가게 하리라.'

비구들아, 그 때의 그 사자는 바로 지금의 내 몸이요, 사타로는 바로 지금의 저 광야의 귀신이니라."

독을 자신 부처님

부처님께서 라자그리하성에 계셨습니다.

빔비사라왕에게 큰 재상이 있었고, 그는 왕과 함께 자주 부처님께 나아가, 부처님께서 말씀하시는 '욕심 떠나는 설법'을 듣고 그 뒤로는 그 부인과 잠자리를 함께 하지 않았습니다.

부인은 나쁜 마음을 품고 독약을 구하여 음식에 넣어 부처님을 초청하여 드리려 했습니다. 남편이 부인에게 그 음식을 달라고하자 부인은 그것을 주지 않고 다른 음식을 주었습니다.

부처님이 오시자 남편은 부처님께 사뢰었습니다.

"그 음식은 자시지 마소서."

부처님께서 물으셨습니다.

"왜 먹지 말라고 하는가?"

"독이 있기 때문입니다."

"이 세상에는 세 가지 독보다 더한 독은 없다. 내가 그것을 벌써 없앴거늘 어떤 조그만 독이 나를 해칠 수 있겠는가!"

그 음식을 자셨으나 조금도 이상이 없었습니다. 그 때에 재상의 부인은 믿는 마음을 내었고, 부처님께서 그들을 위해 설법하시자, 그들 부부는 모두 스로타판나가 되었습니다. 비구들이 모두 처음 보는 일이라고 찬탄하자 부처님께서 말씀하셨습니다.

"그것은 오늘만 아니라 과거 세상에서도 그를 교화하였느니라.

옛날 카시국왕에게 비도혜라는 지혜로운 신하가 있었다. 그는 항상 선법으로 국왕을 돕고 또 여러 신하들도 모두 선한 법을 닦게 했다. 그 때에 명상明相이라는 용왕이 듣고 비도혜에게 자주 오가면서 그 법을 듣고 받들었기 때문에 아내에게 걸음이 드물었다. 용의 아내는 성을 내어 이렇게 말했다.

'저 비도혜의 심장을 얻어 불에 제사하고 그 피를 마셔야 살겠다.'

그 때에 그 용궁에 자주 왕래하며 친히 지내는 야차가 있었다. 그는 용왕 아내의 이 말을 듣고 대답했다.

'내가 얻을 수 있다.'

용궁의 여의주를 가지고 가서 상인이 되어 카시국왕에게로 갔다. 그는 그 왕과 함께 저포樗蒲놀이를 했다. 그는 여의주를 걸고 왕은 그 나라의 창고를 걸고, 또 비도혜를 한 몫으로 하여 여의주에 맞섰는데 야차가 이겼다. 그러나 야차는 그 나라의 창고는 취하지 않고 다만 비도혜만 요구하고서는 여의주를 왕에게 주었다.

왕은 비도혜에게 물었다.

'그대는 가고 싶은가?'

'가고 싶습니다.'

그리하여 야차는 비도혜를 데리고 갔다. 비도혜는 야차에게 물었다.

'나를 찾아온 것은 무슨 뜻이 있는가?'

야차는 대답하지 않았다. 그러나 이렇게 묻기를 그치지 않으므로 마침내 말했다.

'용왕의 부인이 당신의 심장을 빼내어 불에 제사하고 당신의 피를 받아 마시고자 합니다.'

'만일 그대가 나를 죽여 심장과 피를 가지고 가야 한다면 모든 사람의 심장과 피는 다 꼭 같은 것인데, 그것이 누구의 것인지 어떻게 알겠는가. 너는 나를 죽이지 말고 데리고 가라. 그가 내 심장을 필요로 한다면 그 대신 나는 내 지혜를 줄 것이요, 그가 내 피를 필요로 한다면 그 대신 나는 내가 아는 불법을 줄 것이다.'

이 말을 듣고 야차는 생각했다.

'이 분은 참으로 지혜로운 사람이다.'

그리하여 그를 데리고 용궁으로 가자, 용왕은 그를 보고 매우 기뻐했다. 비도혜가 그들을 위해 설법하니, 용왕 부부와 그 권속들은 모두 공경하고 믿는 마음을 내어 다섯 가지 계율을 받았고, 또 야차 무리들도 다섯 가지 계율을 받았다. 그 때에 잠부드비파 안에 있는 용과 야차들은 모두 많은 보물을 가지고 와서 비도혜에게 주었고, 비도혜는 그것을 왕에게 바쳤고 왕은 백성들에게 나누어주었다. 그리고 잠부드비파의 사람과 용과 귀신들은 모두 다섯 가지 계율을 받고 열 가지 선행을 실천했다.

비구들아, 그 때의 그 비도혜는 바로 지금의 내 몸이요, 명상 용왕은 지금의 저 선견 재상이며, 용왕의 아내는 바로 지금의 재상 부인이요, 왕은 저 샤리푸트라며 야차는 지금의 저 마우드갈야야나니라."

삼매의 힘

부처님께서 슈라바스티국에 계셨습니다. 그 때에 부처님께서는 삿된 소견을 가진 이교도의 우두머리들과 그 권속들을 교화하시고 항복 받아 그들을 모두 흩어지게 하셨습니다. 5백 명 니르그란타들은 서로 말했습니다.

"우리 무리들은 완전히 패해 모두 흩어졌다. 차라리 불에 타 죽어 빨리 뒷세상으로 가는 것만 못하다."

섶을 모아 불을 질러 타 죽으려 했습니다.

부처님께서는 매우 가엾이 여겨 그들의 고통을 구제하려고 불붙지 않게 하시고 그들 곁에서 화광삼매에 드시자 그들은 그 큰 불덩이를 보고 마음으로 기뻐하며 이렇게 말했습니다.

"우리는 구태여 불을 지필 필요가 없다. 모두 저 불속에 몸을 던지자."

그들은 그 불덩이 곁으로 가니 몸이 갑자기 가뿐하고 시원해지면서 매우 유쾌하고 즐거웠습니다. 그들은 불속에 계시는 부처님을 뵙고 더욱 기뻐하면서 스님이 되기를 간청했습니다.

"잘 왔구나, 비구들아."

그들의 수염과 머리털은 이미 떨어졌고 법복이 몸에 입혀져 있었습니다. 부처님께서 그들을 위해 설법하시니, 그들은 모두 아라한이 되었습니다.

비구들은 말했습니다.

"참으로 놀랍습니다. 세존께서는 저 니르그란타들을 스스로 타 죽는 고통에서 건져주시고 또 아라한이 되게 하셨습니다."

부처님께서 말씀하셨습니다.

"그것은 오늘만 아니다. 옛날 슈라바스티국의 5백 명 상인들이 바다에 들어가 보물을 캐기로 했다. 그래서 비사카라는 우두머리 상인은 여러 상인들을 데리고 바람을 따라 나가 보물이 있는 곳에 이르러, 보물을 캐어 배에 실었다. 상인들은 보물에 탐이 생겨 보물을 너무 무겁게 배에 실었다. 그래서 비사카는 여러 상인들에게 말했다.

'보물을 너무 무겁게 싣지 말라. 너희들은 목숨을 잃을 것이다.'

그러나 여러 상인들은 그 말을 듣지 않았다.

'차라리 보물과 함께 죽을지언정 버릴 수는 없다.'

비사카는 곧 그 배의 보물을 모두 물속에 던지고 여러 상인들을 자기 배에 태웠다. 여러 배의 보물들은 모두 바다 속에 침몰했다. 바다신은 그 우두머리가 보물을 버려 상인들을 구하는 것은 보고 마음으로 기뻐하며, 그 우두머리가 버린 보물들을 가지고 날아와 육지에서 기다리다가 바다에서 나오자 우두머리에게 돌려주었다.

여러 상인들은 말했다.

'우리는 왜 그 보물 있는 데서 목숨을 버리지 않고 이런 고통을 당하는가.'

비사카는 그들을 매우 가엾이 여겨 그가 얻은 보물을 모두 그들에게 나누어 주었다. 그리고 집을 떠난 이교도들의 법을 닦아 다섯 가지 신통을 얻었다.

상인들이 말했다.

'저런 큰 선비는 재보를 탐하지 않고 스스로 그 뜻을 닦았기 때문에 큰 이익을 얻었다. 우리도 저이를 본받아야 한다.'

모두 그 보물을 버리고 선인들이 있는 곳으로 가서 그 법을 닦아 익혀 모두 다섯 가지 신통을 얻었다.

비구들아, 그 때의 그 비사카는 바로 지금의 내 몸이요, 5백 상인들은 바로 지금의 저 니르그란타들이다."

설법을 들은 기러기

부처님께서 슈라바스티국에 계셨습니다. 그 때에 반차라국에서 5백 마리 흰기러기를 프라세나짓트왕에게 바쳤습니다. 왕은 그것을 기타 절에 보냈습니다. 여러 스님들이 밥 때에 각각 걸식하여 한 곳에 모이니 그 기러기들도 스님들이 모인 것을 보고 그 앞에 와서 앉았습니다.

부처님께서 한 음성으로 설법하시지만, 중생들은 각기 제가 익힌 말로 듣고 부처님의 설법 내용을 이해했습니다. 그 때에 그 기러기들도 부처님 말씀을 이해하여, 그 설법을 듣고는 모두 기뻐하며 우는 소리를 서로 주고받으며 못으로 돌아갔습니다.

그 뒤에 날개가 길게 자라 다른 곳으로 날아갔는데, 사냥꾼이 그물로 덮어 모두 죽었습니다. 그물에 걸렸을 때에 한 마리가 소리를 내자 5백 마리 모두가 소리를 받았습니다. 그것은 설법을 들을 때의 그 소리였습니다

그들은 그 착한 마음으로 말미암아 죽어서 도리천에 났습니

다. 하늘에 났을 때에는 세 가지를 생각합니다.

첫째는 '나는 본래 어디서 왔는가',

둘째는 '다음에는 어디에 났는가',

셋째는 '전생에 어떤 업을 지었기에 이 하늘에 나게 되었는가'.

그 기러기들은 생각해보았습니다.

'우리의 전생 인연을 살펴보니 다른 선행은 없고 오직 부처님께 법을 들은 것뿐이다.'

이렇게 생각하고 5백 천자들은 부처님 앞에 내려왔습니다. 부처님께서 그들을 위해 설법하시니, 그들은 모두 스로타판나를 얻었습니다. 프라세나지트왕이 마침 부처님께 나아갔습니다. 전에는 항상 5백 마리 기러기가 부처님 앞에 벌려 서있는 것을 보았는데, 그 날은 보이지 않았기 때문에 부처님께 사뢰었습니다.

"여기 있던 그 기러기들은 모두 어디로 갔습니까?"

"기러기들을 보고 싶으시오?"

"보고 싶습니다."

부처님께서 말씀하셨습니다.

"그 기러기들은 다른 곳으로 날아갔다가 사냥꾼에게 잡혀 목숨을 마치고 하늘에 났소. 지금 저 좋은 하늘 모자를 쓰고 얼굴이 뛰어나게 단정한 5백 천자들이 바로 그들인데 지금 법을 듣고 모두 스로타판나가 되었소."

"이 기러기들은 어떤 인연으로써 축생에 떨어졌다가 목숨을 마치고는 천상에 났으며 또 지금 도를 얻었습니까?"

"옛날 카샤파 부처님 때에 5백 명 여자들이 모두 계를 받았으나 마음을 좋게 가지지 못해, 받은 계율을 깨뜨렸고, 그 계율을 깨뜨렸기 때문에 축생에 떨어져 기러기가 되었소. 그러나 그들은 계율을 받은 공덕 때문에 나를 만나 법을 듣고 도를 얻었소. 그리고 기러기 몸으로 있으면서 법을 들은 인연으로 천상에 난 것이오."

기러기의 설법

부처님께서 라자그리하성에 계시던 어느 때, 데바닷타는 호재라는 취한 코끼리를 몰아 부처님을 해치려 하니, 5백 아라한들은 모두 허공으로 날아갔으나 오직 아난다만은 부처님 뒤에 남아 있었습니다. 그 때에 부처님께서 오른손을 드시자 5백 마리 사자가 나타났고, 흰 호재 코끼리는 사자들을 보고 두려워 곧 항복했습니다.

부처님께서 말씀하셨습니다.

"이런 일은 지금만 아니라 과거에도 그러하였느니라.

옛날 카시국에 5백 마리 기러기가 무리를 이루어 살고 있을 때, 기러기왕의 이름은 뇌타요, 뇌타에게는 소마라는 신하가 있었다. 기러기왕은 사냥꾼에게 잡히게 되었다.

5백 마리 기러기 떼들은 모두 그를 버리고 달아났지만 오직 소마만은 그를 버리지 않고 따라다녔다. 그리고 사냥꾼에게 말했다.

'우리 왕을 놓아주십시오. 지금 제가 저의 몸으로 대신 하

겠습니다.'

그러나 사냥꾼은 듣지 않고 마침내 기러기 왕을 범마요왕에게 바쳤다.

왕이 기러기 왕에게 물었다.

'편안한가?'

기러기왕은 대답했다.

'왕의 큰 은혜를 입어 왕의 맑은 물을 마시고 또 좋은 풀을 먹고 생명을 보전하면서, 언제나 편안하게 이 나라에서 살아가나이다. 원컨대 대왕은 저 모든 기러기들을 놓아주어 두려움이 없게 해 주십시오.'

그 때에 5백 마리 기러기들은 왕의 궁전 위에서 소리를 쳤다. 왕은 물었다.

'저들은 어떤 기러기인가?'

'저들은 저의 권속입니다.'

왕은 그들에게 두려움이 없게 하려고 나라에 영을 내려 기러기를 죽이는 것을 금했다.

기러기 왕은 왕에게 아뢰었다.

'부디 바른 법으로 나라를 다스리십시오. 세상은 덧없는 것입니다. 비유하면 사방의 산, 즉 끝없이 높은 동방의 큰 산이 갑자기 들어오고, 남 · 서 · 북방의 산도 또 그와 같이 와서 이 세상을 갈아 부술 때에는, 일체 중생과 사람과 귀신들이 모두 없어지지만, 그것을 피할 수 없고 믿을 데가 없고 구제할 수도 없는 것과 같습니다. 그 때를 당해서 무엇을 믿고 무엇의 힘에 의지하겠습니까. 오직 이런 것을 생각하고 부디 사랑하는 마음으로 일체 중생을 두루 보살피고, 바른 법을 닦고 행하여 온갖 공덕을 지으십시오.

대왕이시여, 아셔야 합니다. 어떠한 부귀도 사방에서 오는 쇠하고 멸하는 법에는 꺾이고 부서져 허공으로 돌아가는 것입니다. 또 어떠한 건강도 사방에서 오는 온갖 병 때문에 부서져 없어집니다. 어떠한 젊음도 사방에서 오는 쇠약의 산 때문에 부서집니다. 또 어떠한 생명도 사방에서 오는 죽음의 큰 산 때문에 무너져 없어집니다.

이와 같은 네 산은 일체가 다 가진 것으로써, 어떤 하늘이나 용이나 사람이나 귀신 등 생명을 가진 무리로서는 그것을 면할 수 없는 것입니다. 그러므로 항상 사랑하는 마음을 닦고 정성껏 바른 법을 행하십시오. 만일 그렇게 할 수 있다면 죽을 때에도 후회하지 않을 것입니다. 후회하지 않기 때문에 좋은 곳에 나서, 반드시 성현을 만나 생사를 벗어날 수 있을 것

입니다.'

왕은 소마에게 물었다.

'너는 왜 잠자코 있는가?'

'지금 기러기 왕과 사람의 왕이 같이 말씀하고 계신데, 만일 거기 끼어들어 말하면 그것은 예의가 아니며, 웃어른에 대하여 공경하고 정성된 마음이 없는 것이기 때문입니다.'

'그것은 실로 드문 일이다. 너는 기러기 몸으로서 능히 그러한 충신의 절개를 지키는구나. 그것은 사람으로서도 미치지 못할 것이다. 그리고 네 목숨으로써 기러기 왕을 대신하려 했고 또 겸손하여 말에 참여하지 않으니, 너희들과 같은 군신의 의리는 참으로 세상에 드문 것이다.'

왕은 곧 금방울을 그들의 머리에 달아주고 또 좋은 비단을 기러기 왕의 머리에 매어 보내면서 말했다.

'너는 아까 나를 위해 좋은 법을 말했기 때문에 곧 놓아주는 것이다.'

비구들아, 그 때의 기러기왕은 바로 지금의 내 몸이요, 소마는 바로 지금의 저 아난다며, 사람의 왕은 바로 내 아버지 정반왕이요, 그 사냥꾼은 바로 저 데바닷타였느니라."

9권

이 몸은 마치 수레와 같아
좋고 나쁜 것 가림이 없습니다
향기로운 기름이나 냄새 나는 기름이나
요리하는 데에는 꼭 같습니다

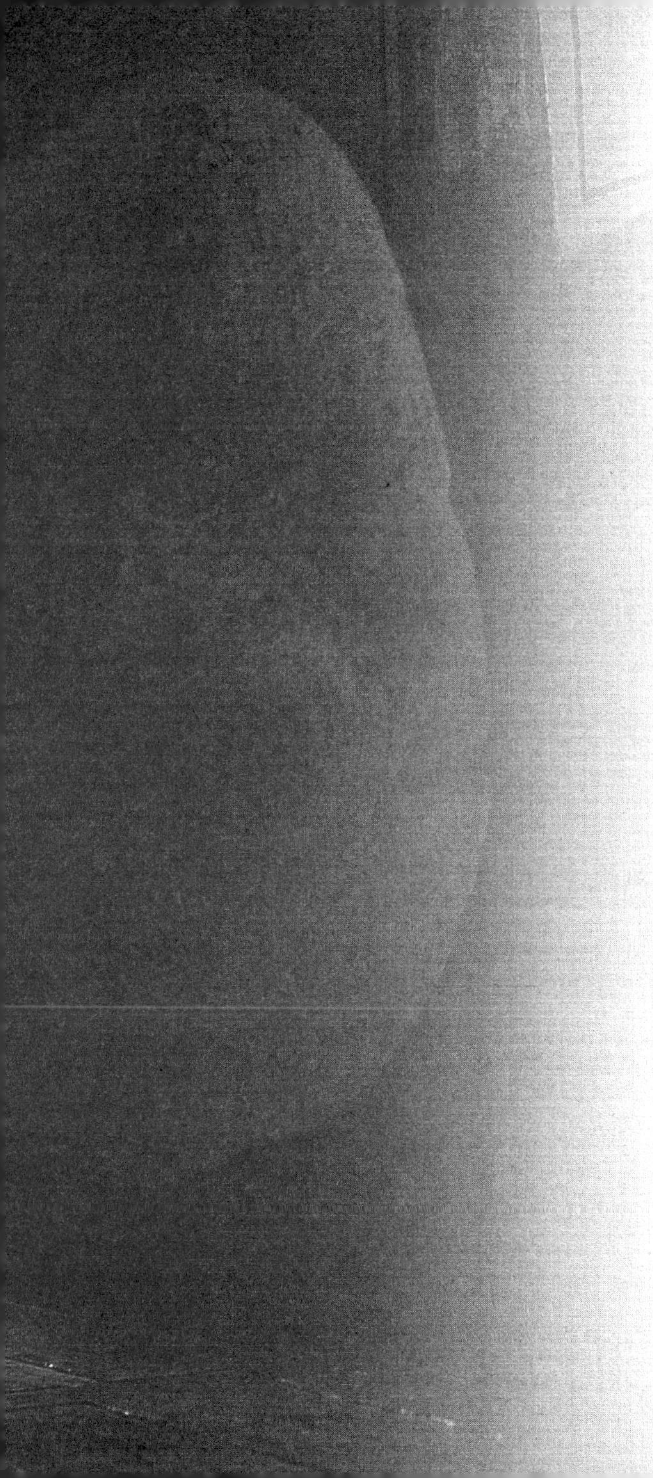

가전연의 음식에 대한 분별

옛날 악생왕은 잔인하고 사나운 행동으로 남을 가엾이 여기는 마음이 없고 삿된 소견이 왕성했습니다.

부처님께서 매우 가엾이 여겨 제자들을 보내어 여러 나라로 돌아다니면서 교화하게 하셨습니다. 가전연은 바로 그 악생왕국의 바라문 종족이므로, 부처님께서는 곧 가전연을 본국으로 보내어 국왕과 백성들을 교화하게 하셨습니다. 존자 가전연은 부처님의 분부를 받고 본국으로 돌아갔습니다. 그 때 악생왕은 바른 도를 보지 못하고 삿된 도를 받들어 섬겼고, 언제나 이른 아침에는 사람을 만나지 않고 먼저 하늘신을 섬기는 사당에 절했습니다.

가전연은 그 악생왕을 교화하기 위해 아침 일찍 일어나 사람으로 변화하되, 얼굴이 단정하여 멀리서 온 사신처럼 꾸미고, 왕의 문 안에 들어가 왕을 뵈올 때에 본래 스님의 형상이 되었습니다. 왕은 특히 머리를 깎은 도사를 미워했는데, 그 날도 매우 화를 내며 말했습니다.

"나는 지금 반드시 너를 죽이겠다."

곧 사람을 시켜 가전연을 잡아다 죽이려 하자 가전연은 왕에게 말했습니다.

"제가 무슨 허물이 있기에 죽이려고 하십니까?"

"머리를 깎은 너희들을 보면 불길하다. 그래서 지금 너를 죽이려는 것이다."

"그 불길은 저에게 있고 왕에게 있는 것이 아닙니다. 그 이유는 왕은 저를 보아도 아무 손해가 없지만, 제가 왕을 보니 죽을 처지에 놓였습니다. 이것으로 미루어 '그 불길은 바로 저에게 있다.' 고 말한 것입니다."

왕은 본래 총명하므로 이 말을 듣고는 곧 그 뜻을 깨닫고 가전연을 놓아주면서 나쁜 마음을 거두었습니다. 그리고 가전연이 모르게 두 사람을 보내어 뒤를 따르게 하면서 그가 머무는 곳과 먹는 음식이 어떤 것인가를 살피게 했습니다.

그들은 가전연이 나무 밑에 앉아 빌어온 밥을 먹고, 밥이 남으면 굶주리는 주위의 사람들에게 주었고, 남은 찌꺼기 같은 것은 물속에 쏟아 버리는 것을 보았습니다.

그들이 돌아오자 왕이 물었습니다.

"존자의 머무는 곳과 먹는 음식은 어떠하던가?"

그들은 앞서 본대로 자세히 왕에게 말했습니다.

그 뒤에 왕은 존자 가전연을 초청하여 좋지 못한 음식을 주고 사람을 보내어 '지금 그 음식이 마음에 맞는가?' 하고 물었고, 존자 가전연은 '음식의 본 뜻은 먼저 배를 채우는 데 있다.' 고 대답했습니다. 그 뒤에 다시 부드럽고 맛난 음식을 주고 또 사람을 보내어 '지금 음식이 마음에 드는가?' 하고 물었습니다.

'음식의 본 뜻은 배를 채우는 데 있다.'

그 뒤에 왕은 존자에게 물었습니다.

"내가 음식을 보냈을 때 거칠고 부드러운 것을 가리지 않고 다만 '배를 채우는 데 있다.' 고 말하니, 그것은 무슨 뜻인가?"

"비유하면 부엌에서는 향나무도 타고 더러운 쇠똥도 타는 것처럼, 우리 몸과 입도 또한 그러하여, 음식은 거칠거나 부드럽거나 배를 채우면 그만입니다."

계속하여 시를 읊었습니다.

이 몸은 마치 수레와 같아
좋고 나쁜 것 가림이 없습니다.
향기로운 기름이나 냄새 나는 기름이나

요리하는 데에는 꼭 같습니다.

왕은 그 말을 듣고 그의 큰 덕이 깊음을 알았습니다.

그리고 보잘것없는 음식과 좋은 음식을 바라문들에게 주어 보자, 바라문들은 처음에 보잘것없는 음식을 받았을 때는 모두 화를 내어 얼굴빛을 변하고 꾸짖다가, 나중에 좋은 음식을 줄 때는 기뻐하고 왕의 덕을 찬탄했습니다.왕은 바라문들이 음식에 따라 기뻐하고 노여워하는 것을 보고는 가전연을 더욱 믿고 공경했습니다.

그 때, 존자의 누이가 성 밖 바라문 촌에 살고 있었는데, 미인 생질녀가 좋은 머리털을 가지고 있었습니다. 안거 때가 되어 그는 지극한 마음으로 공양을 올리기 위하여, 자기 머리털을 팔아 돈 오백 냥을 받아 가전연을 초청하여 여름 안거 동안 공양을 올렸습니다. 존자 가전연은 여름 안거를 거기서 마치고 성안으로 돌아갔습니다. 그 때에 악생왕의 궁문 안에 갑자기 죽은 꿩 한 마리가 떨어졌는데, 그 모습을 살펴보니 전륜왕이 먹던 것과 같았으므로 악생은 그것을 먹으려 했습니다.

어떤 지혜로운 신하가 왕에게 말했습니다.

"이 꿩을 그냥 드시지 말고 먼저 시험해 보셔야만 합니다."

왕은 그 말에 따라 곧 사람을 시켜 그 고기 한 점을 베어 개에게 주니, 개는 그 고기 맛을 탐하여 자기의 혀까지 한꺼번에 먹고는 그만 죽어버렸습니다. 또 고기를 조금 베어 어떤 사형수에게 시험해 보니, 그 사람도 그 고기를 먹다가 그 맛을 탐하여, 마침내 제 손까지 깨물어 먹고는 피를 너무 흘려 죽어버렸습니다. 그것을 본 왕이 매우 두려워하자 어떤 사람이 말했습니다.

"이 고기는 전륜왕이나 번뇌가 없는 지혜를 가진 도인이라야 먹을 수 있는 것입니다."

왕은 사람을 시켜 그 고기로 맛난 음식을 만들어 존자 가전연에게 보냈고, 그것을 먹은 가전연은 몸이 아주 편안하게 보였습니다.

뒤에 사람을 보내어 가전연의 안색이 보통 때보다 더욱 빛난다는 말을 들은 왕은 매우 놀랍게 생각하며 더욱 존경했고, 그리고 저 외도인 바라문들을 업신여기고 천하게 여겼습니다.

왕은 가전연에게 물었습니다.

"존자께서는 이 여름 석 달 동안을 어디서 지내시고 지금 오십니까?"

존자는 생질녀가 머리털을 팔아 스님들께 공양을 올렸다는 말을 자세히 하자, 왕은 그 말을 듣고 이렇게 말했습니다.

"우리 궁중에 머리털이 매우 아름다운 여자들이 있습니다. 그러나 그들의 머리카락은 불과 몇 잎 안 되는 동전밖에 받지 못했는데, 지금 존자님의 생질녀는 머리털을 오백 냥이나 받았다 하니, 그 여자는 머리털만 보통이 아닐 것이고 반드시 얼굴도 아름다울 것입니다."

왕은 곧 그 여자 부모의 성명을 묻고, 사람을 보내어 거기 가서 그 여자를 직접 보게 했는데, 그 자태가 뛰어남이 과연 왕의 추측과 같았습니다. 왕은 사자를 보내어 그를 맞아 부인으로 삼으려 하니, 그 여자의 집에서는 많은 보물과 도시와 촌락을 요구했습니다.

'그것을 주더라도 여자가 올 때에는 그것들은 모두 내게 돌아온다.'

이렇게 생각하고, 곧 승낙하여 그를 맞아들여 부인을 삼기로 했습니다. 처음으로 맞이하는 날에, 온 나라 사람들 모두 기뻐하며 큰 경사라고 입을 모아 말했습니다. 그 뒤에 또 큰 사령赦令을 내리고, 그 부인의 이름을 '시바구사'라 짓고 왕은 매우 아끼고 사랑했습니다. 그 뒤에 태자를 낳아 이름을 '교바라'라고 했습니다.

어느 때 왕은 여덟 가지 꿈을 꾸었습니다.

첫째 왕의 머리에 불이 붙었고, 둘째 두 마리 뱀이 왕의 허리를 감았으며, 셋째 가는 쇠그물이 왕의 몸을 덮쳤고, 넷째 두 마리 빨간 고기가 왕의 두 발을 물었으며, 다섯째 네 마리 흰 따오기가 왕을 향해 날아왔고, 여섯째 겨드랑이까지 빠지는 피진흙 속을 다녔으며, 일곱째 흰 산에 올랐고, 여덟째 황새가 머리 위를 스쳐 지나가는 꿈이었습니다. 왕은 꿈에서 깨어나 상서롭지 못하다고 생각하고, 근심하고 슬퍼하다가 곧 바라문들에게 가서 물었습니다.

바라문들은, 가전연이 온 뒤부터 왕은 꺼렸고, 또 존자 가전연을 질투했기 때문에 왕의 꿈 이야기를 듣고 말했습니다.

"대왕의 꿈은 매우 불길합니다. 만일 푸닥거리를 하지 않으면 그 화가 왕의 몸에 미칠 것입니다."

왕은 그 말을 듣고 진실로 그렇겠다 생각하고 더욱 근심하고 번민하면서 그들에게 물었습니다.

"푸닥거리를 할 때에는 어떤 물건을 써야 하는가?"

"거기에 쓸 것은 대왕이 매우 사랑하는 것입니다. 저희가 말씀드려도 왕은 결코 그렇게 시행하지 못할 것입니다."

"그 꿈이 하도 나빠, 다만 재앙이 내 몸에 미칠까 두려울 뿐이다. 내 몸 이외에 다른 것은 아까운 것이 없다. 부디 나를 위해 거기에 필요한 물건을 말하라."

바라문들은 왕이 간절히 소원하는 것으로써 그 마음이 지극한 줄 알고 왕에게 말했습니다.

"그 꿈이 여덟 가지 이므로 푸닥거리에도 꼭 여덟 가지 제물을 써야 그 재앙을 막으실 수 있습니다. 첫째 왕의 사랑하는 부인 시바구사를 죽여야 하고, 둘째 왕의 사랑하는 태자 교바라를 죽여야 하며, 셋째 재상인 대신을 죽여야 하고, 넷째 왕의 소유인 오신烏臣을 죽여야 하며, 다섯째 하루에 삼천리를 달리는 왕의 코끼리를 죽여야 하고, 여섯째 하루에 삼천리를 가는 왕의 낙타를 죽여야 하며, 일곱째 왕의 그 좋은 말을 죽여야 하고, 여덟째 까까머리 가전연을 죽여야 하는 것입니다. 지금부터 이레 동안 그 여덟 가지를 죽여 그 피를 모아 놓고 그 가운데로 다니면서 주문을 외운다면 그 재앙을 면할 수 있을 것입니다."

왕은 자기 목숨이 중하기 때문에 곧 허락하고, 궁중으로 돌아와 근심하고 번민했습니다.

부인이 왕에게 물었습니다.

"왜 그러십니까?"

왕은 부인에게 그 상서롭지 못한 꿈을 자세히 이야기하고, 또 바라문이 말하는 꿈의 재앙을 막는 방법을 이야기했습니다. 부인은 이 말을 듣고 말했습니다.

"다만 대왕의 몸만 편안하여 재앙을 입지 않으신다면 첩의 천한 몸이야 말할 것이 있겠습니까? 지금부터 이레 뒤에 저는 죽음으로 돌아갈 것입니다. 그러므로 제가 저 존자 가전연에게 가서 엿새 동안 재를 지키고 법을 듣는 것을 허락하여 주십시오."

왕은 말했습니다.

"안되오. 만일 그대가 그에게 가서 그 사실을 말해 그가 사실을 안다면, 그는 나를 버리고 날아가 버릴 것이오."

그러나 부인이 하도 간청하기 때문에 왕은 할 수 없이 마지못해 가는 것을 허락했습니다. 부인은 존자에게 가서 문안을 올리고 사흘을 머물렀습니다. 존자는 이상히 여겨 물었습니다.

"왕비는 지금까지 여기 와서 밤을 지낸 일이 없었는데 이번에는 왜 보통 때와 다릅니까?"

부인은 왕의 꿈 이야기를 존자에게 자세히 이야기했습니다.

"지금부터 나흘 뒤, 우리들을 죽여 재앙을 막을 것이니 목숨이 얼마 남지 않았으므로 존자에게 법을 들으러 온 것입니다."

존자 가전연은 그 말을 듣고 대답했습니다.

"그 꿈은 매우 좋습니다. 장차 경사가 있을 것이니, 걱정할 것이 없습니다. 머리에 불이 붙었다는 것은 보주국寶主國에서 금화 십만 냥의 가치가 있는 하늘 관天冠을 가지고 와서 왕에게 바칠 것이니, 그 꿈은 바로 그것입니다."

부인은 만일 이레가 차면 왕에게 죽을 것이라는 생각 때문에 그것이 늦게 올까 걱정이 되어 존자에게 물었습니다.

"그것은 언제 오겠습니까?"

"오늘 저녁 때 반드시 올 것입니다."

"그리고 두 마리 뱀이 왕의 허리를 감았다는 것은 월씨 국왕이 금화 십만 냥의 가치가 있는 칼 두 개를 바친다는 것이니, 오늘 밤이 되면 올 것입니다.

가는 쇠그물이 몸을 감았다는 것은 대진국왕大秦國王이 금화 십만 냥의 가치가 있는 구슬영락을 바친다는 것이니, 내일 새벽이면 올 것입니다.

빨간 고기가 발을 물었다는 것은 사자국왕이 금화 십만 냥의 가치가 있는 비유리 보배신을 바친다는 것이니, 내일 아침에 올 것입니다.

네 마리 흰 따오기가 왔다는 것은, 발기국왕이 황금보배 수레를 바친다는 것이니, 내일 점심 때에 올 것입니다.

피진흙 속이란 안식국왕이 금화 십만냥의 가치가 있는 사슴털옷을 바친다는 것이니, 내일 점심 중참 때에 올 것입니다.

태백산에 올랐다는 것은 광야국왕曠野國王이 큰 코끼리를 바치겠다는 것이니, 그것은 내일 저녁 때에 올 것입니다.

황새가 머리를 스쳤다는 것은 왕과 부인 사이에 남모르는 사사로운 일이 있다는 것이니, 그 일은 내일이 지나면 자연히 알게 될 것입니다."

과연 존자의 말과 같이 그 때가 되자 여러 나라에서 바치는 물건이 속속 도착하니 왕은 매우 기뻐했습니다. 시바구사 부인은 본래 하늘 관을 쓰고 있었는데 보주국에서 바친 하늘 관을 겹쳐 써보았습니다. 왕은 장난으로 시바구사 부인이 쓴 하늘 관 하나를 벗겨 금만부인의 머리에 씌워주었습니다. 그러자 시바구사 부인은 화를 내며 말했습니다.

"만일 나쁜 일이 있었다면 저만 당했을 것입니다. 그런데 이제 하늘 관을 얻으니 그녀에게 씌우십니까?"

그녀가 타락 그릇을 왕에게 던지자 왕의 머리가 더러워졌습니다. 왕이 매우 화를 내어 칼을 뽑아 부인을 치려했습니다.

부인은 황급하여 방안으로 달려 들어가 방문을 걸었습니다. 들어가지 못한 왕은 그 때에 깨달았습니다.

'존자가 남 모르는 사사로운 일이 있을 것이라고 해몽한 것이 바로 이것이다.'

왕은 곧 부인과 함께 존자 가전연에게 가서 위의 사실을 자세히 이야기한 뒤에 말했습니다.

"법이 아닌 삿되고 악한 말을 믿고, 하마터면 존자님과 처자 대신 등, 제가 사랑하고 아끼는 사람들을 해치는 큰 죄악을 지을 뻔했습니다. 이제 존자님의 진실한 말을 듣고 어둡던 눈이 뜨이어, 바른 도를 보고 나쁜 일에서 떠나게 되었습니다."

존자를 초청하여 공경히 받들며 공양을 올리고, 그리고 모든 바라문들을 멀리 국경 밖으로 쫓아버렸습니다.

왕은 존자에게 물었습니다.

"어떤 인연이 있어 그와 같이 여러 나라에서 각각 그런 보물을 제게 보냈습니까?"

"까마득한 옛날 91 겁 전에 비파시인이라는 부처님이 계셨고, 그 부처님 때에 반두라는 나라가 있었습니다. 그 나라의 태자는 부처님을 믿고 정진했습니다. 그는 부처님께 나아가 공양을 올리고 예배한 뒤에 곧 자기가 가진 하늘 관과 보배 칼 ·

영락 · 큰 코끼리 · 보배수레 · 흠바라 옷 따위를 그 부처님께 바쳤습니다. 그 복으로 말미암아 나는 곳마다 높고 귀하여, 가지고 싶은 보물이 구하지 않아도 저절로 들어왔습니다."

왕은 이 말을 듣고 삼보에 대해 깊이 공경하고 믿는 마음이 생겼습니다. 그리하여 예배하고 궁중으로 돌아갔습니다.

세 푼과 천 개의 금화 독

옛날 악생왕이 공원에 나가 놀다가, 공원 안의 집 위에서 황금 고양이 한 마리가 동북쪽에서 나와 서남쪽 땅 속으로 들어가는 것을 보았습니다. 왕은 곧 사람을 보내어 땅을 파게하니, 석 섬들이 구리 독 하나를 발견하고, 그 독을 열자 거기에는 금화가 가득 차 있었습니다. 좀 더 넓게 파게 하니 또 독 하나가 있었고, 이렇게 하여 세 개의 독을 발견했는데 모두 석 섬들이었습니다. 또 곁으로 파다가 거기서도 같은 구리독을 발견했고, 쉬지 않고 계속 파서 5리에 이르는 동안 일정한 간격으로 묻힌 구리독 1천 개를 발견했는데 독마다 금화가 가득 차 있었습니다.

악생왕은 매우 이상히 여겨 곧 존자 가전연에게 가서 그 돈을 얻은 내력을 자세히 이야기했습니다.

"저는 이것을 쓰려고 하는데 장차 저에게나 백성들에게 어떤 재앙이 없겠습니까?"

"그것은 왕이 전생에 지은 복업에 따른 갚음입니다. 마음대로 쓰십시오. 탈이 없을 것입니다."

왕은 다시 물었습니다.

"알 수 없습니다. 과거에 어떤 인연을 지었기 때문입니까?"

"자세히 들으십시오. 아주 오랜 옛날 91 겁 전, 비바시 부처님께서 끼친 법이 있을 때였습니다. 여러 비구들이 네거리에 높고 큰 자리를 만들고 그 위에 큰 그릇을 엎어두고 이렇게 말했습니다.

'세상에 누구든지 이 든든한 창고 안에 보석이나 장신구나 돈을 넣어주십시오. 이 창고에 넣은 돈은 물도 쓸어갈 수 없고, 불도 태울 수 없으며, 왕도 빼앗을 수 없고, 자식도 손댈 수 없고, 도둑도 겁탈할 수 없습니다.'

그 때에 어떤 가난한 사람이 마침 나무를 팔아 돈 세 푼을 받은 것이 있었는데, 그는 이 말을 듣고 매우 기뻐하며 곧 그 돈을 모두 그릇에 넣고 정성스러운 마음으로 발원했습니다. 그리고 집을 향해 5리쯤 걸어가면서 걸음마다 기뻐하고, 집 문에 이르러서는 보시한 그 곳을 향해 진심으로 발원하고 집에 들어갔습니다."

존자는 이어 말했습니다.

"그 때의 그 가난한 사람이 바로 지금의 대왕입니다. 왕은 과거에 그 세 푼을 보시한 인연으로써 세상마다 존귀하여 그런 세 개의 돈 항아리를 얻었으며, 5리 동안 걸음걸음마다 기뻐한 인연으로써 항상 5리 안에 그런 돈이 있게 된 것입니다."

왕은 전생의 인연을 듣고 기뻐하며 물러갔습니다.

바루는 그릇이다

옛날 악생왕이 울선연성에 살 때, 그 문지기가 이른 아침에 성문을 열었더니, 문 밖에 갑자기 5백 대 수레가 있고, 그 수레에는 각각 보배 그릇이 실렸는데, 그릇에는 금싸라기가 가득가득 담겨 있었고, 그릇에는 모두 도장을 찍어 봉하고 글이 쓰여 있었습니다.

"이 그릇과 담긴 물건을 악생왕에게 주노라."

그래서 문지기는 왕에게 사실대로 말했습니다.

"성문 밖에 보배 그릇이 수레에 실려 있는데, 그 그릇에 글이 쓰여 있습니다. 이상합니다. 지금 그것을 가져오리까?"

왕은 곰곰이 생각했습니다.

'저 보물이 갑자기 온 것은 혹 불길한 일이 아닌가, 만일 내가 저것을 가진다면 장차 우리 집이나 나라에 재앙이 오지 않을까.'

이렇게 생각하고는 존자 가전연에게 가서 사실을 말하고 물어보았습니다.

"오늘 새벽에 성문을 열었더니 갑자기 보배 그릇 5백 개가 나타났는데, 거기에 도장을 찍어 봉하고 글이 쓰여 있었습니다. 그 길흉을 알 수 없사온데, 그것을 가져야 하리이까?"

"그것은 왕이 전생에 지은 복의 갚음이니, 그저 의심하지 말고 백성을 위해 사용하시오."

왕은 다시 물었습니다.

"제가 과거에 어떤 공덕을 닦았기에 이런 과보가 왔습니까?"

"옛날 91 겁 전에 선인산에 어떤 프라데카 부처가 있었습니다. 그는 비를 만나 발이 미끄러져 넘어지면서 사기그릇을 깨뜨렸습니다. 그래서 곧 옹기집으로 가서 사기그릇을 구걸했습니다. 옹기장이는 매우 기뻐하면서 곧 다섯 개 바리에 물을 가득 담아 그에게 주었습니다. 그가 얻은 그릇을 공중에 던지고, 몸을 솟구쳐 허공에 올라가 열여덟 가지 변화를 보였을 때, 한량없이 기뻐했습니다. 그 때의 옹기장이는 바로 지금의 왕이요. 부인은 바로 저 시바구사 부인이며, 아이는 교바라 태자요. 옹기를 산 이는 재상 부로규이며, 그 때의 그 옹기를 산 이의 부인은 바로 지금의 저 재상 부인입니다."

왕은 다시 물었습니다.

"알 수 없습니다. 지금 저 그릇들은 저절로 생긴 것입니까? 어디서 온 곳이 있습니까?"

"저 바리들은 저절로 생긴 것이 아니요. 갠지스강의 용궁에서 온 것입니다. 이제 그 내력을 말하면, 옛날 나마왕의 장인 되는 바라문이 저 강 곁에서 청정한 수행을 하고 있었습니다. 때에 나마왕은 날마다 보배 그릇에 음식을 담아 그 장인에게 보내주었습니다. 그런데 바라문 법에는 그릇을 두 번 쓰는 일이 없었습니다. 그래서 그 바라문은 음식을 먹고는, 바리를 강에 버렸습니다. 장님용은 그 보배 그릇을 주워 금싸라기를 가득 담아 궁중에 두었습니다. 이렇게 버린 그릇이 날마다 자꾸 많아졌는데 결국은 5백 대의 수레에 가득 실을 그릇을 얻게 된 것입니다. 그러나 장님용이 목숨을 마친 뒤에 그 그릇을 관리한 이들이 없었습니다. 그래서 하늘 임금이 살펴보다, 왕이 옛날에 그릇을 보시한 인연을 알고 지금 왕에게 보낸 것입니다."

왕은 이 말을 듣고 그 보배 그릇을 가져다 복을 짓되, 두루 보시하고, 삼보에 공양을 올렸고, 그 인연으로 후생에도 좋은 곳에 태어났습니다.

씨를 뿌려야 합니까?

옛날 두 형제가 있었는데 집이 매우 빈곤했습니다.

형은 날마다 아침 저녁으로 비마천 사당에 가서 정성껏 예배하면서 큰 부자가 되기를 기원했고, 그리고 그 아우를 들에 보내 밭을 갈고 씨를 뿌리게 하고, 이렇게 오랫동안 기도했습니다.

그 때에 비마천은 아우로 화하여 형의 곁에 가니, 형은 화를 내며 말했습니다.

"왜 농사일을 하지 않고, 여기에 무슨 일이 있어 왔느냐?"

아우로 화한 비마천이 대답했습니다.

"형님은 사당에서 밤낮 기도하면서 큰 부자가 되기를 바랍니다. 나도 오늘 형님을 본받아 재계齋戒하고 발원하여 큰 부자가 되기를 바라고 싶습니다."

"너는 밭도 갈지 않고 종자도 뿌리지 않으면서 풍족한 재물을 어떻게 얻을 수 있겠느냐?"

"참으로 종자를 뿌려야 수확을 합니까?"

형은 대답하지 못했습니다. 이에 비마천은 본모습으로 돌아가 그 형에게 말했습니다.

"지금 내 힘으로써 너를 도울 수가 있다. 오늘까지 보시를 행했더라면 지금은 부자가 되었을 것이다. 그런데 너는 과거에 보시를 행하지 않았기 때문에 지금 빈궁하게 되었다. 지금 아무리 밤낮 정성들여 나에게 많은 재물을 구하더라도 그것을 얻을 수 없을 것이다. 마치 암바라나무에서 열매를 구하려 할 때에 겨울에 아무리 천만의 하늘 신을 받들어 섬기더라도 그 열매를 얻을 수 없는 것처럼 너도 그와 같아서, 전생에 인을 닦지 않았으므로 아무리 나에게 큰 부자가 되기를 갈구해도 얻을 수 없을 것이다. 반드시 열매가 익으면 갈구하지 않아도 스스로 얻어지는 것이다."

그는 시로써 말했습니다.

복의 업은 익은 열매 같나니
신에게 제사하여 얻는 것이 아니라네
사람은 계율의 수레를 탄 뒤에야
저 천상에 이를 수 있다네

선정과 지혜는 꺼지는 등불 같나니
함이 없음에 도달함을 얻어야 하네
일체 복은 실천을 연유하여 얻나니
하늘에 구하여 무엇을 얻겠는가?

계율을 지켜라

귀자모라는 늙은 여자 귀신은 늙은 귀신의 왕 반사가의 아내로서 만 명 아들을 두었는데, 모두 큰 역사처럼 힘이 세었습니다.

제일 작은 아들은 이름을 빈가라라 했습니다. 그 귀자모는 흉악하고 요사하며 사나워 사람의 아이들을 잡아먹었으므로 사람들은 걱정하여 부처님께 사뢰었습니다. 그 때에 부처님께서는 그 아들 빈가라를 붙들어다 바루 속에 숨겨 두었습니다. 그러니 귀자모는 천하를 두루 다니면서 찾았으나 발견하지 못하고 근심하고 번민했습니다. 그러다가 어떤 이의 말을 들었습니다.

"부처님은 일체를 아는 지혜를 가지셨다."

부처님께 나아가 아이가 있는 곳을 물었습니다.

부처님께서 말씀하셨습니다.

"너는 만 명 아들 중에서 겨우 한 아들을 잃었는데, 왜 고민하고 근심하면서 찾아다니느냐. 세상 사람들은 아들 하나나 혹은 셋이나 다섯을 두었는데 너는 그들의 아이를 잡아먹지 않느냐?"

"만일 지금 제가 빈가라만 찾으면 다시는 세상 사람의 아이들을 해치지 않겠습니다."

부처님께서 곧 귀자모에게 바루에 있는 빈가라를 보여주셨습니다. 그녀는 신력을 다했으나 들어낼 수가 없어 다시 부처님께 청했습니다.

이에 부처님께서 말씀하셨습니다.

"만일 네가 지금 세 가지 복밭에 귀의하고, 다섯 가지 계율을 받고 목숨을 마칠 때까지 사람을 죽이지 않는다면 네 아들을 돌려주리라."

귀자모는 부처님의 분부대로 세 가지 복밭에 귀의하고, 다섯 가지 계율을 받아 지키겠다고 맹세했습니다.

부처님께서 귀자의 아들을 돌려주면서 말씀하셨습니다.

"너는 지금부터 계율을 잘 지켜라. 너는 카샤파 부처님 때 갈니왕의 일곱째 딸로서 크게 공덕을 지었지만 계율을 지키지 않았기 때문에 그런 귀신의 형상을 받은 것이다."

하늘을 섬기기보다 선행을 하라

옛날 어떤 바라문은 밤낮으로 마실천을 섬겼습니다.

하늘신이 그에게 물었습니다.

"너는 무엇을 구하는가?"

"저는 지금 이 하늘에 제사하는 주인이 되기를 원합니다."

"저기 여러 마리 소가 있다. 너는 저기 가서 제일 앞에서 걸어가는 소에게 기쁜지 괴로운지 물어 보라."

그는 하늘신이 시킨 대로 그 소에게 가서 물었습니다.

"너는 지금 괴로우냐, 즐거우냐?"

"매우 괴롭습니다. 가시에 찔려 두 갈빗대는 뒤틀리고 등은 부서지지만 무거운 수레를 끌면서 쉴 사이가 없습니다."

그는 다시 물었습니다.

"너는 어떤 인연으로 그 소의 형상을 받았느냐?"

"나는 하늘에 제사하는 주인으로서 마음대로 하늘에 제사하는 제물을 썼으므로, 목숨을 마치고 소가 되어 이런 고통을 받습니다."

그는 이 말을 듣고 하늘신에게 돌아가니 하늘신은 물었습니다.

"너는 지금도 하늘에 제사하는 주인이 되고 싶은가?"

"아까 그 소를 보매 참으로 그것은 되고 싶지 않습니다."

"사람이 선악을 행하면 스스로 그 갚음을 받느니라."

바라문은 회개하고 온갖 선을 실행했습니다.

거짓말의 대가

옛날 어떤 늙은이가 있었는데 그 집은 큰 부자였습니다. 그 늙은이는 고기가 먹고 싶어 거짓 방편으로 밭머리의 나무를 가리키면서 여러 아들에게 말했습니다.

"지금 우리 집이 이처럼 부자가 된 것은 저 나무신의 은총을 입었기 때문이다. 그러므로 너희들은 오늘 양떼 중에서 한 마리를 잡아 제사를 지내야 한다."

그래서 아들들은 아버지 분부를 받고 곧 양을 잡아 그 나무에 제사하고 나무 밑에다 하늘에 제사하는 사당을 세웠습니다. 그 뒤 아버지는 목숨을 마치고 그가 행한 업을 따라서 자기 집 양 떼 속에 태어났습니다. 그 때에 여러 아들들은 나무신에 제사하려고 양 한 마리를 가려내다가 양이 된 아버지를 잡아 죽이려 했습니다. 그 양은 '아하하' 하고 웃으면서 말했습니다.

"그 나무에 무슨 신령이 있겠는가, 나는 과거에 고기가 먹고 싶어 거짓으로 너희들로 하여금 제사를 지내게 하고 너희들과 함께 고기를 먹었는데, 이제 그 재앙을 내가 받는구나!"

그 때에 마침 어떤 아라한이 걸식하러 왔다가 그들의 죽은 아버지가 양의 몸을 받은 사실을 알고, 그 아들들에게 도의 눈을 빌려주어 보게 했습니다. 그래서 그들은 그것이 바로 아버지였던 것을 알고, 마음으로 괴로워하며 곧 그 나무를 잘라내 버리고, 허물을 뉘우치고 복을 닦으면서 다시는 생물을 죽이지 않았습니다.

내 품에 아들의 머리카락이…

옛날 얼굴이 뛰어나게 아름다운 어떤 여자가 집을 나와 이교도 법 안에서 도를 닦고 있었습니다. 그 때에 어떤 사람이 그 여자에게 물었습니다.

“그처럼 아름다운 얼굴로 세속에 있어야 마땅한데 왜 집을 떠났는가?”

그 여자는 대답했습니다.

“나는 지금은 아름답지 않습니다. 다만 젊어서부터 음욕을 싫어해 일부러 집을 나왔습니다. 내가 집에 있을 때에는 얼굴이 아름다웠기 때문에 일찍 시집가서 일찍 아들을 낳았습니다. 아기가 차츰 자라니 아름답기 비할 데 없었습니다. 사춘기에 접어들자 그 얼굴이 차츰 여위어 가면서 마치 병자와 같았습니다. 나는 아이에게 병의 이유를 물었으나 아이는 말하려 하지 않다가, 내가 자꾸 물어보니 할 수 없이 내게 대답했습니다.

‘내가 바로 말씀드리지 않는 것은 목숨이 온전하지 못할까

두려워하기 때문입니다. 진정을 말씀드리려면 참으로 패륜아임을 드러낼 뿐 입니다.'

이어 말했습니다.

'나는 어머니와 가만히 정을 통하고 싶습니다. 그러나 그렇게 할 수 없기 때문에 병이 된 것입니다.'

나는 아들에게 말했습니다.

'옛날부터 어디 그런 일이 있었더냐!'

말은 그렇게 했으나, 다시 생각했습니다.

'만일 내가 들어주지 않으면 저 아이는 죽을는지도 모른다. 차라리 지금 도리에 어긋나더라도 아이의 목숨을 살려야 하겠다.'

그리고 나는 옷을 벗고 침대에 누워 아들을 불러 그 뜻을 따라 주려 했습니다. 아들이 침상에 오르려 하자 곧 땅이 꺼지면서, 아이는 산채로 땅 속으로 빠져 들어갔습니다. 나는 놀라고 두려워 손으로 아들을 붙들다가, 아들의 머리털만 손에 남았고, 그 털이 지금도 내 품 안에 있습니다. 이 일로써 통절히 느낀 바 있어 나는 집을 떠난 것입니다."

팔을 잘리다

옛날 가묵국의 구타선촌에 어떤 노모가 있었고, 그에게는 아들 하나만이 있었습니다. 그 아들은 어머니의 뜻을 거슬러, 자비와 효도를 닦지 않고 어머니에게 화를 내어, 어머니를 향해 손을 들어 한 번 내리치고는 그날로 집을 나갔습니다. 그는 마침 길에서 도적을 만나 한쪽 팔을 베였습니다.

그 불효한 죄가 현재의 갚음으로 이내 나타나 그 고통이 이러하거늘, 뒷날 지옥에서 받는 고통은 이루 헤아릴 수 없을 것입니다.

재가인이 도를 얻는 길

옛날 난타왕은 총명하고 널리 통달해 익숙하지 않는 일이 없었습니다. 그는 자기의 지혜를 당할 이가 없으리라 생각하고 신하들에게 물었습니다.

"혹 어떤 지혜롭고 총명한 사람이 있어서 의심되는 일을 물어 나를 당할 이가 있는가?"

그 때에 어떤 신하는 일찍부터 한 늙은 비구에게 집에서 공양을 올렸습니다. 그 비구는 계행은 청정했으나 널리 배우지 못했는데 그가 왕과 변론하기로 하여 왕이 그에게 물었습니다.

"대개 도를 얻는 사람이 집에 있어서 도를 얻는가, 집을 떠나서 도를 얻는가 ? "

비구는 대답했습니다.

"두 군데서 다 도를 얻을 수 있습니다."

왕은 다시 물었습니다.

"만일 두 군데서 다 도를 얻는다면 무엇하러 집을 떠나는가?"

그 비구는 무엇이라고 대답할 줄을 몰랐습니다. 그 뒤, 난타왕은 더욱 더 교만해지자 신하들은 왕에게 말했습니다.

"나가사나 비구 스님은 총명과 지혜가 뛰어난데 지금 산에 있습니다."

그 때에 왕은 그를 시험하기 위하여 곧 사람을 시켜, 병에 맑은 타락을 가득 채워 보내면서 생각했습니다.

'내 지혜가 원만한데 누가 능히 나보다 나을 것인가!'

나가사나는 타락을 받고는 그 뜻을 알아차리고 어떤 제자로 하여금 바늘 5백 개를 묶어 그 타락 병에 꽂았습니다. 그러나 타락은 넘치지 않았으며, 그것을 곧 왕에게 돌려보냈습니다. 왕은 그것을 받자 그 뜻을 알고 사자를 보내어 나가사나를 초청했고, 나가사나는 왕의 초청을 받고 출발했습니다.

나가사나는 몸이 장대하여 그가 데리고 가는 제자들보다 특히 뛰어났습니다. 왕은 마음이 호탕하고 교만해져 거짓으로 사냥을 핑계하고 나가 길에서 만났습니다. 왕은 나가사나의 아름답고 장대한 몸을 보자, 곧 손가락으로 멀리 다른 길을 가리키고 가면서 끝내 말하지 않고 침묵으로 누르려 했기 때문에 여러 장자들은 아무도 그런 줄 몰랐습니다. 그 때에 나가사나는 자기 손가락으로 자기 가슴을 가리키면서 말했습니다.

"나만이 혼자 안다."

난타왕은 나가사나를 궁중으로 맞아들일 때, 조그만 집의 문을 고쳐 아주 낮게 만들고, 나가사나가 몸을 구부리고 엎드려 들어오게 하려 했습니다. 그러나 나가사나는 자기를 곤란하게 하려고 하는 것임을 알고, 곧 스스로 들어가지 않았기 때문에 왕은 그 굽힘을 받지 못했습니다.

그 때에 왕은 음식을 베풀면서 음식 몇 가지를 내어 놓자 나가사나는 네다섯 숟갈을 먹고는 넉넉하다고 말했습니다. 바로 이어 맛난 음식을 내어 놓자 그제야 다시 먹었으므로 왕은 물었습니다.

"아까 만족하다고 했는데 지금 왜 다시 먹습니까?"

"나는 아까 맛 없는 음식에는 만족했지만, 맛난 음식에는 만족하지 않았기 때문입니다."

그리고 이어서 말했습니다.

"지금 왕의 궁전에 가득 차도록 사람을 모이게 하십시오."

왕은 곧 사람들을 불러 두루 가득 채웠습니다. 이윽고 더 들어올 곳이 없었습니다. 왕이 뒤에 와서 궁전에 오르려 하자, 사람들은 모두 두려워하여 모두 뒷걸음질하며 엎드렸기 때문에, 그 안이 자꾸 넓어져 많은 사람들이 더 들어 올 수 있게 되었습니다.

그 때에 나가사나는 왕에게 말했습니다.

"추한 음식은 백성과 같고 맛난 음식은 왕과 같습니다. 백성이 왕을 보고 누가 그 길을 피하지 않겠습니까!"

"집을 떠나는 것과 집에 있는 것과 어느 편이 도를 얻는 길입니까?"

"둘 다 도를 얻습니다."

"만일 둘 다 도를 얻는다면 구태여 집을 나올 것이 무엇입니까?"

"비유하면 여기서 3천여 리의 길을 가는데, 젊고 건강한 사람을 시키되 말을 타고 양식을 싣고 무기를 들었다면 빨리 도착할 수 있겠습니까?"

"도착할 수 있습니다."

"만일 노인을 시키되 여윈 말을 타고, 또 양식이 없다면 도착할 수 있겠습니까?"

"양식을 가지고도 도착하지 못할까 걱정이 되는데, 하물며 양식 없이 어떻게 가겠습니까?"

"집을 나와 도를 얻는 일은 마치 저 젊은이와 같고 집에 있어서 도를 얻는 것은 저 늙은이와 같습니다."

"나는 지금 내 몸 안의 일을 묻고 싶습니다. 내가 항상하고 항상하지 않음이 내 마음대로 되는 것입니까?"

나가사나는 왕에게 반문했습니다.

"왕의 궁중에 있는 암바라 나무의 열매는 그 맛이 답니까? 씁니까?"

"내 궁중에는 그 나무가 전혀 없는데 어찌하여 내게 단 것, 쓴 것을 묻습니까?"

"나도 이제 그렇습니다. 모든 다섯 가지 쌓임은 이미 내가 없는데 어찌하여 내게 항상됨과 항상되지 않음을 묻습니까?"

왕은 다시 물었습니다.

"모든 지옥에서 칼로 사람 몸을 쪼개어 여러 군데 흩어도 그 목숨은 존재한다 하는데 사실 그렇습니까?"

"비유하면 어떤 여자가 떡과 고기와 오이와 나물을 먹고는 그 음식이 모두 소화되었는데, 아기를 막 임신했을 때에는 마치 가는 티끌 만한데 어떻게 그 보다 큰 것은 소화가 되고, 작은 것은 소화가 되지 않겠습니까?"

"그것은 업의 힘입니다."

"그 지옥에서도 그 업의 힘으로 말미암아 목숨의 뿌리가 존재하게 되는 것입니다."

하늘과 땅이 준 벌

옛날 어떤 며느리가 성질이 사납고 거칠어 예법을 따르지 않고 항상 하는 말이 그 시어머니와 어긋났습니다. 시어머니의 꾸중을 들을 때마다 늘 불평을 품고 원망하는 마음이 더욱 치성하여, 가만히 그 시어머니를 죽이려 했습니다. 어느 때에 꾀를 써서 남편을 시켜 시어머니를 죽이게 했습니다. 남편은 어리석어 아내의 말을 듣고, 어머니를 데리고 광야로 가서 손발을 묶고 죽이려 했습니다.

그 심한 죄역罪逆은 하늘에까지 알려져 구름과 안개가 사방에서 모여들면서 벼락을 내려 그 아들을 쳐 죽였습니다. 어머니가 집에 돌아가자 아내는 문을 열면서 남편이라 생각하고 곧 물었습니다.

"죽였습니까?"

"죽였다."

그 이튿날이 되어 여자는 비로소 남편이 죽은 것을 알았습니다.

불효한 죄의 '현재 갚음'이 이와 같거늘, 뒤에 지옥에 들어가면 한량없는 괴로움을 더 받습니다.

땅에 묻힌 보물도 주인이 있다

대개 어떤 일이라도 구할 만한 것은 방법을 쓰면 얻을 수 있고, 구할 수 없는 것은 아무리 억지를 부려도 구할 수 없습니다. 비유하면 모래를 삶아 기름을 짜고 얼음을 저어 타락웃물을 얻으려고 하는 것처럼, 이미 얻을 수 없는 것은 한갓 괴로움만 더할 뿐입니다.

옛날 바라나시국에 범예라는 왕이 있었고, 그는 항상 밤중에 무덤 사이에서 부르는 소리를 들었습니다.

"아, 왕이시여! 아, 왕이시여! 아, 왕이시여!"

이렇게 하룻밤에 세 번씩 그 소리를 들었습니다. 왕은 오랫동안 끊이지 않는 그 이상한 소리를 듣고 매우 놀라고 두려워하여 여러 바라문들과 태사太史와 역술가들을 모으고 의론했습니다.

"나는 항상 밤에 공동묘지에서 나를 부르는 소리를 듣는데, 너무 겁이 나서 감히 대답하지 못하오."

"그 무덤에는 반드시 요망한 물건이 있어 그런 소리를 내는 것일 테니, 담이 큰 사람을 그 곳에 보내어 내막을 알아보게 하소서."

왕은 곧 사람을 모집했습니다.

"만일 누구든지 밤에 공동묘지에 가서 어떤 사실을 알아오면 금화 5백 냥을 상으로 주겠다."

아버지가 없는 어떤 고독한 사람은 집이 매우 가난했는데, 큰 담력이 있었습니다. 그는 곧 선발되어 갑옷을 입고 투구를 쓰고, 손에는 칼과 막대기를 들고, 밤에 그 곳에 가서 왕을 부르는 그 소리를 듣고 꾸짖으면서 말했습니다.

"너는 누구냐?"

"나는 숨겨져 있는 보물이다. 너는 용감한 대장부로구나. 내가 밤마다 왕을 부르는데, 만일 왕이 내게 대답했더라면 나는 그의 창고로 가려고 했다. 그러나 왕은 겁을 내어 한번도 대답하지 않았다. 내일 이른 아침에 내가 사람으로 둔갑한 일곱 재물 귀신들을 데리고 너의 집에 갈 것이다."

"나는 어떻게 그대들을 맞이해야 하는가?"

"너는 더러운 것을 치우고, 집안을 쓸고 물을 뿌리고, 향과 꽃으로 장식하여 아주 깨끗하게 한 뒤, 장포, 복숭아, 미숫가루, 장, 타락웃물, 우유 등으로써 죽을 쑤어 여덟 그릇에 담아

라. 그리고 여덟 귀신들의 머리를 막대기로써 치되, 제일 앞서 들어 온 재물 귀신부터 머리를 치면서 '뿔을 넣어라.' 라고 말하고, 차례로 그 귀신들의 뿔을 죽 그릇에 넣게 하여라."

그는 이 말을 듣고 집으로 돌아가 왕으로부터 받은 5백 냥으로써 음식을 차리고, 기다렸습니다.

왕이 물었습니다.

"그 소리를 내는 것은 어떤 물건인가?"

"그것은 귀신이었습니다."

그는 숨겨진 재물 귀신의 말을 생각하고, 가만히 기뻐하면서 이발사를 청하여 깨끗이 이발하고, 이튿날 만반의 준비를 했습니다.

이튿날 아침 여덟 귀신이 와서 식사를 마치자, 그는 제일 먼저 들어온 귀신의 머리를 쳐서 그의 뿔을 그릇에 넣게 하였더니, 그것은 곧 한 동이의 금화로 변했습니다. 이렇게 차례로 뿔을 죽 그릇에 넣게 하여, 금 여덟 동이가 되었습니다. 그 때에 이발사는 문구멍으로 그가 보물 얻는 것을 보고, 혼자 생각했습니다.

'나도 저 법을 알았다. 저이를 본받아 나도 보물을 얻겠다.'

그 뒤, 그는 앞에서 본 것과 같이 준비하고 여덟 명 도인을 청했습니다. 그들이 음식을 마치자 상좌의 머리를 치고는 먼저 사람처럼 보물덩이가 되기를 바랐습니다. 그러나 그 도인은 머리가 부서져 피가 홍건히 흘러 자리만 더럽혔습니다. 그래도 독촉하여 머리를 넣게 하자, 그들은 너무 황급하여 똥을 쌌으나, 차례로 일곱 사람들을 모두 막대기로 때리니, 모두 땅에 뒹굴었습니다. 그 중의 어떤 도인이 힘이 세어 곧 그의 손목을 붙들고 밖으로 뛰어나와 크게 외쳤습니다.

"이발사가 우리를 해코지한다."

왕은 관원을 보내 이발사를 불러 그 사정을 자세히 물었습니다. 이발사는 위의 사실을 자세히 왕에게 아뢰었고, 왕이 사람을 보내어 그 품팔이 집에 가서 금화를 보고 압수하려 하니, 그 금화들은 독사로 변했다가 또 불덩이로 변했습니다.

"이것은 너의 복이다. 세상의 어리석은 사람들도 모두 이발사와 같구나."

이렇게 말한 왕은 느낀 바가 있어, 여덟 가지 계율을 받아 지키고, 좋은 과보를 얻었고, 차츰 여덟 가지 바른 도를 실행하여 번뇌가 없는 결과를 얻었습니다.

남을 본받으려고, 여덟 가지 계율을 받들어 지키더라도, 마음에 진실한 믿음도 없이, 이익과 즐거움을 바라고 구하면 좋은 결과는 벌써 없어지고, 도리어 재앙만 받는 것이 저 어리석은 이발사와 다름이 없습니다.

정성과 진심은 경천동지 한다

불법은 너그럽고 넓어 구제되는 대상은 끝이 없습니다. 지극한 마음으로 도를 구하면 얻지 못할 결과가 없습니다. 그러므로 심지어는 장난으로 한 것도 그 복이 헛되지 않습니다.

옛날 어떤 비구는 나이가 많아 정신이 혼미하면서도, 여러 젊은 비구들의 갖가지 설법과 또 네 가지 과위의 설명을 듣고, 마음으로 부러워하고 숭상하며 그 젊은 비구들에게 말했습니다.

"그대들은 총명하고 지혜롭구나, 네 가지 과위를 내가 얻도록 해 다오."

젊은 비구들은 웃으면서 말했습니다.

"우리에게는 네 가지 과위가 있습니다. 좋은 음식을 주어야 그것을 드리겠습니다."

늙은 비구는 이 말을 듣고 마음속에 기쁨이 솟아나, 곧 제일 좋은 옷을 팔아 갖가지 맛난 음식을 차리고 젊은 비구들을 청하여 네 가지 과위를 얻으려 했습니다. 젊은 비구들은 그 음식을 먹고, 늙은 비구의 머리를 손으로 어루만지며 희롱하듯이 말했습니다.

"대덕님, 당신은 이 집 한쪽 모퉁이에 앉으십시오. 당신에게 그 과위를 드리겠습니다."

늙은 비구가 그 말을 듣고 기뻐하며 그 말대로 앉으니, 젊은 비구들은 곧 가죽공으로써 그 머리를 치면서 말했습니다.

"이것은 스로타판나의 과위입니다."

늙은 비구는 이 말을 듣고 생각을 잡아매어 산란하지 않다가 곧 첫째 결과를 증득했습니다.

젊은 비구들은 다시 희롱하며 말했습니다.

"당신은 이제 스로타판나의 과위를 얻었지만 아직도 일곱 번 나고 일곱 번 죽어야 합니다. 다시 다른 모퉁이에 옮겨 앉으십시오. 다음에는 사크리다가민의 과위를 드리겠습니다."

늙은 비구는 이미 첫째 결과를 얻었기 때문에 마음이 더욱 간절해져, 곧 다른 자리로 옮겨 앉았습니다. 젊은 비구들은 다시 가죽공으로써 머리를 치면서 말했습니다.

"당신에게 둘째 과위를 드립니다."

늙은 비구는 더욱 간절히 생각하여 둘째 과위를 증득했습니다. 젊은 비구들은 다시 희롱하며 말했습니다.

"당신은 이제 사크리다가민의 결과를 얻었지만 아직도 나고 죽음으로 오가는 어려움이 있습니다. 다시 다른 자리로 옮겨 앉으십시오. 우리는 당신에게 아나가민의 결과를 드리겠습니다."

늙은 비구가 그 말대로 옮겨 앉으니, 젊은 비구들은 다시 가죽공으로써 그의 머리를 치면서 말했습니다.

"우리는 지금 당신에게 셋째 과위를 드립니다."

늙은 비구는 이 말을 듣고 기뻐하면서, 더욱 지극한 마음이 생겨 곧 아나가민의 결과를 얻었습니다.

젊은 비구들은 다시 희롱하며 말했습니다.

"당신은 지금 돌아오지 않는 결과를 얻었으나, 아직도 형상세계와 무형세계에서 번뇌가 있는 몸을 받아, 덧없이 무너지고 변화할 것입니다. 그 고통을 생각하며 다시 다른 자리로 옮겨 앉으십시오. 다음에는 아라한의 과위를 드리겠습니다."

늙은 비구는 그들 말대로 옮겨 앉았습니다. 젊은 비구들은 다시 가죽공으로써 그의 머리를 치면서 말했습니다.

"우리는 지금 당신에게 넷째 과위를 드립니다."

늙은 비구는 한결같은 마음으로 생각하다가 곧 아라한과를 증득했습니다. 그는 이 네 가지 과위를 얻고는 매우 기뻐하며, 다시 온갖 음식과 갖가지 향과 꽃을 차리고 젊은 비구들을 청해 그 은덕을 갚았습니다. 그리고 젊은 비구들과 더불어 도품道品의 번뇌없는 공덕을 논할 때, 젊은 비구들은 말이 막혔습니다.

늙은 비구는 비로소 말했습니다.

"나는 이미 아라한의 결과를 증득했다."

젊은 비구들은 그 말을 듣고 모두 먼저 희롱한 죄를 뉘우치며 참회했습니다.

이런 사실로 수행하는 사람은 마땅히 지극한 정성으로써 선을 생각해야 합니다. 희롱조차도 진실한 과위를 얻게 하거든 하물며 지극한 마음으로 하는 것이겠습니까.

지극한 구도심

만일 사람이 도를 구하려면 반드시 정성이 있어야 하고, 정성이 서로 감응하면 능히 도를 얻을 수 있습니다.

옛날 총명하고 지혜로운 어떤 여자가 삼보를 깊이 믿고, 항상 승차僧次에서 한 비구를 초청하여 공양을 올리고 설법을 들었습니다. 어떤 비구의 차례가 되어 그 집에 이르렀는데, 그는 나이 늙고 근기가 둔하여 조금도 아는 것이 없었습니다.

그 여자가 공양 올리는 일을 마치고 그 늙은 비구에게 설법하여 주기를 간청하면서, 혼자 자리를 펴고 눈을 감고 잠자코 있었습니다. 그러자 그 늙은 비구는 자기가 무식하여 설법할 줄 모르는 줄 스스로 알고, 그가 눈을 감은 때를 엿보아 그를 버리고 절로 달아났습니다. 그러나 그 여자는 마음이 지극했던 인연으로써, 형상화한 모든 존재는 덧없고 괴롭고 공하여 자유롭지 못한 것임을 생각하고, 깊이 관찰하다가 곧 첫째 과위를 얻었습니다. 그 여자는 이미 과위를 얻고는, 그 늙은 비구를 찾아 그 은혜를 갚으려 했습니다.

그 늙은 비구는 자기가 무식하여 그 여자를 버리고 달아난 것을 생각하고, 더욱 부끄러워 다시 그 여자를 피해 달아나 숨었습니다. 그러나 그 여자도 그만 두지 않고 신발이 닳도록 찾자 비로소 스스로 나타났습니다. 그 때 그 여자는 그 동안에 도의 과위를 얻은 내력을 자세히 이야기하고, 일부러 공양을 가져와 그 큰 은혜를 갚았습니다. 그 때에 그 늙은 비구는 매우 부끄러워하고 스스로 꾸짖고 용맹정진하여 이내 도의 과위를 얻었습니다. 그러므로 수행하는 사람은 마음이 지극해야 합니다. 만일 마음만 지극하면 구하는 것을 반드시 얻습니다.

10권

복의 업은 익은 열매 같나니
신에게 제사하여 얻는 것이 아니라네
사람은 계율의 수레를 탄 뒤에야
저 천상에 이를 수 있다네

성을 메운 흙비

옛날 노류성에 살던 우타선왕은 총명하고 큰 지혜가 있었습니다. 그에게 한 부인이 있었는데 이름이 유상有相이라 했고, 얼굴만 뛰어났을 뿐 아니라, 또 덕행이 있어 왕은 매우 사랑하고 정이 두터웠습니다.

그 나라 법에 왕은 스스로 거문고를 타지 않게 되어 있었습니다. 그런데 그 부인은 자기에 대한 왕의 사랑을 믿고 왕에게 졸랐습니다.

"원컨대 저를 위해 거문고를 타 주십시오. 저는 대왕을 위해 춤을 추겠습니다."

왕은 그녀의 뜻을 따라 거문고를 연주하고, 부인은 팔을 들고 춤을 추었습니다. 왕은 본래부터 관상을 잘 보았습니다. 그 부인이 춤추는 것을 보다가, 며칠 뒤 죽을 상임을 알고, 곧 거문고를 밀치고 슬퍼하면서 깊이 탄식했습니다.

부인이 왕에게 말했습니다

"저는 지금 대왕의 은혜와 사랑을 받아 감히 내실에서 왕에게 거문고를 타시게 하고 일어나 춤을 추면서 함께 즐거워 했습니다. 그러하온데 무엇이 마땅하시지 않아 거문고를 밀쳐놓고 탄식하십니까? 숨기지 마시고 말씀해 주십시오."

왕은 대답했습니다.

"내가 깊이 탄식한 것은 그대가 들을 일이 아니오."

부인은 거듭 졸랐습니다.

"저는 지금까지 정성껏 변함없이 마마를 받들어 왔습니다. 만일 도리에 어긋나는 일이 있었다면 분부하여 주십시오."

이렇게 간청하므로 왕은 그제야 사실대로 대답했습니다.

"내가 그대에게 어찌 다른 마음이 있을 수 있겠소. 지금 그대가 일어나 춤을 출 때에 죽을 상이 밖으로 나타났소. 그대에게 남은 목숨은 이레를 지나지 못할 것이오. 그 때문에 거문고를 밀쳐놓고 탄식한 것이오."

부인은 이 말을 듣고, 매우 걱정되고 두려워 왕에게 말했습니다.

"마마의 말씀과 같다면 저의 목숨은 멀지 않습니다. 저는 저 돌집에서 수행하는 비구니 스님의 말을 들었습니다.

'만일 믿는 마음으로 단 하루 동안이라도 집을 떠나 수행하면 반드시 하늘에 나게 된다.'

그러므로 저는 지금 집을 떠나려 합니다. 왕은 허락하여 주소서, 그렇게 하면 도를 얻을 수 있을 것입니다."

그러자 왕은 깊이 사랑하는 마음을 걷잡을 수 없어 그 부인에게 말했습니다.

"엿새 뒤, 그대가 집을 떠나 도에 들어가는 것을 허락하겠소."

어느덧 엿새가 되자 어쩔 수 없이 그 부인에게 말했습니다.

"그대는 착한 마음이 있어 굳이 집을 떠나려 하는구려. 만일 하늘에 나게 되거든 꼭 나를 찾아오시오. 그렇게 한다면 나는 그대가 집 떠나는 것을 허락하겠소."

그렇게 약속하자 부인에게 출가를 허락했습니다. 부인은 집을 나와 여덟 가지 계율을 받고, 바로 그 날 꿀물을 너무 많이 먹었기 때문에, 창자가 막혀 이레째 날 새벽이 되자 목숨을 마쳤습니다.

부인은 그 좋은 인연으로써 천상에 나게 되어 곧 세 가지를 생각했습니다.

첫째 '나는 본래 어떤 몸이었던가?'

둘째 '본래 어떤 복덕을 닦았는가?'

셋째 '현재 이 몸은 틀림없이 하늘 사람 몸인가?'

이렇게 본래의 인연과 왕과의 약속을 자세히 알고, 그 약속을 지키기 위하여 왕에게로 내려왔습니다. 그 때에 광명이 왕궁에 두루 비추자 왕은 물었습니다.

"지금 이 상서로운 광명은 누구의 것인가? 바로 알려라."

하늘 사람이 대답했습니다.

"저는 왕의 부인이었던 유상입니다."

"여기 와 앉으시오."

"지금 저는 왕의 그 더러움 때문에 가까이 할 수가 없습니다. 저는 이전에 약속했기 때문에 와서 뵈옵는 것입니다."

왕은 그 말을 듣고 곧 마음이 열려 이렇게 말했습니다.

"지금 저 하늘 사람은 본래 내 아내다. 착한 마음이 있어 도에 들어가기를 구해, 하루 동안 집을 떠나 수행하다가 이내 목숨을 마치고는 그 공덕으로써 하늘에 나게 되었다. 그 신령스런 뜻은 높고 멀어 나를 더럽고 천하다고 한다. 나는 지금 왜 집을 떠나지 못하는 것인가! 나는 일찍이 하늘 사람의 손톱 하나가 이 세상의 모든 재물과 맞먹는다고 들었다. 그렇거늘 내가 한 나라를 탐하고 아낄 것이 무엇인가?"

이렇게 말하고 아들 왕군王軍에게 왕위를 물려주고 집을 떠나 도를 배워 아라한이 되었습니다. 그 때에 왕군왕은 나라를 맡아 다스린 뒤로부터, 참소하고 간사한 사람을 믿고 나라 일은 돌보지 않았습니다.

우타선왕은 그 아들과 백성들을 가엾이 여겨, 가서 교화하고 권하여 선행을 닦게 하려고 했습니다. 왕군왕은 그 소식을 알고 한량없이 기뻐하며 길에 나가 맞이하려고 했습니다. 그 주위에 간사한 신하들은 쫓겨날까 두려워하여 왕에게 말했습니다.

"대왕은 지금 머리에 하늘 관을 쓰시고 사자자리에 앉아 계십니다. 사자자리에는 두 번 앉는 법이 없습니다. 만일 부왕을 맞아 왕위에 도로 앉게 하시면 반드시 왕을 죽일 것입니다. 그러므로 대왕은 부왕을 시해하셔야 합니다."

그러자 왕군왕은 놀라고 걱정하여 더욱 의혹이 생겼습니다. 그러나 신하들이 쉬지 않고 간하므로 왕은 드디어 악한 마음을 내어 전타라를 품꾼으로 사서 그 아버지를 죽이려 보냈습니다. 전타라는 분부를 받고 선왕에게 나아가 땅에 엎드려 예배하고 말했습니다.

"저는 옛날부터 선왕께 은혜로운 대우를 받아 조금도 반역할 마음이 없습니다. 그러나 지금 심부름으로 왔사온데, 만일 시해하지 않으면 제가 반드시 벌을 받을 것입니다."

"내가 지금 여기 온 것은 너의 왕을 교화하기 위해서다. 그런데 어찌 내 몸을 아껴 너를 벌 받게 하겠는가!"

곧 목을 여나무 발이나 빼고는 전타라에게 말했습니다.

"네 마음대로 베어라."

그러나 전타라가 아무리 힘을 다해 베어도 칼이 들어가지 않았습니다. 선왕은 그를 가엾이 여겨 신력神力을 빌려주고 말했습니다.

"너는 지금 나를 위해 네 왕에게 가서 말하라. 너는 지금 아버지를 죽이고, 또 아라한을 죽였으니, 두 가지 오역죄五逆罪를 지었다. 만일 잘 참회하면 죄가 가볍게 될 것이다."

그 때에 전타라는 이미 분부를 받은지라, 다시 칼을 들어 선왕의 머리를 베어 가지고 그 나라로 돌아갔습니다.

왕군왕이 아버지의 머리를 보니 그 얼굴빛이 생전과 다름없이 변하지 않았습니다. 그래서 아버지가 도를 얻어 왕위를 탐하지 않았음을 알고, 후회하는 마음이 생겨 괴로워하고 슬프게 울면서 까무라쳤다가 한참 만에야 깨어났습니다. 전타라한테 선왕이 하셨던 말씀이 있음을 들었습니다.

전타라는 선왕의 명령을 그 왕군왕에게 아뢰었습니다.

"너는 아버지를 죽이고 다시 아라한을 해쳤다. 두 가지 오역죄를 범했으니 잘 참회하라."

왕은 이 말을 듣고 더욱 애가 끓어 이렇게 말했습니다.

"지금 우리 부왕은 아라한의 도를 얻었는데 어찌 나라를 탐하겠는가. 그런데, 나로 하여금 아버지를 죽이게 하였구나."

간사한 신하들은 왕의 해침을 받을까 두려워하여 왕에게 아뢰었습니다.

"이 세상에 무슨 아라한이 있겠습니까? 왕은 공연한 말을 믿고 스스로 괴로워하시는 것입니다."

"지금 우리 아버지께서 돌아가신 지가 오래지만 안색이 변하지 않았다. 도를 얻지 않고서야 어떻게 이럴 수가 있겠는가! 또 우리 아버지 때의 대신이었던 바질사 우파질사들도 모두 집을 떠나 아라한의 도를 얻어 갖가지 신변을 나타내던 일은 우리가 다 본 바이다. 그리고 여기서 열반하여 그 뼈를 거두어 탑을 만든 것이 지금도 있는데 어떻게 없다고 하겠는가?"

간사한 신하들은 대답했습니다.

"세상의 환주술幻呪術이나 또 약의 힘으로도 능히 신변을 보일 수 있습니다. 그 두 신하들은 아라한의 유가 아닙니다. 며칠 뒤에는 그 증험을 왕에게 보여 드리겠습니다."

이렇게 말하고 그들은 탑에다 두 구멍을 뚫고는, 거기에 고양이 한 마리씩을 넣어 길렀습니다.

"질사야, 나오너라."

그 말을 듣고 고양이가 나오면 고기를 주었습니다. 고기를 다 먹으면 이번에는 아래와 같이 말했습니다.

"질사야, 들어가거라."

이렇게 고양이가 도로 구멍으로 들어가도록 훈련을 시켰습니다. 그들은 왕에게 말했습니다.

"대왕은 지금 그 질사들을 보시고 싶습니까? 원컨대 같이 가서 보소서."

왕은 곧 수레를 타고 탑이 있는 곳으로 가니 그 신하들이 곧 말했습니다.

"질사여, 나오너라."

이 말에 고양이가 곧 구멍에서 나왔습니다.

"도로 들어가거라."

이 말에 고양이는 곧 구멍으로 들어갔습니다. 왕은 그것을 보고, 마침내 의혹하는 마음이 없어져 모든 것을 마음대로 하며 죄와 복을 믿지 않았습니다.

어느 때에 왕은 군사를 거느리고 나가 놀다가 돌아오는 길에 어느 고요한 곳에서 단정히 앉아 선정에 들어있는 가전연을 보았습니다. 왕은 문득 장난끼가 생겨 손으로 흙을 쥐어 가전연에게 뿌리면서 좌우에게 말했습니다.

"너희들도 나를 따라 각기 흙을 쥐고 저 가전연에게 뿌려라."

그리하여 흙무더기는 존자를 덮어 산이 되었습니다.

삼보를 믿는 어떤 대신이 뒤에서 오다가, 이 사실을 보고는 매우 괴로워하여, 존자를 위해 그 흙을 헤쳐 주면서 여러 사람들에게 말했다.

"나를 생각하는 사람이 있거든 이 흙을 헤쳐라."

사람들이 흙을 파헤쳤는데, 유리 보배 굴 안에 앉아있던 가전연에게 신령스러운 위의가 윤택하고, 고와서 흙으로 더러워진 빛이 없었습니다. 대신은 매우 기뻐하여, 땅에 엎드려 예배하고 존자에게 아뢰었습니다.

"지금 왕은 무도하여 이런 죄악을 지었으니, 선악에는 반드시 갚음이 있는데 어떻게 재앙이 없겠습니까?"

"지금부터 이레 뒤에는 하늘이 흙을 내려 성 안을 채워 흙산을 쌓아, 왕과 백성들을 모두 덮어 죽일 것이다."

대신은 그 말을 듣고 걱정하고 괴로워하면서 왕에게 아뢰고 또 스스로 꾀를 내어 땅속 길을 만들어 성 밖으로 나갔습니다.

이레가 되자 하늘에서는 향과 꽃과 보물과 옷을 내려, 그 성안 사람들은 모두 기뻐했습니다. 그러자 간사한 신하들은 왕에게 말했습니다.

"지금 이 상서는 모두 왕의 덕 때문입니다. 그러나 무지한 사람들은 도리어 비방하여 흙비가 내린다고 말했는데 이런 보물을 얻었습니다."

이렇게 속여 호린 적이 한 두 번이 아니었습니다. 나쁜 인연을 지은 뒤에 좋은 상서가 생겼다는 말을 듣고 사람들은 모두 구름처럼 모여 들었습니다. 그 때 성의 네 문에 빗장을 걸고 밖에 나간 사람이 들어오지 못하게 했는데, 그 때문에 사람들은 도망치거나 숨을 길이 없었습니다.

하늘이 곧 흙비를 내려 성을 채워 산처럼 만들었습니다. 그러나 그 대신과 함께 마음을 같이한 이들은 땅속 길로 나가, 존자가 있는 곳에 가서 아뢰었습니다.

"하늘에서 흙을 내려 산을 만들어, 하루 동안에 우리 성이 뒤덮혔습니다. 그리하여 임금과 신하들이 모두 죽었습니다. 전생에 어떤 인연이 있었기에 지금 이런 고통을 같이 받습니까?"

가전연 존자가 대신에게 말했습니다.

"자세히 들으시오. 그대들을 위해 말하겠소.

먼 옛날 여러 겁 전에 어떤 나라에 장자의 딸이, 이른 아침에 다락 위를 소제하다가, 새 똥 쥐 똥 등을 쓸어 길을 가던 비구 머리에 떨어뜨렸소. 그러나 그녀는 참회할 줄도 몰랐소. 나중에 훌륭한 남편을 만나니, 여러 여자들은 그 여자에게 물었소.

'너는 무슨 인연으로 그런 좋은 배필을 만났느냐?'

그 여자가 대답했소.

'다른 일이 없고, 내가 다락을 쓸어 비구 머리에 씌웠는데, 그 때문에 좋은 남편을 만난 것 같다.'

여러 여자들은 그 말을 듣고 모두 말했소.

'만일 그 말과 같다면, 우리도 흙을 모아 비구 머리에 씌워서, 그 인연으로써 모두 저런 갚음을 받자.'"

벽지불에게 공양시간을 알려 준 개

가전연 존자는 공덕천과 함께 화씨성으로 향했습니다. 옛날부터 노류성과 화씨성은 한 곳이 홍성하면 한 곳이 쇠퇴하고, 한 곳이 쇠퇴하면 한 곳이 홍성하였습니다.

노류성이 흙에 묻히니 존자들은 화씨성으로 갈 수 밖에 없었습니다. 화씨성에는 세상에서 제일 좋은 목소리를 지닌 장자가 성주였는데, 그는 존자들을 영접하고 공양을 올렸습니다. 성주는 원래 재산이 많았지만 존자들이 도착하자 금고나 창고의 재산들이 더욱 불어 넘쳐나 존자들이 도착하기 전보다 훨씬 많아졌습니다. 성안에 도착한 가전연 존자가 세존께 문안드리고 여쭈었습니다.

"세존이시여, 화씨성의 성주는 무슨 인연으로써 좋은 음성을 타고 났으며, 재산이 헤아릴 수 없이 많아 넘쳐납니까?"

"지나간 옛날에 어떤 장자가 있었는데 매일 사람을 보내어 벽지불 5백 명을 초청해 공양을 베풀었고, 심부름을 가던 사람이 언제나 개를 데리고 다녔다.

어느 때 사정이 있어 심부름 가던 사람이 할 수 없이 벽지불을 초청하러 가지 못하게 되었는데, 그 때 개가 혼자 벽지불의 처소에 가서 짖으니, 벽지불들이 '집안에 일이 많아 오지 못하고 개가 와서 짖으며 우리들을 초청하는구나.'

벽지불들이 개와 함께 장자의 집에 가니, 장자가 매우 기뻐하며 공양을 올리는 법에 따라 공양을 베풀었다.

그 때의 장자는 나의 전신이었고, 심부름한 사람은 아나율의 전신이었으며, 그 때의 개가 지금의 화씨성 성주였다. 그는 벽지불에게 공양시간을 알려 준 공덕으로 그 때부터 지금까지 태어 날 때마다 좋은 음성에 큰 부자로 살았다. 이런 까닭으로 지혜로운 이는 반드시 복밭에 정성껏 공양을 올려야 하느니라."

나훌라의 출생

저는 일찍이 이와 같이 들었습니다.

부처님께서 처음으로 집을 떠나는 밤에 부처님의 아들 나후라가 어머니 태에 들었습니다. 싯다르타는 6년 동안 고행하여 보리수 밑에서 네 악마를 항복 받고, 온갖 번뇌를 없애고 활연히 깨달아 위없는 도를 이루니, 열 가지 힘과 네 가지 두려움 없음을 두루 갖추고, 열여덟 가지 별다른 법을 성취하고, 네 가지 변재를 갖추어 모든 길에서 저 언덕에 이르게 되고, 여러 부처의 법을 밝게 알아 모든 성문과 연각보다 뛰어났습니다.

처음으로 성도하신 밤에 나훌라가 태어나니, 온 궁중의 궁녀들은 모두 창피하게 여겨, 걱정하고 번민하면서 이렇게 말하였습니다.

"큰 죄악이다. 야쇼다라는 옳고 그름을 생각하지 않고, 경솔한 짓으로 스스로 삼갈 줄 모르고, 우리 온 궁중을 모두 더럽혔다. 싯다르타 보살이 집을 떠난 지 이미 오래인데, 이제 갑자기 아이를 낳았으니 이것은 큰 치욕이다."

그 때에 전광이라는 석씨의 여자가 있었는데, 그녀는 바로 야쇼다라와 이종간이었는데도 화를 내고 가슴을 치면서 야쇼다라를 꾸짖었습니다.

"너는 왕실의 직계로서 왜 스스로 업신여김을 받느냐. 싯다르타 태자는 집을 떠나 도를 공부한 지 이미 6년이 지났는데 이제 아이를 낳았으니, 이것은 도저히 때가 맞지 않는다. 누구를 보았느냐? 너는 부끄럼도 없이 우리 종족을 욕되게 했다. 종족을 생각하지 않았기 때문에 나쁜 이름을 면하지 못한다. 싯다르타 보살은 큰 공덕이 있고 좋은 이름이 널리 퍼졌는데, 너는 왜 아끼지 않고 이제 그를 욕되게 하느냐?"

그 때에 정반왕은 누각 위에 있다가, 대지가 여섯 가지로 진동하면서 기이한 현상이 나타나는 것을 보고, 보살이 죽었다 생각하여 근심의 화살이 가슴을 찔러 심히 괴로워하면서 말했습니다.

'내 아들의 계율 향기는 사방에 가득 차고, 상호는 장엄하여 연꽃장식과 같았다. 그런데 오늘 죽는 날에 그것은 모두 말라버렸다. 계율의 깊고 든든한 뿌리와 부끄러움의 가지와 잎사귀와 명예의 향기와 큰 자비의 두터운 그늘로써 내 아들은 큰 나무와 같았는데, 이제 죽음의 코끼리에게 짓밟혔구나.

내 아들은 크기는 금산과 같아서 온갖 보배로 장엄한 금산의 왕으로 상호가 장엄한 그 몸은 이제 무상無常의 금강저金剛杵에 모두 부서졌구나. 마치 큰 바다에 온갖 보배가 가득 찼을 때 저 마갈어가 바닷물을 휘젓는 것처럼 내 아들의 큰 바다도 그와 같아서 죽음이란 마갈어의 침해를 받았구나. 보름달이 뭇 별들에게 둘러싸인 것처럼 내 아들도 그와 같이 한량없는 공덕과 장엄한 상호가, 지금 무상의 나훌라에게 먹혔구나.

우리 종족은 대장부로서 노월盧越·진정眞淨 등 이런 왕이 서로 이어 오늘에 이르렀는데, 장차 우리 종족이 끊어지지 않겠는가! 특히 내 아들은 전륜성왕이 되거나 혹은 불도를 이루기를 바랐는데 과연 지금 죽었을까? 만일 내 아들을 잃는다면 나는 반드시 근심 끝에 쇠약하여 목숨을 보전하지 못할 것이다. 나는 내 아들이 집을 떠나 가사를 입고 바루를 들고 다니면서, 단 이슬 법을 널리 연설하기를 바랐다. 그러나 이제 그런 갖가지 일을 보지 못하게 되었구나.'

그는 아들을 생각하고 이와 같이 갖가지로 근심했습니다. 그 때에 궁중에서 소리를 높여 크게 우는 소리가 들리니, 왕은 더욱 놀라고 두려워하며 태자가 죽었다고 생각하고 앞으로 달려가는 하녀에게 물었습니다.

"저것은 웬 곡성이냐. 내 아들이 죽었는가?"

"태자님은 죽지 않고, 야쇼다라님이 지금 아들을 낳았기 때문에 온 궁중 사람들이 창피하여 우는 것입니다."

왕은 그 말을 듣고 더욱 걱정하고 괴로워하면서, 소리 내어 울고 부르짖으며 외쳤습니다.

"괴상한 일이다. 아주 더럽고 욕된 일이다. 내 아들이 집을 떠난 지 이미 6년이 지났는데 이제 아이를 낳다니."

그 때에 그 나라 법에는 북을 한 번 치면 모든 군사가 모이고, 8만 9천 석씨들이 모두 모였다. 그들은 모두 모여 야쇼다라를 불렀습니다. 야쇼다라는 희고 깨끗한 옷을 입고 아이를 품에 안고 있으면서 전혀 놀라거나 두려워함 없이 궁중 사람들에게 둘러싸여 있었습니다.

지팡이를 든 어느 석씨가 안색을 고치고 화를 내어 야쇼다라를 꾸짖었습니다.

"이 더러운 것아. 너무도 창피한 일이다. 우리 종족을 욕되게 해놓고 무슨 낯짝으로 우리 앞에 섰느냐."

야쇼다라의 외삼촌 비뉴천이 야쇼다라에게 말했습니다.

"더럽고 어리석기가 너보다 더할 여자는 없을 것이다. 외삼촌에게 사실대로 말하라. 너는 어떤 놈한테서 그 아이를 얻었느냐?"

그러나 야쇼다라는 조금도 부끄럼 없이 정직하게 말했습니다.

"집을 떠난 싯다르타에게서 이 아이를 얻었습니다."

정반왕은 이 말을 듣고 화를 내면서 말했습니다.

"그 아이를 생각하지 않고 딴 말을 하는구나. 참이거나 거짓이거나 여러 석씨들은 다 안다. 내 아들 싯다르타는 본래 집에 있을 때부터 다섯 가지 향락이 있다는 말을 귀로도 듣지 않았는데, 하물며 욕심이 있어 아이를 낳았겠느냐! 그 따위 말은 실로 야비하고 무례하다. 누구에게서 아이를 얻어서 우리를 욕되게 하는가? 그것은 진실로 거짓이요, 정직한 법이 아니다.

내 아들 싯다르타는 옛날 집에 있을 때에도 어떤 보물이나 맛난 음식과 여자 등에 조금도 집착하지 않았다. 그런데 하물며 지금 고행하면서 하루에 깨 한 알, 쌀 한 톨만 먹고 있을 때이겠느냐!"

그런 비방을 하고 정반왕은 더욱 화를 내어 여러 석씨들에게 말했습니다.

"지금 저것을 어떻게 괴롭고 잔인하게 죽이면 좋을까?"

어떤 석씨가 말했습니다.

"저의 생각 같아서는 불구덩이를 만들고, 저 모자를 그 속에 던져, 조금도 남는 것이 없게 했으면 합니다."

여러 사람도 모두 그것이 가장 좋다 하고, 곧 구덩이를 파고 그 안에 카타라나무를 쌓아 불을 붙이고는 야쇼다라를 끌고 그 곁으로 갔습니다.

야쇼다라는 그 불구덩이를 보고서야 비로소 놀라고 두려워 했습니다. 마치 들 사슴이 혼자 동산에 있을 때 어디에고 의지할 곳이 없는 상황이었습니다. 야쇼다라는 스스로 꾸짖되 '아무 죄도 없는데 이런 화보를 받는다.' 생각하고 여러 석씨들을 둘러보았으나 아무도 자기를 구원할 이가 없었습니다. 그래서 야쇼다라는 아기를 안고 길게 탄식하고는 보살을 생각하면서 말했습니다.

"당신은 자비가 있어 일체 중생을 가엾이 여기십니다. 그러므로 모든 하늘과 귀신들도 모두 당신을 공경합니다. 지금 우리 모자는 복이 엷어 아무 죄도 없이 고통을 받는데 보살은 왜 생각하시지 않으며, 왜 우리 모자를 오늘의 이 재앙에서 구하시지 않습니까! 어떤 하늘 선신도 우리를 생각하지 않습니다. 옛날 보살이 여러 서씨들 가운데 계신 때에는 마치 보름달이 뭇 별 가운데 있는 것과 같았사온데, 지금은 다시 볼 수 없습니다."

곧 부처님 계신 곳을 향하여 일심으로 절했습니다. 그리고 다시 여러 석씨들에게 절하고는 불을 향해 합장하고 진실한 말을 했습니다.

"이 아이는 진실로 남에게서 생긴 것이 아닙니다. 만 6년 동안 내 태 안에 있은 사실이 진실이요, 거짓이 아니라면 끝까지 이 불은 우리 모자를 태워 죽이지 않고 스스로 꺼질 것이다."

이렇게 말하고 곧 불구덩이 속으로 뛰어들었습니다. 그러자 그 불구덩이는 연못으로 변하고 그녀의 몸은 연꽃 위에 있었습니다. 그녀는 조금도 두려움이 없이 온화하고 즐거운 안색으로 여러 석씨들을 향해 합장하고 말했습니다.

"만일 내 말이 거짓이었더라면 곧 타죽었을 것입니다. 이 아이는 진실로 보살의 아들입니다. 나는 진실한 말로 불의 재앙을 면했습니다."

어떤 석씨가 말했다.

"그 형상을 보면 놀라거나 두려워하지 않는다. 그로 미루어 보아 그것이 진실인 것을 알 수 있다."

또 어떤 석씨가 말했다.

"그 불구덩이가 맑은 못으로 변했다. 그것은 그에게 허물이 없음을 증험한 것이다."

그 때에 여러 석씨들은 야쇼다라를 데리고 궁중으로 돌아가 더욱 공경하고 찬탄했습니다. 그리고 그녀를 위해 유모를 구하여 그 아들을 받들어 섬기게 했는데, 처음 낳은 때와 조금도 다름이 없었습니다.

그 할아버지 정반왕은 손자를 매우 소중히 여겨, 나훌라가 보이지 않으면 밥을 먹지 않았습니다. 그리고 보살 생각이 날 때에는 나훌라를 안고 그 시름을 잊었습니다.

6년이 지난 뒤에 정반왕은 부처님을 간절히 사모해 사람을 보내어 부처님을 초청했습니다. 부처님은 가엾이 여겨 본국으로 돌아가셨습니다. 석씨 궁전에 이르시자, 부처님은 1천 2백 50 비구로 변하셨습니다. 그들은 모두 부처님 몸과 같고 빛나는 모양도 다름이 없었습니다.

야쇼다라는 나훌라에게 말했다.

"어느 분이 너의 아버지냐? 그 곁으로 가거라."

그 때, 나훌라는 부처님께 나아가 예배하고, 부처님의 왼쪽 발 곁에 서 있었습니다. 부처님은 곧 한량이 없는 겁동안 닦은 공덕으로 된 바퀴 모양이 있는 손으로 나훌라의 정수리를 어루만지셨습니다. 때에 여러 석씨들은 모두 이렇게 생각했습니다.

'부처님은 지금도 아직 사사로이 사랑하는 마음이 있구나.'

부처님께서 여러 석씨들의 마음 속 생각을 아시고, 시로써 말씀하셨습니다.

나는 왕의 권속이나
또 낳은 아들을
치우쳐 사랑하는 마음이 없고
다만 손으로 정수리를 만졌다.

나는 갖가지 번뇌 다하여
사랑과 미움이 아주 다 없어졌다.
너희들은 의심을 가지지 말라.
아들에 대하여 망설이고 있다고.

이 애도 장차 집을 떠나게 하여
거듭 나의 법 아들로 만들 것이니
그의 공덕을 간단히 말하면
이 애는 집을 떠나 참 도를 배워
반드시 아라한을 이룰 것이다.

믿을 것이 없다

모든 교활과 거짓과 간사함과 홀림은 그 겉모양은 곧은 듯하지만 속에는 간악함과 속임을 품고 있습니다. 그러므로 지혜로운 사람은 참과 거짓을 잘 분별합니다.

옛날 어떤 바라문이 나이 늙어 젊은 아내를 맞이했습니다. 아내는 남편이 늙은 것을 꺼리어, 쉬지 않고 딴 남자와 정을 통했습니다. 음욕에 맛을 붙여 남편을 속이고 연회를 베풀어 젊은 바라문들을 초청했습니다. 그러나 남편은 그 아내의 간음하는 버릇을 알기 때문에 연회를 계속하는 것을 즐겨하지 않았습니다. 아내는 갖가지 꾀를 써서 그 남편을 속였습니다.

어느 때 늙은 바라문의 전처 아들이 연못에 빠졌습니다. 그때에 젊은 아내는 눈으로 보고도 아이를 붙들지 않고 빠지는 것을 보고만 있었습니다.

바라문은 말했습니다.

"아이가 지금 물에 떨어지는데 왜 붙들지 않았는가?"

"나는 젊어서부터 자기만 가까이하고, 일찍 다른 남자를 붙든 일이 없었는데, 어떻게 갑자기 이 사내아이를 붙들라고 하십니까?"

바라문은 그 말을 듣고 그렇겠다고 생각하고, 아내를 믿는다고 말했습니다. 그리고 그 집에 큰 연회를 열고 바라문들을 모았습니다. 그러자 그 아내는 여러 사람들과 정을 통했습니다. 바라문은 이 사실을 알자 분하고 원통해 보물을 모두 옷에 싸가지고 아내를 버리고 집을 떠났습니다. 집을 떠나 멀리 가는 도중에 어떤 바라문을 만나 동행하게 되었습니다. 해가 저물어 어느 집에서 같이 자고, 이튿날 아침에 다시 길을 떠났습니다. 숙소를 떠나 차츰 숙소에서 멀어지려 할 때에 그 바라문은 늙은 바라문에게 말하였습니다.

"어젯밤 자던 집에서 풀잎 하나가 내 옷에 붙어 왔습니다. 나는 젊을 때부터 남의 물건을 훔치지 않았는데, 지금 이 잎이 내게 붙어 왔으니, 나는 매우 부끄럽습니다. 이것을 그 주인에게 돌려주고 오겠습니다. 당신은 여기서 기다리십시오."

늙은 바라문은 이 말을 듣고, 그를 깊이 믿었으며 더욱 사랑하고 존경하면서 '기다리겠다'고 승낙했습니다. 그 바라문은 거짓으로 그 풀잎을 주인에게 돌려주려고 떠났습니다. 얼마 가지 않고 어떤 개울가에 누웠다가 한참만에 돌아와 말했습니다.

"그 풀잎을 주인에게 돌려주었습니다."

늙은 바라문은 그렇다고 믿고 더욱 사랑하고 존경했습니다. 늙은 바라문은 마침 대변이 보고 싶었습니다. 대변을 보고 그것을 씻으려고, 보물을 그에게 맡겼습니다. 그는 그 보물을 가지고 곧 달아났습니다. 늙은 바라문은 자기 보물이 도둑맞은 것을 보고, 그 사람을 원망했습니다. 그리고 스스로 슬퍼하고 근심하고 고민하면서 다시 길을 떠났습니다. 조금 가다가 어떤 나무 밑에서 쉬고 있을 때, 황새 한 마리가 입에 풀을 물고 여러 새들에게 말하는 것을 보았습니다.

"우리는 서로 가엾이 여기면서 한 곳에 모여 같이 살자."

여러 새들은 그 말을 믿고 모두 모여 왔습니다. 때에 그 황새는 여러 새들이 모두 밖에 나간 틈을 엿보아 새들의 둥우리로 가서 알을 쪼아 즙을 마시고 그 새끼들을 잡아먹었습니다. 그리고는 새들이 올 때가 되자 다시 풀을 물고 있었습니다. 새들이 돌아와 그 사실을 보고 모두 그를 꾸짖었으나 황새는 버티며 말했습니다.

"나는 그러지 않았다."

때에 여러 새들은 그것이 거짓임을 알고, 모두 그를 버리고 떠났습니다. 그 나무 밑에서 조금 있다가 집을 떠난 어떤 외도를 만났습니다. 누더기옷을 입고 조용하고 천천히 걸으면서 말했습니다.

"가거라, 가거라, 중생들아!"

"왜 나란히 걸으면서 입으로 가거라 가거라 외치는가?"

외도는 대답했습니다.

"나는 집을 떠난 사람으로서 일체 중생을 가엾이 여기기 때문에, 저 개미 따위를 해칠까 두려워하여 그렇게 하는 것입니다."

그러자 늙은 바라문은 그 외도가 입으로 그렇게 하는 말을 듣고, 돈독히 믿는 마음이 생겨 그를 따라 그의 집으로 갔습니다. 날이 저물어 그는 바라문에게 말했습니다.

"나는 고요히 내 마음을 닦아야 하겠습니다. 당신은 다른 방에 가서 쉬십시오."

때에 바라문은 그가 도를 닦는다는 말을 듣고 마음으로 매우 기뻐했습니다. 그러나 밤중이 지나자 온 집에 은은히 음악이 울리고 노래하고 춤추는 소리가 들렸습니다. 바라문은 곧 나가보다가 그것이 집을 떠난 외도의 방임을 알았고, 땅 밑에서 여자가 나와 그와 정을 통하는 것을 보았습니다. 그리고 여자가 춤을 추면 그 외도는 거문고를 타고, 외도가 춤을 추면 그 여자가 거문고를 탔습니다.

바라문은 그것을 보고 스스로 생각했습니다.

'천하 만물은 사람이나 짐승이나 할 것 없이 하나도 믿을 것이 없구나!'

그리고 시를 읊었습니다.

남의 남자를 붙들지 않기
그 주인에게 풀잎을 돌려주기
황새가 거짓으로 풀을 물고 있기
외도가 벌레 다칠까 외치기

이러한 모든 아첨하고 거짓된 말
그것들 아무 것도 믿을 것 없네.

제 꾀에 죽은 며느리

옛날 어떤 바라문이 있었습니다. 그 아내는 한창 젊어 얼굴은 곱고 아름다우며, 욕정은 깊고 무거워 그 뜻은 음탕한 데만 있었습니다. 그러나 시어머니가 있기 때문에 마음대로 사랑의 행위를 하지 못했습니다. 그래서 가만히 간악한 꾀를 내어 시어머니를 해치려 했습니다. 거짓으로 효도하며 남편의 마음을 미혹시키려고, 아침 저녁으로 정성껏 이바지하여 조금도 모자람이 없게 했습니다.

남편은 기뻐하여 아내에게 말했습니다.

"당신이 지금 어머니를 봉양하는 것은 효도하는 며느리가 하는 일이오. 우리 어머니가 늘그막에 의지할 곳은 당신 힘뿐이오."

아내는 대답했습니다.

"지금 제가 이 세상에서 받드는 공양은 얼마 남지 않았습니다. 만일 하늘의 공양을 받는다면 제 소원은 만족할 것입니다. 혹 하늘에 날 어떤 묘한 법은 없습니까?"

남편은 대답했습니다.

"바라문 법에 바위에서 떨어지거나 불속으로 들어가거나 다섯 가지 뜨거움으로 몸을 지지는 등 이런 일을 행하면 곧 천상에 난다고 했소."

"만일 그런 법이 있다면 어머님을 하늘에 나시게 해서 자연의 공양을 받으시게 할 일이지 무엇하러 애써서 세상의 공양을 받게 하십니까?"

이렇게 말하자 남편은 그 말을 믿고, 곧 들밭에 큰 구덩이를 파고는 나무를 많이 쌓고 불을 붙였습니다. 그리고 그 위에 큰 연회를 베풀고 늙은 어머니를 모시고는 친족들을 불러모았습니다. 바라문은 모두 거기 모여 음악과 노래로 종일토록 즐겼다.

손님들은 모두 흩어지고 어머니만 혼자 남았습니다. 그 부부는 어머니를 모시고 불구덩이 있는 곳으로 가서, 어머니를 불구덩이에 밀어 넣고는 뒤도 돌아보지도 않고 달아났습니다. 그 불구덩이 안에 마침 조그만 발판이 있었습니다. 어머니는 그 발판 위에 걸려 불에 떨어지지 않았습니다. 어머니는 곧 그 구덩이에서 나왔습니다. 날이 이미 어두웠으므로 올 때의 자취를 더듬어 집으로 향했습니다.

길이 숲속을 지나게 되어 사방이 깜깜했습니다. 호랑이와 나찰 귀신들이 두려워 노모는 낮은 나무를 더위 잡고 올라가 두려움을 피하고 있었습니다. 그 때에 마침 도적들이 많은 보석을 훔쳐 와서, 떼를 지어 그 나무 밑에서 쉬고 있었습니다. 그는 겁이 나서 꼼짝도 하지 않고 있다가, 나오는 기침을 누를 수 없어 그만 나무 위에서 기침을 했습니다. 도적들은 그 기침 소리를 듣자 저것은 악귀라 생각하고 그 보석을 버린 채 모두 흩어져 달아났습니다.

새벽녘이 되어 그 노모는 아무 두려움 없이 태연히 나무에서 내려왔습니다. 거기서 그 보물들, 아름다운 영락과 온갖 구슬과 금팔찌와 귀고리 등 여러 가지 진귀한 물건을 잔뜩 가지고 집으로 돌아갔습니다. 어머니는 아들과 며느리에게 말했습니다.

"나는 죽어 하늘에 나서 이런 재보를 많이 얻었다."

그리고 그 며느리에게 말했습니다.

"이 아름다운 영락과 구슬, 금팔찌, 귀고리 등은 네 부모와 고모부 · 이모부 · 자매들이 가지고 와서 너에게 준 것이다. 나는 늙고 약하기 때문에 많이 가지고 오지 못했다. 그들이 너에게 말하여 오게 하면 얼마든지 주겠다고 말했다."

며느리는 이 말을 듣고 못내 기뻐하면서 시어머니가 한 것처럼 불구덩이에 몸을 던지고자 하여 그 남편에게 말했습니다.

"늙으신 어머님은 불구덩이에 몸을 던졌기 때문에 이런 재보를 얻었습니다. 그러나 힘이 약하여 많이 가지고 오지 못했다니 내가 가면 반드시 많이 얻어 올 수 있을 것입니다."

남편은 그 말대로 불구덩이를 만들었고 아내는 거기에 몸을 던져 몸이 타서 아주 죽고 말았습니다.

그 때에 여러 하늘사람들은 시로써 말했습니다.

사람은 높은 이에게
부디 나쁜 생각 내지 말지니
며느리가 시어머니 해치려다
도리어 제 몸 태워 죽는 것 같이.

원수를 믿지 말라

옛날 까마귀와 올빼미가 있었는데 그들은 서로 미워하는 원수 사이였습니다. 까마귀는 낮을 기다려 올빼미가 보지 못하는 것을 알고, 올빼미 떼를 밟아 죽여 그 고기를 먹었고, 올빼미는 밤이 되면 까마귀의 눈이 어두운 것을 알고 까마귀 떼를 쪼아 창자를 내어 먹었습니다. 이렇게 낮과 밤을 두려워하면서 그칠 새가 없었다. 그 때에 까마귀 떼 가운데 한 꾀 많은 까마귀가 있어 여러 까마귀들에게 말했습니다.

"서로 원망하고 미워하면 편안할 날이 없고, 끝끝내 서로 죽이면 양쪽이 다 보전할 수 없다. 어떤 방법을 써서 저 올빼미들을 아주 없애버려야 우리가 즐거이 살 수 있다. 만일 그렇게 하지 않으면 마침내 우리가 멸망하게 될 것이다."

"네 말이 맞다. 어떤 방편을 써야 저 올빼미들을 모두 죽일 수 있겠는가?"

"모두 나를 쪼아 내 털을 뽑고 내 머리를 부수어라. 그렇게 하면 나는 꾀를 써서 반드시 저들을 모두 없애버리리라."

모두 그 말대로 했습니다. 꾀 많은 까마귀는 가엾은 꼴을 하고, 올빼미들이 사는 굴 밖에 가서 슬피 울었습니다. 올빼미는 그 소리를 듣고 나와 말했습니다.

"너는 지금 왜 머리가 부서지고 털이 빠진 채로 여기 와서 슬피 울면서 괴로워하는가? 무슨 할 말이 있는가?"

까마귀가 말했습니다.

"여러 까마귀들이 나를 미워하기 때문에 나는 살 수가 없다. 여기 와서 몸을 던져 저 원수들을 피하고자 하는 것이다."

올빼미는 가엾게 여겨 그를 받아주려고 했습니다. 그러자 여러 올빼미들은 말했습니다.

"그는 우리의 원수다. 가까이 할 수 없다. 무엇 때문에 그 원수를 받아주려고 하는가?"

"그는 지금 매우 곤란하여 우리에게 와서 몸을 의지하려 한다. 그 고단한 신세를 어떻게 하겠는가!"

드디어 그를 거두고 남는 고기를 주어 먹였습니다. 얼마를 지나 까마귀는 그 털이 회복되었습니다. 까마귀는 거짓으로 기뻐하면서 가만히 꾀를 내었습니다. 마른 나뭇가지와 풀을 물고 와서 올빼미 굴에 쌓으면서 은혜를 갚는 체 했습니다.

그러자 올빼미는 물었습니다.

"무엇하러 그러는가?"

"이 굴 속은 오로지 찬 돌뿐이다. 그러므로 이것으로써 추운 바람을 막으려는 것이다."

올빼미는 그러려니 생각하고 잠자코 있었습니다. 까마귀는 거짓으로 굴을 지키는 심부름꾼이 되었습니다. 때마침 심한 눈이 내려 추위가 대단했습니다. 올빼미들은 모두 굴속으로 모여들었습니다. 까마귀는 그 기회를 만나 기뻐하면서, 소치는 사람의 불을 물고 와서 굴 속에 불을 질렀습니다. 그래서 올빼미들은 한꺼번에 모두 타 죽고 말았습니다.

그 때에 여러 하늘사람들은 시로써 말했습니다.

혐의가 있는 사이에서는
그를 너무 믿지 말라.
까마귀가 거짓으로 착한 체하여
올빼미들을 태워 죽인 것 같이.

까마귀 싸우는 곳에 백로야 가지 마라

옛날 어떤 여종이 있었습니다. 그는 성질이 얌전하고 깔끔하여 항상 주인을 위하여 보리와 콩을 관리했습니다. 그 때 그 집에 있는 숫양이 빈틈을 엿보아 그 보리와 콩을 먹어 한 말쯤이나 축을 내었습니다. 그래서 주인에게 꾸중을 들었습니다.

"주인이 나를 믿지 않는 것은 모두 저 양이 먹었기 때문이다."

그 때문에 그는 양을 미워하여 막대기로 양을 쳤습니다. 그러면 그 양도 성을 내어 그 여종을 들이받았습니다. 이렇게 하기가 한두 번이 아니었습니다.

어느 날 그 여종은 막대기 대신 불을 가지고 있었는데 양은 그 손에 막대기가 없는 것을 보고, 곧 쫓아와 여종을 들이받았습니다. 여종은 황급하여 가졌던 불을 양 잔등에 던졌습니다. 양은 뜨거움을 못견뎌 사방으로 날뛰었습니다. 그래서 그 불은 마을과 사람들을 태우고 또 산과 들에까지 번져갔습니다. 그 때에 그 산에는 5백 마리 원숭이가 있었는데, 번져오는 불

길을 피할 수가 없어 한꺼번에 타 죽고 말았습니다.

여러 하늘사람들은 시로써 말했습니다.

성내어 서로 싸우는
그 사이에는 머물지 말라.
숫양과 여종이 싸우는 바람에
마을 사람들과 원숭이가 죽었느니라.

어려운 말 풀이

ㄱ

가루라【枷樓羅】: 용을 잡아 먹는다는 새. 금시조의 인도 옛말.

가사【袈裟】: 스님이 된 분들이 입는 격식에 맞는 옷.

갈마【羯磨】: karma의 음사. 한자로는 업(業)이란 뜻. 그러나 갈마라고 표기한 경우 업이란 뜻이 아니고, 절에서 스님들이 하는 일 모두를 규칙에 의지해 제대로 처리하는 방법의 의미가 대부분임.

감로법【甘露法】: 불법을 서정적으로 나타낸 말. 부처님의 가르침이 몸과 마음을 안락하게 하는 것이 감로라는 하늘이 내리는 단물과 같다는 뜻.

강가【恒伽】: 갠지스강의 옛이름. 항하의 다른표기 → 항하수.

거사【居士】: 범어 gṛhapati의 한자 역어. 세속에 살면서 부처님께 귀의하여 부처님의 가르침대로 사는 남자를 말함.

건달바【乾達婆】: 하늘의 음악을 관장하는 하늘 음악신.

겁【劫】: 범어 kalpa의 음사. 긴 시간이라 번역함. 사방 40리의 창고에 개자를 가득 채워 두고, 백년 마다 한 알갱이를 집어내어 개자를 다 집어내는 시간을 한 작은 겁이라 하고, 작은 겁 20겁을 한 중간겁이라 하고, 중간 겁 4겁을 한 큰 겁이라 한다. 영겁(永劫), 광겁(曠劫)이라고도 한다.

결가부좌【結跏趺坐】: 부처님과 제자들의 앉음새. 두 다리를 교차하여 앉는다. 먼저 오른쪽 발등이 왼쪽 허벅지를 누르게 하고, 다음 왼쪽 발등이 오른쪽 허벅지를 누르게 한다. 오른손을 가부좌한 단전에 대고, 왼손 등을 오른손 손바닥에 대고, 왼손엄지가 오른손 엄지를 누르게 하면서 배꼽아래 단전에 대는 듯하며, 눈길은 코끝을 응시하며 앉는 법이다. 전가부좌, 본가부좌 라고도 한다.

경전【經典】: 부처님의 가르침을 기록한 책.

경행【經行】: 수행하다가 신심의 밸런스를 유지하기 위하여 일정한 장소를 조용히 걷는 운동.

계빈국【罽賓國】: 범어 Kapiśa. 가습미라에 있던 나라이름. 지금의 카슈미르 지방. 아소카왕이 스님들과 불경을 이곳에 보내어 포교를 처음으로 하게 하였다.

계율【戒律】: 범어 śila와 vinaya의 합성어. '계'는 윤리성을 나타내고, '율'

은 규칙성을 나타낸다.'계'는 자율성이 강하고, '율'은 강제성을 지녔다.

계행【戒行】: 금지 시킨 내용을 행동으로 실천하여 나타나는 행위.

고타마: 범어 Gotama의 음사. 한자로 구담(瞿曇), 교답마(喬答摩) 등으로 표기 했다. 부처님의 종족의 성(姓)이다.

공【空】: 범어 śūnya. 이 세상 물체는 인연을 따라 생겨났기 때문에 인연이 다하면 인연을 따라 생긴 물체도 다 없어진다. 즉 인연이 없어지면 물체가 없어지니 모든 것은 결국에 공이란 뜻이다.

공양【供養】: 범어 pūjanā.의 한자어 번역. 먹는 음식에서부터 필요한 물건 또는 장엄구 등으로 삼보에게 바치는 모든 물건을 말한다. 흔히 '부처님을 공양하다'라고 번역하는데 잘못인 듯. '부처님께 공양을 올린다'라고 번역하는 것이 옳다.

과위【果位】: 깨달은 자리. 공부가 성취되어 얻는 지위. 여기서는 소승 네 과의 자리를 말함.

관법【觀法】: 마음으로 법이나 진리를 관찰하는 방법.

교단【敎壇】: 한 교주를 신봉하는 단체. 여기서는 부처님의 가르침을 따라 삶을 영위하는 제자들을 일컬음.

관정【灌頂】: 스님이 될 때 머리에 깨끗한 물이나 향수를 뿌려 세상의 번뇌를 씻는 의식. 부처가 되는 최후의 순간 지혜의 물로서 정수리에 뿌려 여래가 됨을 증명함.

구마라집【鳩摩羅什】: 343~413년. 人名. 범어 Kumarājīva의 음사. 인도 스님으로 중국에 와서 경전 74부 380권을 번역하였고 최고의 번역가이다.

구반다【鳩槃茶】: 사천왕 중에 남방증장천왕에 속한 귀신으로서 불법을 옹호하는 신의 한 종류.

권화【勸化】: 좋은 일을 하도록 다른 사람에게 권함.
❶ 삼보를 믿고 공양을 올리게 함.
❷ 권하여 사교를 버리고 불법을 믿게 함.
❸ 불법에 귀의하게 함.

귀의【歸依】: 돌아가 몸을 의지함. 부처님과 법과 스님들께 의지함. 비슷한 말 - 귀명(歸命), 나무(南無). 인도의 옛말. 한자어로 귀의, 귀명임.

그리드라쿠타산: 범어 Grdhrakūta. 한자로 기사굴산(耆闍崛山) 지금의 차타(chata)산. 경전에는 영축산(靈鷲山)으로 나온다. 중인도 마갈타국에 있는 산.

금강석【金剛石】: 가장 단단하여 어떤 것으로도 깨뜨릴 수 없다는 뜻이 원 관념임.

금시조【金翅鳥】: 범어 Garuda의 역어. 인도인이 신격화 한 상상의 새로서 용을 잡아 먹는다고 함.

기바【耆域】: 부처님 당시의 의사로서 당시에 뇌수술을 했던 유명한 인도의 허준.

기수급고독원【祇樹給孤獨園】: Jetavānānāthapiṇḍadasyārāma의 역어. 사위성 남쪽에 있었던 부처님. 당시 2대 가람의 하나.

기역【嗜域】: '기바' 의 다른 표기.

긴나라【緊那羅】: 모습이 일정하지 않은 하늘의 음악신 가운데 하나

ㄴ

나무불【南無佛】: "부처님께 귀의합니다"

나무불타【南無佛】: 나무는 귀의하다. 불타는 부처님의 뜻. 즉 부처님께 귀의한다는 뜻임.

나찰【羅刹】: 범어 rākṣasa의 한자 음사. 두려운 존재. 보호하는 이. 재빠른 귀신. 사람을 먹는 귀신 등의 우리말로 번역한다. 부처님 이전에는 나쁜 귀신이 있었으나 부처님께 귀의한 뒤부터 불법을 옹호하는 귀신이 되었다.

난다【難陀】: 범어 Nanda의 음사. 부처님 배다른 동생인 듯. 불 오백제자 자설본기경 난타품을 보십시오.

남섬부주【南贍浮洲】: 남염부제, 염부제라고도 함. 옛날 인도어 Jambudvipa의 음사. 불교의 세계관에 의한 현재 인류가 살고 있는 지구를 가리키는 말인 듯 함.

네 가지 공양【四種供養】: 의복 · 음식 · 탕약 · 침구 등의 물건.

네 가지 공정【四空定】: 범어 catasra-ārūpya-samāpattaya의 한자어 번역.
1 물질의 속박을 벗어나기 위해 물질이란 생각을 버리고, 끝없이 허공을 관찰하는 공무변처정(空無邊處定)
2 본질을 관찰하는 앎이 넓고 커 끝이 없다라고 관찰하는 식무변처정(識無邊處定)
3 앎의 인식을 버리고 마음은 소유가 없다라고 관찰하는 무소유처정(無所有處定)
4 마음은 소유가 없다고 관찰하여 도달하는 비상비비상처전(非想非非想處定)

네 가지 마구니【四魔】:

❶ 오온(색 · 수 · 상 · 행 · 식)이 모든 고통을 유발하므로 음마(陰魔) · 중마(衆魔)라고 함.
❷ 번뇌마(煩惱魔) 탐욕을 위시하여 여러 가지 번뇌는 중생의 몸과 마음을 시끄럽게 하므로 '번뇌마' 라 함.
❸ 사마(死魔) 죽음은 중생의 생명을 빼앗으므로 사마라 함.
❹ 천자마(天子魔) 욕제 제 6천의 왕은 선(善)을 방해하므로 천자마라 함.

네 가지 선정【四禪】: 범어 catvāri-dhyānāni의 역어. 사정려(四靜慮)라고도 한다. 색계 18층 하늘에서 닦는 선정 네 가지.
❶ 초선천 : 세 하늘에서 닦는 깨달음과 관함이 있는 선정.
❷ 2선천 : 세 하늘에서 닦는 깨달음은 없고 관함만 있는 선정.
❸ 3선천 : 세 하늘에서 닦는 깨달음과 관함이 모두 없는 선정.
❹ 4선천 : 아홉 하늘에서 닦는 움직이지 않는 선정.

네 가지 요소【四大】: 범어 mahá-bhúta. 물체의 기본요소인 흙 · 물 · 불 · 바람(地水火風). 불교에서 사람 몸을 구성하는 네 가지 요소가 위의 네 가지라 함.

네 가지 은혜【四恩】: 부모에게 입은 은혜, 중생에게 입은 은혜, 국가에게 입은 은혜, 삼보에게 입은 은혜.

네 가지 진리 : 범어 catvārisatyāni의 우리말 번역. 한자어는 사제(四諦) 또는 사성제(四聖諦)라고 한다.
❶ 현실의 삶은 고통이다. 고제(苦諦)
❷ 고통의 이유 또는 근거니 갈애(渴愛)가 그 바탕이다. 집제(集諦)
❸ 깨달을 목표니 곧 이상(理想)이다. 멸제(滅諦)
❹ 실천 수행의 수단으로서 열반에 이르는 방법이다. 도제(道諦)
위의 내용을 부연하면 인간(중생)의 생존은 괴로움이라는 것이 불변의 진리며, 그것의 원인은 갈애에서 시작되었다는 것이 불변의 진리며, 위의 두 사실을 알고 벗어나야 열반 즉 이상에 도달하는데 그 길은 여덟 가지 바른 길을 걸어야 된다는 내용이다.

네 가지 평등한 마음 : 사무량심(四無量心)을 말함. → 네 가지 헤아릴 수 없는 마음.

네 가지 헤아릴 수 없는 마음【四無量心】: 자(慈) · 비(悲) · 희(喜) · 사(捨)의 네 가지 마음이 헤아릴 수 없음을 말함.

네 부류의 대중 : 불교 교단을 구성하고 있는 四部大衆의 우리말. 비구 · 비구니 · 우바새 · 우바이를 말함.

녹야원【鹿野苑】 : 인도의 옛말, Mṛgadáva의 음사. 부처님께서 도를 깨치신 뒤, 제일 처음으로 설법하신 곳.

니르그란타 : 음사하여 니건(尼犍). 부처님 당시 옷을 벗고 수행하던 외도의 한 종류.

ㄷ

다문【多聞】 : 문자의 사용이 일반화 되지 않았던 과거에는 지식의 학습을 듣는 것을 통하여 전수했다. 따라서 많이 듣는다는 것은 요새말로는 학력이 높다는 뜻, 아는 것이 많다는 뜻으로 생각할 수 있다. 다문제일 아난다.

다섯 가지 계율 : 불교인이 지켜야 하는 기본 계율 다섯 가지.
❶ 살아있는 동물을 죽이지 말라.
❷ 주지 않는 것을 가지지 말라.
❸ 혼인 관계가 아닌 상대와 섹스는 하지 말라.
❹ 거짓말 하지 말라.
❺ 정신을 가누지 못 할 만큼 술 먹지 말라.

다섯 가지 뿌리 범어 : pañcendriyāni 한글 번역어. 한자語로 오근(五根). 눈 · 귀 · 코 · 혀 · 몸

다섯 가지 쌓임【五蘊】 : 범어 panca-skandha의 한글 번역어. 한자어로 '오온'. 우리말로 '다섯 가지 쌓임'이라 함. 다섯 가지가 화합하여 모인 것을 말함. 중생의 육신이 생멸 변화하는 것을 5종류로 분류하였다.
❶ 색온(色蘊) : 가시적인 물체로서 변화생멸하며, 다른 것을 장애하는 물질.
❷ 수온(受溫) : 괴로움 · 즐거움 · 괴로움도 아니고 즐거움도 아닌 것을 느끼는 마음의 작용.
❸ 상온(想蘊) : 외계의 사물을 마음속에 받아들이고, 그것을 상상(想像)하는 마음.
❹ 행온(行蘊) : 일체를 조작하는 것이니 나고 죽은 이 있는 법을 말한다. 속성은 인연으로서 생겨나 신간적으로 천류 변화함.
❺ 식온(識蘊) : 의식하고 분별함이니, 즉 경계를 대하여 인식하는 마음의 작용이다.
위의 다섯 종류를 한자어로 '오온'. 우리말로 '다섯 가지 쌓임'이라 함.

다섯 가지 신통【五神通】 : 초자연적 초인간적 힘으로써 하고 싶은 대로 할 수 있는 다섯 가지 불가사의 한 힘.
❶ 하늘 눈
❷ 하늘 귀
❸ 다른 중생의 생각을 앎
❹ 지나온 세상, 올 세상의 일을 모두 앎
❺ 어디든지 갈 수 있는 능력

다섯 가지 쾌락【五欲樂】 : 빛깔 · 소리 향기 · 맛 · 감촉에 대해 욕망을 일으켜 집착함.

다섯 가지 힘 : 범어 pañca-balāni의

한글 번역어. 한자어 오력(五力).
1.信力 2.動力 3.念力 4.定力 5.慧力

단월【檀越】 : 범어 dānapati의 음사. 물건, 또는 재화를 삼보에게 보시하는 사람을 이름.

대승【大承】 : 부처님의 가르침은 크게 소승과 대승으로 변별할 수 있다. 수행자가 자기의 이익만을 위하면 소승이라 하고, 수행자가 다른 이의 이익만을 위하면 대승이라 한다.

도과【道果】 : 위에 나오는 아라한이 된 결과를 말함. 불법을 깨달아 열반을 얻으면 도과를 성취했다고 함.

도리천【忉利天】 : 범어 Trāyastriṃśa의 음사. 불교의 세계관에 의하면 하늘나라를 욕계와 색계와 무색계로 나누고, 욕계는 인간이 사는 세계와 하늘 여섯 층이 있으며, 도리천은 하늘 여섯 층 세계 가운데 2층에 있다. 인간 세계의 100년이 하루며 위의 시간에 의해 1,000년을 산다. 우리 우주에서 팔만 유순(1 유순 약 30리) 거리에 있고, 평면의 하늘나라인데 선견성(善見城)을 중심하여 4방에 여덟 개의 하늘이 있어 33천이라고도 부른다.

도솔천【兜率天】 : 범어 Tuṣita-deva의 한자 음사. 욕계 여섯 하늘 가운데 네 번째 하늘. 특히 미륵보살이 사바세계에 탄생하시기 위해 기다리는 내원궁(內院宮)이 있다.

두타【頭陀】 : 범어 dhūta의 음사. 닦고 다스림 · 깨끗이 씻음 · 삼독을 버림 · 필요 없는 것은 저절로 없어짐 등으로 번역. 의식주에 탐착하지 않고 청정하게 수행한다는 뜻의 말로 쓰임. 스님들이 필요한 물건 18가지를 넣어두는 부대를 두타부대라 함.

둘째하늘 : 욕계 6천 가운데 두 번째에 있는 도리천을 말함.

ㄹ

라자그리하 : 범어 Rāja-gṛha. 한자어로 王舍城이라 번역함. 마갈타국의 수도, 한자 라열기(羅閱祇)로도 표기하였음.

ㅁ

마가다 : 범어 Magadha의 음사. 부처님 성도하신 곳의 고대 인도의 나라이름. 마갈제 · 마갈타라고도 함.

마갈어【摩竭魚】 : 범어 makara의 음사와 번역한 글자를 융합한 말. 배를 삼키는 큰 고기의 이름. 실제어가 아닌 상상의 말.

마니【摩尼】 → 마니주

마니주【摩尼珠】 : 범어 cintāmaṇi의 음사와 한자어의 융합어임. 여의보주

(如意寶珠)의 다른 이름.

마우드갈야야나 :
범어 Maudgalyāyana의 음사. 부처님의 10대 제자 가운데 신통이 가장 뛰어났던 제자. 목건련.

마음의 말【心馬】 : 마음이 말처럼 가만히 있지 못하고 움직인다는 뜻.

마하살【摩訶薩】 : 범어 mahāsattva의 음사. 신역에서 대유정(大有情)이라 번역. 구역에서 대심(大心)·중생심(衆生心)이라 하였음. 지금은 보살(菩薩)의 미칭으로 쓰임.

마하카샤파 : 범어 Mahākāśyapa. 한자로 마하가섭(摩訶迦葉)으로 음차함. 부처님의 제일 큰 제자로서 원래 불을 섬기는 외도였다. 형제 셋이 함께 귀의하여 불교 교단을 형성하는 중심역할을 하였다. 불교의 제2대 교조로 두타(頭陀) 제일이며 흔히 전불심인(傳佛心印 : 부처님의 마음을 전수한) '가섭존자' 로 불린다.

마하카챠야나 : 범어 kātyāyna의 한자 음사. 부처님 10대 제자 가운데 논의(論議). 제일의 가전연(迦旃延)을 말함. 한자어로 불공(不空) 또는 문식(文飾)이라고 번역함.

마후라가 : 뱀신 또는 음악신. 사당신.

매어 부림【煩惱】 : 중생이 번뇌에 매여 부려진다고 번뇌를 매어 부림으로 번역함.

몸속의 네 마리 독사 : 몸을 구성하고 있는 흙의 성질·물의 성질·바람의 성질·불의 성질을 비유로 한 말.

무명【無明】 : 범어 avidyā의 한자 번역어. 우리말로 표현할 단어는 어둡다·흐리멍덩하다·어리석다 등등이다. 사물의 이치와 인간다운 삶을 모른다는 뜻이다.

무상【無常】 : 범어 anitya 한자 번역어. 사물이나 사람의 인식작용(마음의 작용)이 조금도 가만히 있지 않고 변화되어, 나서 존재하다가 변화하여 없어진다. 따라서 국어로는 '뜻함이 없다'·'항상함이 없다' 로 해석된다.

무상게【無常偈】 : '무상은 영원히 존재하는 것' 은 아무것도 없다는 뜻. '게' 는 불경 표현의 한 형식으로, 문학에서 시에 해당함.

무상정등적각【無上正等正覺】 : 범어 Anuttara-samyak-saṁbodhi의 한자 번역어. 바른 진리를 바르게 깨달았다는 뜻. 가시적이거나 상상할 수 없는 것까지 일체의 진실된 모습을 모두 아는 부처님께서만 위없이 뛰어난 지혜. 깨달았기 때문에 부처님을 뜻하기도 함.

무색계【無色界】 : 범어 ārūpya- dhātu의 한자 번역어. 불교에서 이 세계를 셋으로 나눈다.

❶ 욕계(欲界) : 인간이 사는 세계와 하늘 세계 6층까지를 말함.

❷ 색계(色界) : 관능적인 감각을 여읜 상태의 선정을 익힌 이들만 태어나는 하늘 7층 부터 24층까지를 말함.

❸ 무색계(無色界) : 물질을 여의고 순정신적 조재만 있는 세계로 색계보다 고차원적인 선정을 익힌 이가 태어나 더 차원 높은 선정을 익히는 네 층의 하늘이다. 공무변처천(空無邊處天) · 식목변처천(識邊處天) · 무소유처천(无所有處天) · 비상비비상처천(非想非非想處天)

무위【無爲】 : 범어 asaṁskṛta의 역어. 무위법이 같은 말이다. 인연에 의해 조작되는 것이 아니고, 나고 죽음을 떠난 상주불멸의 영원한 적멸의 세계를 뜻함 ↔ 유위.

무차대회【無遮大會】 : 범어 Pañca-pariṣad의 한자 번역어. 반차우슬, 무차회로 쓰임. 귀천의 분별없이 재물과 법을 보시하는 일에 아무 제한 없이 참여하는 법회.

문수보살【文殊菩薩】 : 범어 Mañjuśri의 한자 음사. 한자어로 묘길상(妙吉詳)이라고 번역하나 묘덕 · 묘수 · 보수(妙德 · 妙首 · 寶首) 등등 여섯 가지 번역이 있기 때문에 범어의 음을 사용함.

미륵부처님【彌勒佛】 : 석가모니 부처님께서 입멸 후 56억 7천 만 년 뒤에 오실 부처님. 지금 욕계 4천인 도솔천 내원궁에서 하늘 사람들을 교화하신다.

ㅂ

바라나시【波羅奈】 : 범어 Vārāṇasī. 갠지스 유역에 있던 나라이름. 특히 초전법륜(初轉法輪 : 최초의 설법)하신 녹야원(鹿野園)이 있다.

바라문【婆羅門】 : 범어 brāhmaṇa의 한자 음사. 인도의 네 계급 가운데 하나. 깨끗한 행동 · 깨끗한 마음 · 깨끗한 조상의 후예 · 밝고 맑은 뜻을 지녔다는 등의 뜻으로 쓰임. 따라서 번역하기에 부적절함. 가장 높은 계급으로 가장 상류층 사회인 제례와 국민의 스승격으로 군림한 부류들.

바루 : 범어 pātra. 발우(鉢于), 바리, 바릿대로 쓰기도 함. 스님들이 공양을 담아 자시는 그릇.

바이슈라마나 : 범어 Vaiśravaṇa. 사천왕 가운데 한 천왕. 한자로 비사문(毘沙門)이라 음사함. 부처님의 도량을 수호하여 법문을 많이 들었다 하여 다문(多聞)이라 번역함.

반야 → 반야경

반야경【般若經】: 구체적인 경명은 마하반야바라밀다경(摩訶般若波羅蜜多經). 범어 Mahāprajñāpārmitā-sūtra의 한자 음사. ① 마하 : 크다 ② 반야 : 지혜 ③ 바라밀다 : 완성하다로 해석한다. 말을 만들면 '큰 지혜의 완성'. 반야경은 모두 8부로 나누어 말하지만 모두가 600권 대반야경에 들어있다. 위의 마하반야바라밀다경은 600권 가운데 421권부터 447권까지 '구마라집'이 번역하여 독립시킨 부분이다.

발원【發願】: 소원하는 마음을 일으킴.

번【幡】: 범어 patāka의 한자 번역. 우리말로 '깃발'임.

범도【梵道】: 청정한 선정에 들어 음욕을 끊음.

범어 【梵語】: 옛날 인도어 중에 표준어에 해당하던 말.

범지 【梵志】: 범어 Brahmacārin의 한자 번역어. 범사(士)라고도 하고 정예(淨裔: 청정한 이의 자손이란 뜻) · 정행(淨行: 청정하게 행동하라는 뜻)이라고도 한다.

범천왕 【梵天王】: 범어 brahmad의 한자 번역어. 범왕(梵王) · 대범천왕(大梵天王)이라고 함. 색계초선천을 다스리는 임금으로서 부처님이 출생하시면 제일 먼저 설법을 청하는 하늘 임금.

법복【法服】: 스님들이 입는 가사를 다르게 일컫는 말.

법신【法身】: dharma-kaya의 한자 번역이. 불다의 진실한 본체, 영원불멸 · 불변하는 본질. 법 몸.

법왕【法王】: 부처님을 다르게 부르는 말.

법음【法音】: 법을 말씀하는 소리. 또는 법 그것 자체.

벽지불【辟支佛】: 범어 pratyekabudda의 음사. 한자어로 연각(緣覺) · 독각(獨覺)이라 번역함. 즉 12인연을 관찰하여 깨달았다는 뜻. 누구의 가르침 없이 스스로 자연의 변화를 보고 스승 없이 깨달았음을 뜻한다.

보리심【菩提心】: 인도의 옛말. bodhi-citta. 위없이 바르고 참된 길을 실천하려는 마음. 즉 부처님과 같은 깨달음을 성취하여 중생을 구제하려는 마음.

보살【菩薩】: 보리살타의 준말. 한자어로 대사(大士) · 고사(高士) · 개사(開士) · 시사(始士) · 각유정(覺有情)이라 번역함. 부처님이 되기 위하여 수행하는 분들.

보살행【菩薩行】 : 부처님이 되기 위해 공부하면서 실천하는 행위.

보시【布施】 : 다른 사람에게 내가 내 것으로서 베푸는 것을 말함.

보응【報應】 : 인과응보의 줄임 말. 선악의 행위에 대하여 받는 갚음.

본제【本第】 : 진제(眞際) · 실제(實際) · 진여(眞如) · 열반(涅槃) 등으로 쓰이고, 가끔 과거라는 뜻으로도 쓰임.

분반좌【分半座】 : 부처님께 앉으신 자리를 약간 비켜 앉으시면서 마하가섭에게 앉게 하였다는 뜻. 선종에서 말한 다자탑전분반좌(多子塔前分半座)는 아닌 듯 함.

불과【佛果】 : 부처님의 지위. 여기서는 '수다원과' 임

불법【佛法】 : 부처님과 법, 또는 부처님께서 말씀하신 내용.

불법승【佛法僧】 :
불 : 역사적으로 존재하셨던 실달타가 진리를 깨달은 뒤 불린 명칭.
법 : 부처님께서 말씀하신 진리 그 자체.
승 : 부처님의 가르침에 따라 수행하여 생사의 바다를 건너려는 출가한 제자들.

불환과【不還果】 : 범어 anāgāmin의 한자 번역어. 소승 4과 중 제3과 → 아나가민 색계나 무색계에 태어나서는 번뇌가 모두 없어져 다시 범부의 지위로 돌아가지 않음.

브라흐마【梵】 : 범어 Brahman의 음사. 인도의 정통 바라문의 사상에서 우주 최고의 원리이자 만유의 근본을 '브라흐마' 라 함.

비구【比丘】 : bhikṣu의 음사. 부처님의 네 부류 제자 가운데 남자로서 출가하여 250가지 계율을 받아 지키며 수행하는 스님.

비구니【比丘尼】 : 범어 bhiksuni의 음사와 번역 글자를 융합한 말. 즉 비구 bhiksu 음사에 ni를 번역한 니(尼:여자)를 합한말. 여자가 출가하여 348계를 받아 스님이 된 분들을 말함.

비사문천왕【毘沙門天王】 : 많이 들은 하늘 왕. 28층 하늘 가운데 제1층 사천왕 가운데 한 분. '석가여래 탱화' 나, '신중탱화' 에 보면 왼 손에 탑을 들고 있는 분으로 재산이 대단히 많다고 한다.

비상비비상처정【非想非非想處定】 : 무색계의 끝 하늘. 형이상학적인 존재여서 실제로 땅이 있지 않고 선정의 명칭에 의해 이름 붙였음.

비수갈마 : 제석천왕의 신하로 예술품을 만드는 탁월한 기술을 가지고 있는 하늘 사람.

비파시인【毘婆尸】 : 범어 Vipasyin. 과거 세 분 부처님 가운데 제일 처음 출현하신 부처님 이름.

빈래과【頻來果】 : 범어 sakṛdāgāmin의 한자 번역어. 소승 4과 가운데 두 번째 과위로 천상에 한 번만 갔다오면 앞 과위로 오르게 된다.

ㅅ

사념처【四念處】 : 사념주(四念住)라고도 번역함. 범어 smṛty-upasthāna 한자 번역어. 몸(身) · 수(受) · 심(心) · 법(法)에 대하여 몸은 부정하고, 수는 괴로움이며, 마음은 무상하고, 법은 내 것이라 할 것이 없다고 생각하여 몸은 깨끗하고, 수는 즐겁고, 마음은 항상하고, 법은 내 것이라고 하는 잘못을 없애는 공부 방법.

사다함【斯陀含】 → 사크르다가민

사리【舍利】 : 범어 śarīra의 한자 음사. 몸 · 몸의 뼈 · 유골이라고 번역함. 부처님을 화장하였을 때 여덟 섬 네 말의 영롱한 구슬이 나왔다. 그래서 '신령스런 뼈', 즉 영골(靈骨)이라고 했다.

사리푸트라 : 범어 šāriputra 음사. 부처님의 10대 제자 가운데 지혜가 가장 뛰어났던 제자. 사리불.

사문【沙門】 : 범어 śramaṇā의 音寫. 부처님 당시에는 출가하여 도를 구하여 수도하는 사람에 대한 총칭으로 쓰임. 여기서는 스님이란 뜻.

사미【沙彌】 : 범어 śrāmaṇeraka의 한자 음사. 7세에서 20세까지 불교에 귀의하여 10계를 받고 공부하는 스님들.

사선정【四禪定】: 범어 catur-dhyāna의 한자 번역어. 사정려(四靜慮)라고도 한다.
1 유심유사정(有尋有司定)
2 무심유사정(無尋有司定)
3 무심무사정(無尋無司定)
4 사념법사정(捨念法事定)
색계의 사선천(四禪天)에 태어나기 위해 닦는 삼매를 말함. → 네 가지 선정

사왕천【四王天】 : 욕심세계에 있는 하늘의 제일 첫 하늘로 해발 4만 유순이 되는 수미산 중턱에 있는 하늘세계. 이 하늘의 동 · 서 · 남 · 북에 임금이 있어 부처님 법을 보호한다. 이 하늘 사람의 하루는 인간의 50년, 즉 이 하늘의 1년은 인간세계의 17,250년이다. 이렇게 500년을 산다.

사음【邪淫】 : 혼인한 관계가 아닌 남녀가 하는 성행위.

사천하【四天下】: 네 천왕이 다스리는 하늘의 아래.
❶ 동쪽을 수호하는 지국천왕
❷ 남쪽을 수호하는 증장천왕
❸ 서쪽을 수호하는 광목천왕
❹ 북쪽을 수호하는 다문천왕

사크르다가민: → 빈래과 과위

삼계【三界】 → 세 세계

삼귀의【三歸依】: 셋에 귀의한다. '부처님과 법과 스님 셋에 몸과 마음 전부를 맡긴다'는 뜻.

삼귀의계【三歸依戒】: 삼은 부처님과 법과 스님을 말함. 귀의는 귀순하여 신뢰하고 의지함. 원래 부처님의 제자가 되기 위해 계를 받기 전에 먼저 삼보에 귀의하며, 뒤에 계를 받는 데서 생긴 말인 듯함. 또 '삼귀의'를 '삼귀계'라고 했으나 그러나 이것도 '삼보'에 귀의하기 위해 계를 받는데, 먼저 '삼귀의례'를 하는 것을 '삼귀의계'라고 하니 설득력 있음.

삼매【三昧】: 범어 samādhi의 한자 음사. '바른 마음으로서 실천하다', '평등하게 유지하다', '안정되다', '바르게 안정되다', '뜻을 결정하다', '조화롭고 올곧고 안정되다' 등으로 번역한다. 부연하면 마음을 외골수로 옳고 바른 방향으로 다잡아 부처님의 가르침대로 공부함을 말함.

삼보【三寶】: 부처님을 '불보', 가르침을 '법보', 가르침에 따라 출가하여 스님이 되어 공부하는 분들 '승보'. 위의 셋은 세상에서 가장 소중하여 중생에게 '복 밭'이기 때문에 보(寶)자를 붙임.

삼악도【三惡道】: 삼악취(三惡趣)라고도 한다. 지옥(地獄)·아귀(餓鬼)·축생(畜生) 등 세 갈래 나쁜 데를 말함.

삼장스님【三藏】: 불경을 경장(經藏)·율장(律藏)·논장(論藏)으로 나누는데 이 세 가지에 능통한 스님을 일컫는 말.

삼천대천세계【三千大千世界】: 간단히 삼천세계라고 함. 고대 인도인의 세계관. 수메루산을 중심으로 주위에 네 개의 큰 바다가 있고, 그 둘레에 아홉 개의 산과 여덟 개의 바다가 있는데 이것을 한 세계라 한다. 이 한 세계는 색계의 초선천으로부터 아래로 풍륜(風輪)까지를 말하고, 여기에는 해·달·수메루산이 하나씩이고, 네 개의 천하와 육욕천이 네 개씩 있는데 이것 천개를 小千世界라 함. 이러한 소천세계 1,000개를 中千世界라 하며, 중천세계 천 개를 합하여 三千大千世界라 한다. 삼천대천세계라는 말은 1,000이 세 개라는 말이 아니고, 1,000을 3제곱한 세계를 말하니, 한 부처님께서 교화하시

는 범위를 말한다

상【相】: 범어 lakṣaṇa의 한자 번역어. 상태 · 형상 · 모양 등의 뜻.

상법【像法】: 부처님께서 입멸하신 뒤의 세상을 세 시기로 나누어 일컫는 시기의 하나.
❶ 정법(正法) 500년(혹,1,0000년) 동안에는 부처님의 가르침, 그에 따른 실천, 깨닫는 이 등이 갖추어 있으나
❷ 상법 1,000년에는 가르침과 실천하는 이는 있으나 깨닫는 이가 없고, 상법 이후 즉, 부처님께서 돌아가신 2,000년 뒤는 부처님의 가르침만 약 10,000년 동안 존재한다는 말씀이 있음.

상수중【常隨衆】: 부처님께서 살아계실 때, 언제나 부처님을 모시고 따라다녔던 1,250분 스님들을 말함.

상좌【上坐】스님: 많은 스님들이 함께 계시는 곳에서 법랍이 오래고 도력이 높아 제일 첫 자리를 차지하고 후배를 가르치시는 큰 스님.

상호【相好】: 범어 Lakṣaṇa-vyañjana의 역어. 용모 또는 형상이란 뜻인데 대인의 생김새인 삼십이상(三十二相)과 팔십종호(八十種好)의 합성어.

색계【色界】 → 도리천

색 · 수 · 상 · 행 · 식【色受想行識】 → 오온(五蘊)

서른일곱 가지 도품【三十七助道品】: 불교의 지고한 깨달음의 경지에 도달하기 위해 실천해야 하는 서른 일곱 가지 내용. 즉 사념처(四念處) · 사정근(四正勤) · 사여의족(四如意足) · 오근(五根) · 오력(五力) · 칠각지(七覺支) · 팔정도(八正道) 등 서른 일곱 가지를 말함.

서원【誓願】: 소원을 이루기 위해 맹세함.

석가모니【釋迦牟尼】: 옛날 인도어 Śākyamuni의 음사. 샤카는 한자로 能仁으로 씨족의 성, 모니는 한자어로 寂으로 이름. 능인은 어떠한 상황에서도 어질 수 있다는 뜻. 적묵은 고즈넉한 상황이니, 곧 열반인 불교의 최고 이상을 달성한 상태를 가르킴.

선근【善根】: 좋은 과보를 낳게 하는 좋은 바탕.

선정【禪定】: 범어 dhyāna의 한자음사인 선나(禪那)의 다른 표현. 한자어로 사유수(思維修 : 생각하여 공부함), 또는 정려(靜慮 : 고요히 생각함)라 번역함. 마음을 한군데 모아 움직이지 않게 하고 자세히 생각하는 공부 방법.

선지식【善知識】: 올바른 도리를 가르치는 분을 말함.

설법【說法】: 부처님의 가르침을 다른 사람에게 말하다.

설산【雪山】: 히말리아산을 한자어로 번역한 말.

성문【聲聞】: 범어 śrāvaka의 번역 한자어. 부처님의 말씀을 듣고 도를 깨달은 출가제자들을 일컫는 말.

세 가지 나쁜 갈래【三惡道】: 중생들이 사는 세계를 여섯 갈래로 나누고, 그 가운데 나쁜 곳인 지옥 · 아귀 · 축생을 삼악도 즉 세 가지 나쁜 갈래라고 함.

세 가지 독【三毒】: 탐욕 · 성냄 · 어리석음은 중생들을 나쁜 갈래로 가게하기 때문에 독이라 한다.

세 가지 밝음【三明】: 부처님과 아라한이 얻는 세 가지 신통.
❶ 모든 중생의 과거를 그 모습이나 심리의 변화상황까지 아는 지혜.
❷ 모든 중생의 미래를 훤히 아는 지혜.
❸ 모든 번뇌를 다 없애 버리고 모든 진리를 확실히 아는 지혜

세 갈래 중생: 지옥 · 아귀 · 축생 셋을 말함. 불교에서 중생 모두를 여섯 갈래 중생이라고 하는데, 여기서는 업이 무거운 셋만을 뜻함.

세간【俗】: 불교에서 출가한 분들을 출세간에서 산다고 한다. 따라서 인간들이 사는 세상을 세간이라고 한다. 즉 세속.

세 갈래 나쁜 길【三惡道】: 불교에서 중생의 갈래를 지옥 · 아귀 · 축생 · 아수라 · 인도 · 천도 여섯으로 누는데, 업이 무거워 고통이 많은 지옥 · 아귀 · 축생을 말함.

세 세계【世界】: 중생들이 업에 따라 살아가는 세계를 세 종류로 구분하는 불교의 세계관.
❶ 욕계(欲界) : 지옥에서 하늘의 6층까지. 여기에 태어나는 중생은 온갖 탐욕에 탐착하므로 욕계라 함.
❷ 색계(色界) : 욕계 위에 위치하는 18층까지 하늘 세계. 여기에 태어나는 중생은 형상은 있으나 욕계처럼 탐욕이 치성하지 않고 선정을 익혀 그 선정의 얕고 깊음에 따라 태어나는 층수가 달라진다.
❸ 무색계(無色界) : 색계 위에 있는 4층의 하늘로 형상은 없고 정신세계만 있는 세계.

세존【世尊】: 범어 Bhagavat의 한자 번역어. 부처님 이름 열 가지 가운데 하나. 세상에서 가장 높은 분이란 뜻.

수기【授記】: 부처님께서 미래에 부처가 될 분을 보면 '너는 언제 어떤 부처가 된다' 예언 하신 말씀.

수다원【須陀洹】: 인도의 옛말 → 스로타판나

수달다【須達多】 → 수닷타

수닷타 : 범어 Sudatta. 부처님 당시 남자 신도 이름. 기타 숲 외로운 이 돕는 절을 지어 부처님께 바친 대부호로 언제나 어려운 사람을 도왔기 때문에 한자어로 給孤獨이라 번역함.

수미산【須彌山】: 범어 sumeru-parvata. 고대 인도의 세계관에 나오는 우주의 중심에 있다는 산 이름. 바다 가운데 높이 솟아 물 밖으로 8만 유순의 높이라 하며, 1 유순에 대한 정확한 계산은 없고 여러 가지 말이 있는 데, 덩치가 무지하게 크고 무지하게 높다는 뜻임. (1 유순 : 약 30리)

수식관【數息觀】: 내쉬는 숨 들이쉬는 숨을 헤아려 산란한 마음을 방지하는 공부법.

수신제가【修身濟家】: 몸과 마음을 바르게 하여 집안을 잘 다스림.

숙명【宿命】: 육신통의 하나인 숙명통(宿命通)을 줄여서 쓴 말. 즉 숙명명(宿命明)을 말함인데 지나온 과거의 일을 모두 아는 것을 말함. → 육신통

수메루산 : 범어 Smeru. 須彌山으로 음사. 불교의 우주관에 의하면 우리가 사는 세계를 사바세계(괴로움이 많기 때문에 참으며 사는 세계)라 하고, 사바세계를 동 · 서 · 남 · 북으로 나눌 때 중앙에 우뚝 솟은 산을 수메루산 이라고 한다.

슈라바스티 : 나라이름. Śrāvasti로 고대 중인도 있던 나라의 성(城) 이름이었으나 뒤에 나라이름이 되었다. 기타 숲 절이 있고, 부처님과 동갑이었던 절 대적후원자 '프라세나짓' 왕이 다스렸던 나라. 한자로는 실라벌(室羅筏)이라 음사함.

스로타판나 : 범어 srota-āpanna. 한자어로 수다원(須陀洹). 성문 4과의 첫 과로서 성인의 경지에 처음 들어간 경지.

스물 여덟 하늘【二十八天】: 욕계 6천, 색계 18천, 무색계 4천 등을 합하여 하늘 세계를 28천으로 나눈 불교에서 하늘을 보는 세계관. → 삼천 대천 세계

승가리【僧伽梨】: 스님들이 입는 큰 가사 세 종류 중에 중간 가사.

승방【僧坊】: 僧房이라고도 함. 원래는 스님들이 거처하는 절에 대한 총칭이

었으나 어느 때부터인가 비구니 스님들이 계시는 절을 일컫는 말로 와전되었음.

시봉【侍奉】: '시자' 라고도 함. 연세가 많은 스님을 모시고, 그 분이 생활에 불편이 없도록 돌보아 드리는 이들.

식【識】: 범어 vijñāna의 한자역어. 바깥 대상을 식별하는 인식작용. 즉 마음이 현상을 상대하여 일어나는 앎의 작용임.

시방【十方】: 동 · 서 · 남 · 북과 각 간방과 위아래를 합쳐 열 방위라 함. '십방' 으로 읽지 않고 '시방' 으로 읽음.

신바리비구 : 지금 막 비구계를 받은 비구스님.

식신【識神】: 마음, 영혼의 다른 이름.

신심【信心】: 믿는 마음.

신장【神將】: 팔부신장의 준말. 사람이 아닌 귀신과 하늘 사람 등 여덟 종류로서 불법을 옹호하겠다는 서원을 세운 이들.

신족통【神足通】: 여섯 가지 신통의 하나. 마음만 먹으면 어느 곳이든지 시간과 공간에 구속받지 않고 갈 수 있는 능력.

신지【神祇】: 사람에게 손해를 끼치지 않는 귀신

신통【神通】: 무슨 일이나 못하는 일이 없이 마음대로 잘한다는 뜻.

실상법【實相法】: 모든 것이 있는 그대로의 참모습의 규칙 또는 그 법칙.

십주【十住】: 보살이 부처님이 되기위해 수행하는 52계위 가운데 11위에서 20위까지를 말함.
1 마음을 내어 머뭄
2 묘한 마음을 가지고 실천 수행하는 지위
3 수행주(修行住) 수행에 머뭄
4 생귀주(生貴住) 좋은 가문에 태어나 머뭄
5 구족방편주(俱足方便住) 일을 잘 함에 머뭄
6 정심주(正心住) 바른 마음으로 머뭄
7 불퇴주(不退住) 물러나지 않음에 머뭄
8 동진주(童眞住) 여자를 모름에 머뭄
9 법왕자주(法王子住) 부처님의 제자에
10 관정주(灌頂住) 십주의 최고에 머뭄

ㅇ

아가니타 : 인도의 옛날 문자. Akaniṣṭha의 음사. 불교의 세계관에 의한 우주의 나열 순서에서 지구에서 위로 28층의 하늘이 있고, 그 하늘 가운

데 24층의 하늘 이름이다. 한자로 번역하면 有頂天이고, 형체가 존재하는 마지막 하늘임.

아귀【餓鬼】 : 범어 preta의 한자 번역어. 세 가지 나쁜 갈래의 하나. 언제나 굶주려 고통 받는 갈래. 배는 산보다 크고, 목구멍은 바늘만 하여 음식이 있어도 먹기가 어렵다고 함.

아나가민 : 범어 anagamin. 아나함(阿那含). 소승의 네 과위 가운데 세 번째 과위. 불환과(不還果)라 번역하니 번뇌의 세계에 다시는 돌아오지 않는다는 뜻.

아나함과【阿那含果】 : 범어 anāgāmin의 한자 음사. 성문 4과위 가운데 제3위. 한자어로 번역하여 불환(不還). 불래(不來)라 한다.' 욕계에서 공부를 마치고 색계와 무색계에 아서 아라한이 되어 다시는 범부로 돌아오지 않는다'는 뜻.

아난다【阿難陀】 : 부처님 10대 제자 중 한 분. 범어 Ananda 음사(音寫). 부처님 사촌 동생으로서 부처님 성도 뒤 20년부터 열반에 드실 때까지 시봉을 했고, 불교의 3대 교조가 되었으며, 다문(多聞) 제일로서 불경의 결집에 가장 큰 역할을 한 스님. 너무 미남이어서 여난이 많았다고 함.

아니룻다【阿那律】 : 범어 Anirudaha의 한자어 음사. 부처님 4촌 동생으로 출가하여 아라한이 되었다. 10대 제자 가운데 천안(天眼) 제일이 되었음.

아라한【阿羅漢】 : 범어 Arhan. 소승불교의 수행으로 도달 할 수 있는 최고 경지의 이름. 보살의 7 · 8지로 생사를 벗어난 불퇴전하는 이상적인 경지.

아래 세 가지 과위 : 소승의 네 가지 과위 가운데 앞의 세 가지. 수다원 · 사다함 · 아나함.

아비다르마【阿毘達磨】 : 범어 abhidharma의 한자 음사. 한자로 법(法)이라 번역함. 불전(佛典)을 경전 · 계율 · 논리로 나누는 데 논리[論藏]를 뜻하지만 학술적이 아닐 때는 법이라고 보는 것이 일반적 견해임.

아비지옥 : 괴로움만 존재하는 지옥 가운데 가장 고통을 심하게 받는 지옥.

아쇼카【阿育王】 : 범어 Aśoka의 한자 음사. 고대 인도 마우리아 왕조의 임금. B · C 3세기 중엽에서 4세기 초말엽 인도를 거의 통일함. 초기에는 살상을 좋아하고 난폭했으나 뒤에 스님의 교화를 받아 독실한 불교인이 되어 부처님의 바른법을 지키고 널리 전파한 임금. 아육왕경(阿育王經) · 아육왕전(阿育王傳)이 있으며 지금 인도에 현존

하는 불교 유적은 아쇼카가 남긴 것들이 전체라고 할 수 있다.

아수라【阿修羅】: 범어 asura의 한자음사. 사바세계의 여섯 갈래 중 하나. 언제나 무고한 중생에게 시비를 걸어 싸움박질을 하는 무리들. 부처님께 귀의하여 팔부신장이 됨. 싸움을 좋아하다(好鬪)·하늘 무리가 아니다(非天)·단정하지 않다(不端正) 라고 한자로 번역함.

아승기【阿僧祇】: 범어 asaṁkhya의 한자 음사. 한자어 무앙수(無央數)라 번역함. 국어로 다함 없는 수라는 뜻. 불교의 큰 숫자 124 가운데 105에 해당함.

아유삼불【阿維三佛】: 부처님의 깨달음을 말함.

아지타사투루 : 범어 Ajatasatru의 음사. 빈바사라 왕의 둘째 왕자로 간신의 꼬임에 빠져 부왕과 형인 태자를 죽인 왕. 데바닷타와 공모하여 부처님을 배척했던 부처님 당시의 악독한 왕으로 석가족을 멸족시킨 왕.

아흔 여섯 부류 외도【九十六種外道】: 인도에 있었던 불교 이외의 바라문교의 유파 96종.

악지식【惡知識】: 선지식의 반대. 바른 법이 아닌 나쁜 법으로 사람들을 잘못된 길로 삶을 이끄는 사람.

안거【安居】: 옛날 인도 말 vārṣika를 번역한 한자어. '원래는 비가 오는 철'이란 말. 비가 오는 때는 다니는 것이 불편하니까 한곳에 머물러 수행을 하는 관습에서 90일간(4월 16일 ~ 7월 15일)의 수행 정진 기간으로 정했던 것이 전통으로 굳어짐. 여름 안거. 겨울 안거(10월 16일~1월 15일)로 발전되었음.

야차【夜叉】: 범어 yakṣa의 한자 음사. 포악하고 힘이 센 귀신이었으나 부처님께 귀의하여 외호신장이 되었음.

업【業】: 범어 Karman의 한자 번역어. 한자로 행위(行爲)·소작(所作)·조작(造作)으로 번역함.'인간이나 동물이 의지에 따라 몸과 말과 마음으로 하는 짓'을 뜻함.

업연【業緣】: '개인이 한 짓의 세력이 간접적인 원인임'을 말함.

여덟 가지 바른 길【八正道】: 범어 aryastanga-maga에 대한 한자번역어.
❶ 정견(正見) : 바른 견해, 특히 중생에게는 바른 믿음
❷ 정사유(正思維) : 바른 의사(義思)
❸ 정어(正語) : 바른 말.
❹ 정업(正業) : 바른 짓.

❺ 정명(正命) : 바른 생활.
❻ 정정진(正精進) : 바른 노력.
❼ 정념(正念) : 바른 의식.
❽ 정정(正定) : 마음이 하나에 매여 딴 생각을 하지 않음.

여덟 가지 사유 → 여덟 가지 바른 길

여덟 가지 해탈【八解脫】 : 여덟 가지 생사를 벗어나기 위하여 닦는 선정.
❶ 몸과 마음이 섹스를 하고 싶으면 손상된 여자의 몸이나 시체가 퍼렇게 멍든 것을 관하여 여자를 좋아하는 마음이 일어나지 않게 함.
❷ 위 1의 수행을 더 깊게하여, 여자를 탐하는 마음이 일어나지 않게 함.
❸ 이성을 생각하는 마음을 여의고, 스스로 깨끗함을 구족하는 삼매에 듦.
❹ 물질인 육신을 싫어하고 가없는 허공의 자재함을 기뻐하며, 공의 이치를 알고 수행함.
❺ 공이 무변함을 싫어하고 식(識)과 상응하며 마음이 고정되어 움직이지 않는 정신 상태.
❻ 식이 세 세상에 걸쳐 끝이 없는 것을 싫어하고, 인연하는 것이 모두 가지고 있을 것이 없음.
❼ 이 경지에서는 거친 생각이 없으므로 비상(非想), 또는 비유상(非有想)이지만 세밀한 생각이 없지 않기 때문에 비비상(非非想) 또는 비무상(非無想)이라 하는 삼매임.
❽ 멸진정(滅盡定)에 들어 수(受)와 상(想) 등을 싫어하여 무심(無心)에 머물러 해탈을 하려는 삼매에 듦.

여래【如來】 : 범어 Tathagata의 역어. '진리에 따라 왔다' 는 뜻. 부처님 열 가지 이름 가운데 하나.

여섯 가지 경계【六入】 : 눈 · 귀 · 코 · 혀 · 몸 · 뜻의 여섯 뿌리와 빛깔 · 소리 · 냄새 · 맛 · 닿임 · 법의 여섯에 대상하는 물체. 여섯 가지로써 여섯 가지를 거두어 들인다는 뜻. 한문으로 불경을 처음 번역할 때 여섯 뿌리를 여섯 가지 바깥에서 거두어들임이라 함. 여섯 대상물체를 여섯 가지 안에서 거두어 들임이라 한다.

여섯 가지 바라밀【六波羅密】 : 범어 ṣaṭ-pāramitā의 번역 및 음사. 보살이 부처가 되기 위해 공부해야 하는 필수적인 수행방법 여섯 가지.
❶ 다른 이가 필요로 하는 것은 무엇이든지 베푼다.
❷ 계율로 제정한 것을 어기지 않는다.
❸ 어떤 상황에서도 참는다.
❹ 위 과를 얻기 위하여 노력한다.
❺ 선정을 익힌다.
❻ 모든 진리를 밝게 알기 위한 슬기를 기른다.

여섯 가지 쇠함 : '경계가 눈 · 귀 · 코 · 혀 · 몸 · 뜻을 통하여 사람의 참됨을 쇠퇴시킨다' 는 뜻.

여섯 가지 신통【六神通】: 부처님의 가르침을 공부하여 아라한 이상이 되면 생기는 불가사의한 힘 여섯 가지.
❶ 어떤 상황에서라도 시간과 공간에 구애되지 않고 간다.
❷ 어떤 상황에서라도 시간과 공간에 구애되지 않고 본다.
❸ 어떤 상황에서라도 시간과 공간에 구애되지 않고 듣는다.
❹ 어떤 상황에서라도 중생들의 마음에 움직임을 다 안다.
❺ 어떤 상황에서라도 중생들의 과거를 모두 다 안다.
❻ 어떤 상황에서라도 모든 번뇌가 다 없는 상태 등임.

여섯 가지 욕심【六欲】: 눈 · 귀 · 코 · 혀 · 몸 · 뜻이 경계를 대하여 생기는 여섯 가지 욕망.

여섯 가지 진동【六種震動】: 세상에 좋은 일이 있거나 엽기적인 사건이 있을 때 대지가 여섯 흔들리는 여섯 가지.
❶ 전후 좌우로 흔들림.
❷ 위로 오르고 아래로 내림.
❸ 솟아나고 녹아 내림.
❹ 대지가 은은하게 소리를 냄.
❺ 우당탕, 쾅하는 굉음이 들림.
❻ 사물마다 알게 하는 소리.
경전에 따라 조금씩 차이가 있음.

여섯 때【六時】: 24시간을 여섯으로 등분한 시간. 즉 4시간이 하루에 여섯 번임. 하루내내 란 뜻.

여섯 하늘: 욕계 6천(欲界六天)을 말함.

열 가지 계율【十戒】: 사미가 되기 위하여 받는 열 가지 계율. 요즈음에는 재가신자들이 받아 지키기도 함.
❶ 산 것을 죽이지 말라.
❷ 남의 것을 훔치지 말라.
❸ 음행하지 말라. (사음하지 말라.)
❹ 거짓말을 하지 말라.
❺ 술을 먹지 말라.
❻ 꽃으로 치장하거나, 향을 바르지 말라.
❼ 노래하고 춤추고 풍류를 즐기지 말라.
❽ 높고 넓고 크고 화려한 침대를 사용하지 말라.
❾ 때 아닌 때에 먹지 말라.
❿ 금 · 은 · 보석으로 몸을 꾸미지 말라.

열 가지 선행【十善】: 출가 제자는 물론 재가 불자가 지켜야 하는 다섯 가지 기본 계율과 입 · 마음 · 몸으로써 꼭 지켜야 할 도덕적 덕목.
❶ 살아 있는 중생을 죽이지 않는다.
❷ 주지 않는 물건을 내 것으로 만들지 않는다.
❸ 혼인하지 않은 이성과 섹스하지 않는다.
❹ 거짓말하지 않는다.
❺ 비단같이 번드레한 말하지 않는다.
❻ 이간질하는 말을 하지 않는다.
❼ 꾸짖는 말이나 악담을 하지 않는다.
❽ 탐욕을 부리지 않는다.
❾ 성내지 않는다.

⑩ 삿된 견해를 가지지 않는다.
위의 열 가지를 저지르면 열 가지 악행이 된다.

열 가지 악행【十惡】:
❶ 몸으로 짓는 세 가지 나쁜 짓는 생명을 끊는 殺生 · 남의 물건을 훔치는 도둑질 · 혼인관계가 아닌 이성과 섹스하는 행위.
❷ 입으로서 짓는 사기치는 말 · 나쁜 말 · 두말 · 악담.
❸ 뜻으로서 짓는 세 가지 나쁜 짓. 탐욕심 · 성냄 · 어리석음.

열 두 가지 인연 : 범어 dvādaśāṅga-pratītya-samutpāda.
십이인연법 · 십이연지기 · 십이연문이 라고도 한다. 열두 가지 인연이 일어나는 순서를 밝힘. 장아함경 10권에 자세히 설명되어 있다. 무명(無明) · 행(行) · 식(識) · 명색(名色) · 육처(六處: 처를 입(入)이라고도 함) · 촉(觸) · 수(受) · 애(愛) · 취(趣) · 유(有) · 생(生) · 노사(老死). 무명을 반연하여 행이 생기고 행을 반연하여 식이 생기고 생을 반연하여 노사가 생긴다.

열두 가지 두타【十二頭陀】 : 옷 · 음식 · 거처를 간단하고 편리하게 하여 공부하는 열두 가지 수행법을 말함.
❶ 절에 머문다.
❷ 항상 빌어먹는다.
❸ 순서대로 빈다.
❹ 한 곳에서 먹고 다른 자리로 옮겨서는 먹지 않는다.
❺ 한 발우의 밥으로 만족한다.
❻ 정오가 지나면 과즙이나 드링크도 먹지 않는다. (맹물은 먹을 수 있다.)
❼ 헌옷을 깁고 깨끗이 빨아 입는다.
❽ 옷은 속옷 · 중간옷 · 큰옷만 수유한다.
❾ 절에 머물지 않을 때는 무덤사이에 머문다.
❿ 나무 아래에 머문다.
⓫ 습기나 독충 · 새똥을 피하여 노지(露地)에 앉는다.
⓬ 눕지 않는다.

열반【涅槃】 : Nirvāṇa의 음사. 나고 죽음의 법을 체득한 불교인 최고 경지.

열 여덟 가지 변화【十八變化】 : 아라한 이상의 도력이 있는 분이 나타내는 18종 불가사의한 변화.

영락【瓔珞】 : 구슬 모양으로 된 보배의 하나.

오욕【五欲】:
❶ 재물에 대한 욕심.
❷ 이성에 대한 욕심.
❸ 음식에 대한 욕심.
❹ 명예에 대한 욕심.
❺ 수면에 대한 욕심.

오음【五陰】 : 범어 panca-skandha. 오온(五蘊)의 옛날 번역어. 다섯 가지 쌓임.

❶ 색(色) : 스스로 변화하고, 또 다른 것을 장애하는 물질.
❷ 수(受) : 괴로움 · 즐거움 · 괴롭지도 않고 즐겁지도 않음을 느끼는 마음작용.
❸ 상(想) : 외계의 사물을 보고 듣고 받아들여서, 그것을 想像하는 마음의 작용.
❹ 행(行) : 인연에 따라 생겨났다가 시간에 따라 변천하여 없어짐.
❺ 식(識) : 의식하고 분별하는 작용.

오천축삼장【吳天竺三藏】 : 강승회(康僧會). 오나라에 온 인도의 불교학자로서 경 · 율 · 론에 통달하여 많은 번역을 하였음.

왕사성【王舍城】 → 라자그리하

외도【外道】 : 범어 tirthaka의 역어. 부처님 당시 인도에서 부처님의 가르침 이외의 종교적 성격을 띤 다른 교리를 믿고 공부하는 사람을 일컫는 말.

요진삼장【姚秦三藏】 : 중국의 요흥(姚興)에 수도를 삼은 진나라 때의 삼장법사. 여기서 구마라집을 말함.

욕계 → 무색계

우바새【優婆塞】 : 범어 upasaka의 한자 음사. 출가하지 않고 부처님께 귀의하여 부처님의 가르침을 따라서 바르게 사는 남자. 여자를 우바이(優婆夷)라고 한다. 범어로 upasika로 표기함.

우파시카 → 우바새

위 두과 : 소승으로서 수행하여 얻는 아나함과와 아라한과를 말함.

유나【維那】 : 범어 karmadāna의 한자 역어. 유(維)와 한자 음사 나(那)의 혼용. 절에서 대중을 이끌며 사무를 보는 세 분 가운데 한 분. 흔히 선방에서나 강원에서 입승(立繩)이라 한다.

유마힐【維摩詰】 : 범어 Vimalakīrti의 한자 음사. 한자로 정명(淨名) · 무구칭(無垢稱)이라 번역함. 부처님 생존시대 재가 남자 불자의 대표적 인물.

유순【由旬】 : 범어 yoiana의 음사. 인도의 길의 길이에 대한 단위. 1 유순 약 80리 또는 60리. 40리 라고도 함

육신통【六神通】 : 인간의 생각으로 해낼 수 없는 일들을 해내는 여섯 가지 신통.
❶ 천안통 : 육안으로 볼 수 없는 것을 본다.
❷ 천이통 : 어디서 나는 소리든지 장소와 시간에 구애없이 듣는다.
❸ 타심통 : 다른 사람의 생각을 확실히 안다.
❹ 숙명통 : 지금 사는 모양이 아닌 전생이나 후생을 훤히 통달한다.
❺ 신족통 : 어디든지 마음만 내키면 갈 수 있다.
❻ 누진통 : 모든 번뇌를 떨쳐 버렸다.

응진【應眞】: 아라한의 한자어

인과【因果】 : 원인과 결과. 좋은 원인을 만들면 즐거운 결과가 오고, 나쁜 원인을 만들면 괴로운 결과가 온다.

일곱 가지 깨달음 →
열반에 이르기 위하여 하는 수행에 37종이 있고 그 여섯 번째에 해당하는 수행법. 부연하면, 부처님의 가르침을 실천하는데 지혜로서 참됨 · 거짓 · 선함 · 악함을 알아내는 방법 일곱 가지.

일산【日傘】 : 양산. 일종의 장엄구로 햇빛을 가리는 파라솔이다.

일 천 세계 → 삼천대처세계

일체종지【一切種智】 : 부처님께서만 지니신 지혜.

입으로 짓는 네 가지 말【口四】
1 거짓말 하지 말라.
2 꾸미는 말 하지 말라.
3 두 가지 말 하지 말라.
4 악한 말 하지 말라 등

ㅈ

자마금【紫磨金】 : 부처님 몸에서 뻗히는 빛이 붉은 색을 띤 것을 표현할 때, '자마금 빛'이라고 한다.

자비【慈悲】 : 중생을 즐겁게 하는 자. 중생과 고통을 함께 앓는 비위 둘을 합해 자비. 앞에 대(大)를 붙여 '대자대비'라 함.

자자【自恣】 : 옛날 인도 말. pravārana를 번역한 한자어. 여름 석달 동안 자신이 승단의 규칙을 어긴 것 등을 고백하고 참회하며, 보고 듣고 의심했던 사실들을 물어 의심을 제거함.

잠부드비파【南閻浮提】 : 남섬부주(南贍浮洲)라고도 한다. 범어 jambudvipa의 한자 음사. 불교의 세계관에서 수미산을 중심으로 동서남북에 세계가 있는데 지구가 소속한 곳을 남섬부주라고 한다.

장로【長老】 : 범어 āyuṣmant의 한자 번역어. 한자 번역어로 상좌(上座) · 상수(上首) · 수좌(首座) · 기숙(耆宿) · 노숙(老宿)이라 한다. 학식과 덕망이 뛰어나고 법랍이 오랜 큰 스님을 말한다.

장자【長者】 : 범어 sreṣṭha의 한자 번역어. 문벌이 높고 부귀하며 덕망이 뛰어나고 나이 많은 재가 남자 신도를 일컫는 말.

장륙금신【丈六金身】 : 열자 여섯 척의 불상이라는 말. 부처님 당시 인도인의 키는 여덟 척이었으나, 그러나 부처님의 키는 그 곱인 16척이었음.

재【齋】: 범어 upoṣadha의 역어. 몸과 마음을 청결히 하고, 생각과 행위를 부처님의 가르침 대로 하는 것이 큰 의미의 재임. 재계(齋戒)에서 분리한 말. 즉 일곱 가지 계율을 지키며 정해진 때에만 법먹다는 八재계에서 온 말.

재계【齋戒】: 七戒一齋. 殺·盜·妄·酒 다섯에 꽃다발 쓰거나, 여섯에 향바르고 노래하고 놀이판 벌리지 말고 가서 구경 하지도 말라. 일곱에 높고 넓고 잘꾸민 평상에 앉지말라. 등은 七戒, 때 아닌 때 먹지 말라는 齋임.

전단향【栴檀香】: 범어 candana의 음사에 한자 향(香)을 붙인 말. 향기가 좋은 나무로서 상록수. 불교에서 제일 좋은 향을 전단향이라 함.

전륜성왕【轉輪聖王】: 범어 Cakravarti-rajan의 번역 한자어. 날아다니는 황제로 불리우는 제왕중의 제왕으로서 서른두 가지 잘생긴 모습에 최고의 신심으로 불법을 옹호하고 포교하던 왕. 불교에서는 Osoka왕이 이에 해당한다.

정【定】: 범어 samādhi의 한자 번역어. 마음이 안정되어 한 곳에 집중하여 움직이지 않는 상태. 흔히 '정에 든다' 라고 한다.

정각【正覺】: 정등각(正等覺)·등정각(等正覺)·정진각(正盡覺)이라고도 한다. 부처님이 되신 분을 정각이라 함.

정진【精進】: 범어 virya. 여섯가지 바라밀 가운데 하나.

제도【濟度】: 나쁜 갈래를 벗어나 부처님의 세계에 들게 됨.

제석천【帝釋天】: 욕계 두 번째 하늘의 왕을 말함.

제석천궁【帝釋天宮】: 도리천의 임금을 제석천왕이라 하고, 그의 궁을 제석천궁이라 한다. 도리천은 28층의 하늘 가운데 2층임.

제석천왕【帝釋天王】 → 제석천

종성【種性】: 범어 gotra의 한자 번역어. 출가나 재가를 따지지 않고 불법에 귀의하여 수행하여 도달했거나, 수행하는 정도의 승(乘)을 말한다. 성문승(聲聞乘)·연각승(緣覺乘)·보살승(菩薩乘)을 뜻함.

좌선【坐禪】: 좌는 '앉다' 선은 범어 '선나' 의 줄임말의 복합어. 즉 앉아서 고요히 생각한다는 뜻. 지금 우리나라 선방에서 하는 좌선과는 큰 차이가 있다.

주문【呪文】: 비밀스런 글. 즉 다라니인 진언을 일컫는 글을 말함.

죽림정사【竹林精舍】: 범어 Venuvana의 역어. 부처님께서 성도하신 뒤 곧바로 귀의한 가란타 거사가 대숲을 기증하자, 마갈타 국왕 빔비사라 임금이 절을 지어 부처님께 시주한 불교 최초의 사원(寺院)으로 2대 가람의 하나.

중생【衆生】: 범어 sattra의 한문 번역어. 생존하는 모든 감정을 지닌 유(類)들을 말함. 부처님이 아닌 아직 부처가 되지 못한 보살까지 포함됨.

중음【中陰】: 범어 antara-bhava의 역어. 중유(中有) 또는 중온(中蘊)이라고도 한다. 중생이 지금 몸을 버리고 다음 몸을 받는 중간에 존재하는 영혼의 몸.

증득【證得】: 바른 지혜로서 진리를 깨달음. 부처님의 가르침에 따라 부처님이 되는 데 필요한 모든 내용을 다 앎.

지겸【支謙】: 중국 한나라 때의 큰 스님. 본 경전 외 많은 불경을 한자로 번역함.

지루가참【支婁迦懺】: 중국 후한 때 중국에 와서 반주삼매경(般舟三昧經) 등 23부 67권을 번역한 월지국(月支國) 스님. 지참(支懺)으로 표기하기도 했고, 참(懺)을 참(讖)로 표기한 예도 있다.

지옥【地獄】: 살면서 나쁜 짓을 한 중생들이 죽어 태어나서 고통을 받으며 사는 곳.

진인【眞人】: 아라한의 한자어 번역. 소승에서는 부처님도 아라한이라고 했다.

ㅊ

찬집백연경【撰集百緣經】:
찬집 : 시나 산문을 모아 편집하다.
백연 : 백 가지 인연.
경 : 인도의 옛날 글. 즉, 범어 sutra를 한자로 번역한 말. 일반적으로 인류에게 영원한 교훈을 주는 성인의 말씀을 모아 둔 책이란 뜻. 여기서는 부처님의 가르침을 묶은 책을 말한다.

청신녀【淸信女】 → 우파샤카

청신사【淸信士】: 세속에 살면서 부처님의 가르침을 따르는 남자. 즉 우바새를 이르는 한자어. → 우바새

축생 : 지구상의 동물들 가운데 사람을 제외한 모든 동물을 불교에서 일컫는 말.

출가【出家】: 집을 떠나 부처님의 승단에 들어 스님이 되다.

출세간【道】 : 세속(世俗)의 반대. 일체 나고 죽음의 법을 세간 법이라 하고, 열반을 성취하는 법을 출세간 법이라 한다.

친견【親見】: '찾아뵙는다' 는 뜻. 즉 중

생이 '불·보살을 찾아뵙는다'는 말인데, 절에 모신 부처님이나 절에 계신 스님을 찾아뵙는 것.

칠각지【七覺支】: 칠각문, 칠보리분, 칠각, 칠각의 등으로 쓰인다. → 일곱 가지 깨달음.

칠주【七住】: 대승(大乘)의 마음을 낸 이가 공부하여 부처가 되는 과정 52계층 가운데 13번째 계위.

ㅋ

캐슈밀: 범어 Kapisa. 한자로 계빈(賓)이라 음사함. 북인도에 있던 나라이름.

ㅌ

타화자재천【他化自在天】: 범어 paranirmitavsavartideva의 한자 음사. 욕계 6층의 하늘. 참조 → 욕계

ㅍ

파피야스【波旬】: 범어 pāpiyas 한자 음사. 번역하여 마군(魔軍)이라 함. 욕계 6천의 마왕.

팔관재【八關齋】: 구체적으로 팔관재계(八關齋戒)라 함. 범어 aṣṭāṅgasila의 역어. 출가인이 아닌 불자가, 8일·15일·24일·30일(그믐날)에 24시간 동안 지키는 일곱 가지 계율과 한 가지 재법.

8만 번뇌: 중생의 번뇌를 불교에서는 8만 4천 가지라 함.

포살【布薩】: 범의 pavasatha의 음사. 한자어 공주(共住)·정주(淨住) 등으로 번역. 스님네가 15일과 그믐날에 모여 梵網經을 설명하고 들으며, 15일 동안 잘 한일, 잘못한 일을 장양하고 참회하는 의식. 재가 신자가 6재일(8,14,15,23,29,30)에 8계를 설명하고 들으며 선업을 키우고, 악업을 참회하는 수행법.

패다라나무【貝多羅】: 범어 pattra의 음사. 종이가 발명되기 전에 서남아시아에서 글을 썼던 나뭇잎. 초기의 불경이 대부분 패다라 잎에 썼었기 때문에 불경을 패엽이라고도 함.

품【品】: 문장의 단락을 구별하는 말. 예 : 제1장·제2장 등에서 '장'에 해당하는 말

프라데카: pratyekabudda 한자어로 음사하여 벽지불(僻支佛)·연각(緣覺)·독각(獨覺)이라 번역함. 자연의 변화를 보고 무상함을 느껴 공부하여 깨달은 이.

프라세나지트: 범어 Prasenjit. 파사닉(波斯匿)은 음사. 부처님께서 세상에 계실 때 중인도 사위국의 임금으로서 부처님과 동갑이었다.

ㅎ

하리륵【訶梨勒】: 범어 haritaki의 한문 음사. 열매를 약재로 사용하는 나무.

함이 있음【有爲】: 범어 saṁskṛta의 한자 번역어. 나고 죽는 온갖 이치를 모두 말함. ↔ 무위(無爲) 조작하다, 만들어지다 등으로 번역됨. 즉, 인연으로 말미암아 만들어져 존재하는 모든 현상으로 이것을 반드시 생기고, 머물고, 파괴되고, 없어지는 불변의 이치가 있다.

항하수【恒水】: 범어 gaṅgā의 한자어 번역. 히말라야에서 발원하여 뱅골만으로 흘러들어가는 강. 지금의 갠지스 강을 말함. 한자로 항가(恒伽) · 강가(强伽) · 긍가(兢伽)라고 표기하였음.

현겁【賢劫】: bhadra-kalpa라는 인도의 옛말의 음사. 한자어로 賢時分, 또는 善時分, 三劫의 하나. 불교의 시간관에서 가장 긴 시간의 표현이 '겁'이고 공간관에서 '이루어짐' · '머뭄' · '무너짐' · '빔'의 변화를 되풀이하며, 이렇게 되풀이 하는 기간 4회를 '큰 겁'이라 하고 지나간 큰 겁을 '장엄겁', 현재의 대겁을 '현겁', 미래의 대겁을 '성수겁'이라 함.

현화【現化】 → 화신

화광삼매【火光三昧】: 삼매의 이름. 몸으로서 큰 불빛을 내뿜는 삼매.

화상【和尙】: 범어 upādhyāya의 한자 음사. 스님들을 일컫는 말.

화생【化生】: 변화로 생기다. 불교에서는 성인이나, 큰 원력에 따라 할 일을 위해 자의로 태어남을 말함.

화신【化身】: 범어 nirmāṇa-kāya의 한자 번역어. 석가가 중생을 구제하기 위해서 여러 모습으로 이 세상에 나타난 일.

화주【化主】: 교화하는 중심 인물. 석가모니 부처님은 사바세계의 중생을 교화하는 化主이시다. 다른 사람에게 부처님에게 귀의하고 보시하도록 권유하는 사람. 원래는 가방화주(街彷化主) 또는 공양주라 함.

잡보장경

경전시리즈1

1판 1쇄 인쇄 2008년 8월
1판 1쇄 발행 2008년 8월

저 자 몽산(夢山) 관일(觀一)
펴낸곳 (주)두배의느낌 |등록번호_제317-2007-46호|
서울 송파구 잠실동 250-1 303호
전화02-2272-0252 팩스02-2272-0251

제 작 (주)은성프린터스

ISBN 978-89-92948-15-9 03220